陕西省煤田地质集团科技专著

自然资源部煤炭资源勘查与综合利用重点实验室科技重大专项（SMDZ-2019ZD-1）

陕西省自然科学基础研究计划（2021JQ-953）

陕西省秦创原"科学家+工程师"队伍建设项目（2022KXJ-126）

陕西省创新人才推进计划–青年科技新星项目（2022KJXX-24）

# 陕 西 富 油 煤

段中会　马　丽　杨　甫等　著

科学出版社

北　京

# 内 容 简 介

本书全面收集了陕西省五大煤田煤炭资源地质信息，结合试验分析，完成了陕西省富油煤成因机理研究、富油煤时空分布规律研究及富油煤资源量预算，提出一种富油煤测井预测技术，划分了富油煤资源控制程度，指出富油煤具备油气资源属性、具备可开发前提，为陕西省富油煤资源绿色低碳开发奠定了基础。本书分析了陕西省富油煤的清洁利用现状，提出一种富油煤地下原位热解开发的新思路，率先探索富油煤低碳开发之路。

本书具有较强的基础性和实用性，可为政府管理部门、煤矿企业、地勘企业、科研院所及本领域技术人员提供参考。

审图号：陕 S（2023）011 号

**图书在版编目（CIP）数据**

陕西富油煤／段中会等著 . —北京：科学出版社，2023.8
ISBN 978-7-03-075716-6

Ⅰ . ①陕⋯　Ⅱ . ①段⋯　Ⅲ . ①煤炭资源–资源利用–研究–陕西
Ⅳ . ①F426. 21

中国国家版本馆 CIP 数据核字（2023）第 101067 号

责任编辑：韩　鹏　崔　妍／责任校对：张小霞
责任印制：吴兆东／封面设计：图阅盛世

**科 学 出 版 社** 出版
北京东黄城根北街 16 号
邮政编码：100717
http://www.sciencep.com
**北京中科印刷有限公司** 印刷
科学出版社发行　各地新华书店经销
\*
2023 年 8 月第 一 版　开本：787×1092　1/16
2023 年 8 月第一次印刷　印张：14 1/4
字数：340 000
**定价：199. 00 元**
（如有印装质量问题，我社负责调换）

# 序

陕西省煤田地质集团有限公司前身是陕西省煤田地质局。数十年来，这里的地质科技工作者潜心研究，取得过一批又一批科研成果。我曾经在这里工作数十年，其间还主持了多年的全局技术工作。近些年，从保障国家能源安全战略全局出发，我一直关注和推动富油煤作为煤基油气资源的研究。由于这个缘故，该集团公司研发团队编著的《陕西富油煤》一书成稿，请我作序，我欣然应约。首先对这部专著的面世表示衷心祝贺。

在中国能源版图中，陕西具有举足轻重的地位。陕西是鄂尔多斯盆地这一著名的煤、油、气多能源共生盆地的重要部分。20世纪80年代神府煤田的发现，开启了我国煤炭工业战略西移新征程。经过近四十年的开发建设，如今这一区域成为我国最为重要的煤炭工业基地、煤电基地和煤化工基地。神府煤具有"三低一高"的特点，是享誉中外的"环保煤"。此外，神府煤的富油性也早已为人所知，即这种煤热解后会有较高产率的焦油，而焦油可以加工转化为诸多石油产品，因此，换个角度看，神府煤也是一种非常规油气资源。然而神府煤的油气资源特性却一直没有引起足够的重视，长期以来主要是作为动力煤消费的。

该书作者通过大量数据进行系统性研究分析证实，陕西不仅侏罗纪煤炭资源低温热解焦油产率高，子长矿区三叠纪煤田焦油产率更高。据估计，陕西探获的富油煤资源共计1550亿t，焦油资源145亿t。因此，陕西是我国目前已知最大的富油煤产地。陕西的富油煤资源优势使陕西具备从资源相对富集的煤炭中提取作为战略性能源——油气资源的优势。以2021年陕西煤炭生产规模为基础，全省原煤产量7亿t，其中80%以上属于富油煤，若全部进行热解可产生约5000万t煤焦油，相当于再造"一个大庆油田"，陕西省富油煤的"煤中提油"前景令人鼓舞。

陕西所在的黄河流域富油煤开发与生态环境保护协调发展，对缓解我国油气供应紧张、保障能源战略安全具有重要的科学价值和现实意义。富油煤是集煤、油、气属性为一体的煤炭资源，其油气潜力、特殊性、关键地质问题亟须研究，绿色低碳化开发技术亟待探索。富油煤主要赋存于中低阶煤类中，主要特点是富含富氢结构；在隔绝空气加热时，可生成油、气和半焦。半焦主要成分为固定碳，与无烟煤相近；气体的主要成分为 $CH_4$、$H_2$、$CO$ 等，可以作为燃料气和原料气；油为煤焦油，类似于重质石油，可通过前处理、加氢精制和催化裂化工艺等达到清洁燃料油标准；富氢结构是富油煤具有油气资源属性的物质基础，研究富氢结构的岩石学、沉积学特征及变化规律，分析富氢结构物质来源、沉积转化、变质演化、聚集规律及地质驱动机制，是构建富油煤预测模式与评价理论的基础；梯级利用和原位热解是富油煤绿色低碳开发的重要途径。富油煤地面热解-气化一体化、热解-化工-发电一体化技术可以实现煤炭资源清洁高效利用，井下原位热解有望破解绿色开发、清洁低碳利用的难题。通过注热孔加热和油气抽采孔回收油气，将富油煤作为煤基油气资源管理和开发，是新时代煤炭工业高质量发展的重要方向。

在陕北"再造一个大庆油田",这是无数煤炭人、能源人、地质人的梦想。我们的目标就是把这个梦想变成现实!陕西煤田地质集团依托部级重点实验室,联合西安交通大学、西安科技大学等科研力量,组成富油煤研发团队,在国内最早开展相关研究,取得了一批重要的科研成果。这本专著基本反映了目前国内外对于富油煤研究的总体水平。

我期待将来有一天,煤炭不再是人们印象中的"黑色燃料",富油煤会像石油天然气那样变得炙手可热,其全新的价值为世人认知。

中国工程院院士　王双明

2022 年 8 月 9 日

# 前　　言

　　人类认识煤、利用煤的历史十分久远，可以说，没有煤就没有工业化社会。20世纪初，煤炭因其热值高、分布广等优点成为全球第一大能源。煤炭时代所推动的世界经济发展超过了以往数千年的时间。美国的巴巴拉·弗里兹（Barbara Freese）在《煤的历史》一书中说："如果没有煤铺就的这条黑色之路，我们的命运将不得而知。但可以肯定的是，世界将与现在完全不同。"

　　今天，全球似乎正在抛弃煤炭，有些国家甚至在试图告别油气等化石能源。但是，作为世界最大的能源消费国，中国"缺油少气"，相比来说，只有煤还算丰富，这是我国的资源禀赋特征。煤炭作为中国的能源"长子"，在很长的时间里直到今天，支撑着中华人民共和国的经济大厦。现在，无论我们多么不情愿，我们这代人还离不开煤。中国的主体能源仍然是煤，并且在未来一定时期，煤炭的这一地位无法被替代。

　　富油煤的概念早已存在，但是富油煤真正引起产学研各界关注是近些年的事。而把富油煤作为一种油气资源看待则是对煤作为燃料和化工原料属性之外的颠覆性认识，这种认识可能改变煤自身的命运，更可能对中国能源发展战略产生巨大影响。据初步预计，中国有千亿吨级的富油煤，意味着有百亿吨级的"煤油"资源，如果这些资源能够有效开发利用，中国将一举甩掉"缺油少气"的帽子。

　　陕西省是我国煤炭资源大省，煤炭资源量居全国第四、煤炭产量居全国第三。在国家提出"2030年碳达峰、2060年碳中和"的双碳目标之际，陕西煤炭资源的低碳开发与利用势在必行。自20世纪80年代以来，陕西的地质科技工作者就对鄂尔多斯含煤盆地，特别是陕西省的煤炭资源进行系统的地质勘查和持续研究。2018年，在中国工程院王双明院士的指导下，由陕西省煤田地质集团有限公司与西安科技大学联合共建的自然资源部煤炭资源勘查与综合利用重点实验室开始布局富油煤领域的研究工作，2019年设立重大科研课题"陕西省富油煤生油潜力评价及高效开发利用技术"（课题编号SMDZ-2019ZD-1），与多家科研院所联合对陕西省富油煤资源进行综合研究，成为国内最早聚焦富油煤资源的系统研究。

　　这部著作就是在重点实验室富油煤科研团队近年来科研成果的基础上撰写的。基于富油煤作为一种煤基油气资源的角度，在分析陕西省五大煤田、六千余组煤质数据的基础上，阐述了陕西省富油煤资源时空分布特征，计算了全省查明煤炭资源中的富油煤资源量，提出富油煤地下原位热解提油的新思路，为全面开展富油煤清洁开发利用工作奠定了基础。全书共10章，第1章概述了双碳目标下煤炭低碳开发利用的必要性；第2章介绍了富油煤的油气资源属性及煤焦油的基本特征；第3章概述了陕西省煤炭资源地质概况和利用现状；第4章详细论述了全省富油煤的时空分布，圈定出各主采煤层富油煤和高油煤的分布范围；第5章介绍了富油煤的资源量及控制程度；第6章介绍了富油煤的成因机理及主要影响因素；第7章论述了现有条件下富油煤的判识技术；第8章阐述了陕西省富油煤的清洁利用情况；第 9 章提出一种富油煤地下原位热解开发的新思路；第 10 章提出对富油煤开发利用的展望。

本书引用了地质勘查过程中的煤质检测资料，补充了大量样品测试与分析，数据真实，能够反映陕西省富油煤资源现状，具有较强的基础性和实用性，为政府管理决策、企事业单位生产和科研单位研究提供参考。

本书由中国工程院院士王双明任科学顾问，陕西省煤田地质集团有限公司总工程师段中会主笔，富油煤研究室的主要研究成员马丽（西安交通大学在读博士）、杨甫、贺丹、王振东、付德亮等共同编著；王金锋、闫和平等提出了富油煤测井预测的模型，吕婷婷、张丽维、吴燕、周蕾等进行了大量的数据分析和图件绘制；西安石油大学赵军龙教授参与了焦油产率测井预测技术研究；中国矿业大学（北京）舒新前教授梳理了撰写思路；西安科技大学硕士研究生王锐、杨晗参与了数据整理分析；陕西省一三一煤田地质有限公司、陕西省一八五煤田地质有限公司、陕西省一八六煤田地质有限公司、陕西省一九四煤田地质有限公司、陕西煤田地质工程科技有限公司等单位为资料收集、样品采集及化验分析等提供了方便；陕西投资集团有限公司、陕西省煤田地质集团有限公司和自然资源部煤炭资源勘查与综合利用重点实验室对本书的出版给予了大力支持。在本书出版之际，谨向为本书的撰写与出版工作给予支持和帮助的所有单位和个人，以及参考文献的作者致以诚挚的感谢！

限于作者的水平，书中不妥、疏漏之处在所难免，敬请批评指正。

# 目　　录

# 1　绪　　论

## 1.1　"双碳"是一次影响广泛深远的绿色工业革命

全球气候变化已经成为人类发展的最大挑战之一。2018 年，政府间气候变化专门委员会（intergovernmental panel on climate change，IPCC）在《全球升温 1.5℃特别报告》中称，如果气候变暖以目前的速度持续下去，那么预计全球气温在 2030～2052 年就会比工业化之前升高 1.5℃[1]。气温升高将给人类和环境带来灾难性后果，不仅会对生态安全造成影响，如海平面上升、更强烈和更不稳定的风暴、荒漠化、极端的水压力和天气事件等，而且会严重威胁国家粮食安全、能源安全、水资源安全、基础设施安全以及人民生命财产安全。

二氧化碳的排放是造成全球气候变暖的主要原因。人类社会进入工业化进程以来，二氧化碳的排放呈现快速增长的势头。尤其是 20 世纪以来的百余年间，工业化国家贡献了全球的主要碳排放（图 1.1）。

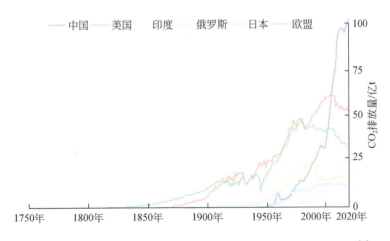

图 1.1　1750 年后 $CO_2$ 主要排放国（源于 OUR WORLD IN DATA）[2]

我国仍处在工业化和城镇化进程中，经济发展比较快，能源需求仍在上升，经济快速度增长的同时，$CO_2$ 的排放量在近几十年来也有了明显的上升。从图 1.1 可以看出，1970 年至今，中国 $CO_2$ 排放量保持持续增长趋势。至 2018 年，碳排放总量增至 1257001.95 万 t，比 2000 年的 414001.41 万 t 碳排放总量增长了 203.62%，尤其是在 2005 年之后，$CO_2$ 排放量增长率明显加大，很快超过美国等发达国家，跃居全球首位。近几年，中国碳排放总量基本保持在全球碳排放量的 30% 左右，是世界碳排放大国，可以说中国 $CO_2$ 排放趋势

影响着全球 $CO_2$ 排放趋势。

2016 年，包括中国在内的 178 个缔约国共同签署了气候变化协定——《巴黎协定》，提出"将全球平均气温较前工业化时期上升幅度控制在 2℃以内，并努力将温度上升幅度限制在 1.5℃以内"的长期目标。当前，越来越多的国家政府正在将其转化为国家战略，提出了无碳未来的愿景。欧盟宣布到 2050 年，欧洲将成为世界第一个实现"碳中和"减排目标的地区。

2020 年 9 月 22 日，习近平总书记在第七十五届联合国大会一般性辩论上提出：中国将提高国家自主贡献力度，采取更加有力的政策和措施，二氧化碳排放力争于 2030 年前达到峰值，努力争取 2060 年前实现碳中和。"双碳"目标的提出，显示了中国政府的大国风范和国际责任担当。2021 年 4 月 18 日，在北京召开"碳中和科技创新路径选择"香山科学会议上，科技部部长王志刚指出，碳达峰、碳中和是中国生态文明建设和高质量发展的必然选择，中国碳达峰、碳中和承诺对国际社会绿色低碳发展起到促进作用，也体现中国对构建人类命运共同体的责任和担当。党的第十九届五中全会将"做好碳达峰、碳中和工作"列为"十四五"时期乃至今后更长时期的重点任务之一，开启了减污降碳协同治理的历史发展新阶段。

人们一致认为，"双碳"目标的提出将带来一场由科技革命引起的经济社会环境的重大变革，其意义不亚于第三次工业革命，会是一场极其广泛而深刻的绿色工业革命，必将对我国各个行业产生巨大而深远的影响，对能源产业的影响更将是革命性和颠覆性的。为了实现"双碳"目标，能源结构必须由以煤、石油、天然气为主的化石能源向低碳、清洁、可再生能源领域加速转型；相应带来的产业结构也必将从高能耗、高排放类型向低能耗、低碳排方向加速调整。

实现"双碳"目标，从理论上讲需要基于两大途径，其一就是减少二氧化碳排放，即"减排"；其二就是增加二氧化碳吸收，即"增汇"。二氧化碳的"减排"与"增汇"蕴藏着各个行业的一系列技术革命，这背后充满了挑战与机遇。其中，二氧化碳"减排"措施主要包括：常规化石能源的低碳清洁利用，如优质煤炭资源的分级分质梯级利用和地质条件复杂的煤炭资源原位转化利用；清洁能源对化石能源的替代，比如地热能、光伏、风电、核电等；二氧化碳的捕集、资源化利用与地质封存技术，尤其是二氧化碳驱替页岩油气、煤层气等非常规能源的同时实现地质封存；氢能、光储一体化等。

## 1.2  煤炭是我国能源安全的稳定器和压舱石

党的十八大首次提出推动能源生产和消费革命，确保国家能源安全。2014 年 6 月 13 日，习近平主持召开中央财经领导小组第六次会议正式提出能源革命的四个方面，即消费革命、供给革命、技术革命和体制革命。

我国化石能源资源的禀赋特征是贫油、少气、相对富煤。煤炭资源占到我国化石能源总量的 94%，直接决定了煤炭在我国能源结构中的主体地位。因此能源革命的关键就是煤炭革命。煤炭曾经是共和国的能源担当，被称为工业的粮食。新中国成立以来，在我国的一次能源消费结构中煤炭所占的比重一直在 70%以上，1957 年甚至高达 92.3%，1990 年为 76.2%，2000 年降低到 61.03%，此后又有所回升。据国家统计局的数据，2010～2020 年的十年间，煤炭所占的比重由 69.2% 降至 56.6%，降低了 12.6%，但是石油的比重仅约为 19%，天然气及其他新能源占到 23%。煤的主体地位保持不变。

在中国的能源禀赋背景下，要实现"双碳"目标，能源结构必须优化，清洁和可再生能源要加快发展，同时化石能源本身的绿色低碳开发利用力度要持续加大。作为国家能源稳定器，煤炭低碳化发展是必由之路。

作为高碳化石资源，燃煤会增加碳排放引发温室效应，不但如此，煤燃烧产生的废气、烟尘等会严重污染环境，煤在燃烧过程中产生的 $SO_2$、$NO_2$ 可形成酸雨，影响农业和生态环境。"双碳"目标一经提出，煤炭作为最大的碳排放源一度为"千夫所指"。煤炭产业发展压力倍增。所有这些对于煤的指控，几乎把煤炭产业推到"去煤化"的境地。然而尴尬的是，一边是对煤炭的"声讨"，国家出台政策压量限产，一边却是对煤炭的需求有增无减，煤炭产量持续增长。2021 年全国煤炭产量 41.3 亿 t，同比增长 5.7%，创历史新高，而这一年却经历了史上最大的一次"煤荒"。进入夏季，全国"停电潮"一度席卷中国大地，煤炭价格经历了一波史诗级的大涨。9 月底，秦皇岛动力煤市场价较上年底涨幅超过 113%，价格绝对水平也已突破 1500 元/t（2007～2020 年这十几年间，动力煤的价格很少突破 1000 元/t）。被称为"煤中贵族"的焦煤，价格更是一度突破 3500 元/t，涨幅超过 200%。10 月后，在政策强力调控下煤炭价格快速回调，供需矛盾得以缓解。

刚刚过去的这段煤炭历史，最主要的原因是各地在碳中和的大背景和"双控"政策下，一味追求不切实际的"去煤化"。很多中小煤矿都被关停，陕西榆林 300 多家煤场一度停产了三分之一，同样的事在山西、四川、云南、甘肃、贵州、河南等地都不同程度地出现。

作为世界上最大的发展中国家，中国要完成全球最高的碳排放强度降幅，用世界历史上最短的时间实现从碳达峰到碳中和，其难度可想而知。因此，国内有些地方难免降碳步子急了些，步子大了些。近年来，煤炭产业就在这种窘境中起起伏伏，艰难前行。国人对于煤炭的感情，似乎是"拿不起、放不下"，颇有点"端起碗吃饭，丢下碗骂娘"的意味。

这种情况很容易使笔者想到美国的巴巴拉·弗里兹（Barbara Freese）在《煤的历史》[3] 一书中所说的："煤毫不起眼，肮脏丑陋，缺少石油带来的一夜暴富和一掷千金，却身系人类的繁荣与衰落、自然的祝福与诅咒。整个社会围绕着能量创造的物质财富所进行的博弈和抗衡，使得煤的故事如此引人注目。如果没有煤铺就的这条黑色之路，我们的命运将不得而知。但可以肯定的是，世界将与现在完全不同。"

现实引起了决策层的高度重视和全社会对于煤炭的理性再认识：煤炭何去何从？怎样对待煤和煤炭产业？怎样调整我国的能源结构？怎样规划我国的"双碳"实现路径？

2021 年 9 月 13 日，中共中央总书记习近平在时隔一年多之后又一次来到陕西。总书记这次来陕的首站选择在陕西最北端的能源重镇榆林。他来到位于神木锦界工业园区的国家能源集团榆林化工有限公司，了解循环经济煤炭综合利用项目规划建设运行情况，到年产 40 万 t 乙二醇项目现场查看，询问煤化工深度发展有关情况，在考察现场他对在场的干部职工强调：榆林是国家重要能源基地，为国家经济社会发展做出了重要贡献。煤炭作为我国主体能源，要按照绿色低碳的发展方向，对标实现碳达峰、碳中和目标任务，立足国情、控制总量、兜住底线，有序减量替代，推进煤炭消费转型升级。煤化工产业潜力巨大、大有前途，要提高煤炭作为化工原料的综合利用效能，促进煤化工产业高端化、多元化、低碳化发展，把加强科技创新作为最紧迫任务，加快关键核心技术攻关，积极发展煤基特种燃料、煤基生物可降解材料等。

总书记专程来到我国最主要的能源化工基地"煤都"榆林，专门就煤及煤化工产业进行调研，凸显了榆林在国家能源战略全局中的地位，拨开了笼罩在煤炭行业内外的重重迷雾，提振了在"双碳"愿景下我国煤炭产业发展的信心。他的讲话回答了中国还要不要煤炭、煤炭在中国能源中担当何种角色，以及煤炭产业应该怎样发展等重大战略问题，为煤炭工业的高质量发展指明了方向。

笔者认为，这是中国的煤炭产业从迷失自我到走向高质量发展的里程碑和转折点。习近平总书记榆林之行后不久，煤炭的"风向"就发生了转变。在11月17日召开的国务院常务会议就传出明确政策信号：我国能源禀赋以煤为主，要从国情实际出发，着力提升煤炭清洁高效利用水平，加快推广成熟技术商业化运用；会议决定再设立2000亿元支持煤炭清洁高效利用专项再贷款，形成政策规模，推动绿色低碳发展。12月中央经济工作会议更是提出，要正确认识和把握碳达峰、碳中和。传统能源逐步退出要建立在新能源安全可靠的替代基础上。要立足以煤为主的基本国情，抓好煤炭清洁高效利用，增加新能源消纳能力，推动煤炭和新能源优化组合。要狠抓绿色低碳技术攻关。要科学考核，新增可再生能源和原料用能不纳入能源消费总量控制，创造条件尽早实现能耗"双控"向碳排放总量和强度"双控"转变，加快形成减污降碳的激励约束机制，防止简单层层分解。

2022年3月5日，习近平参加十三届全国人大五次会议内蒙古代表团的审议时深刻指出：实现"双碳"目标是一场广泛而深刻的变革，也是一项长期任务，既要坚定不移，又要科学有序推进。总书记叮嘱：绿色转型是一个过程，不是一蹴而就的事情。要先立后破，而不能够未立先破。富煤贫油少气是我国的国情，以煤为主的能源结构短期内难以根本改变。实现"双碳"目标，必须立足国情，坚持稳中求进、逐步实现，不能脱离实际、急于求成，搞运动式"降碳"、踩"急刹车"。不能把手里吃饭的家伙先扔了，结果新的吃饭家伙还没拿到手，这不行。

煤炭的前途事关"国之大者"。经过多年的纠葛和现实的教训，煤炭之路，又回归正途。国人明白了，"理想很丰满，现实很骨感"。我们能源的"当家花旦"还是煤炭。煤炭是中国能源之基石。任何时候忘却了这一点，我们就要栽跟头。现在的问题，早已经不是要不要煤的问题，而是怎么发展好、利用好煤的问题。因此，"不能分散对煤的注意力"，不能人云亦云迷失自己，我们必须保持充分的清醒和警觉：在双碳目标下，能源安全仍然是我国的首要战略取向。在未来相当长的一段时期内，煤炭仍是我国能源安全的稳定器和压舱石，"煤炭革命"绝不是"革煤炭的命"。在可预期的时段内，中国以煤为主的能源结构是改变不了的，我们必须在新能源技术创新和储能方面发力，结合本国情况来推进新能源发展路径。实现"双碳"目标必须稳扎稳打，步履坚实，急不得也慢不得。

## 1.3 陕西能源降碳保供的挑战与机遇

### 1.3.1 陕西能源资源及能源化工产业现状

陕西能源资源丰富,化石能源探明储量、保有储量均位居全国前列。据陕西省统计年鉴(2020)数据,截至 2019 年,陕西省原煤保有储量为 1731.08 亿 t,石油剩余可采储量为 3.5 亿 t,天然气剩余可采储量为 9733.82 亿 $m^3$。清洁可再生能源方面,陕西同样拥有丰富的新能源潜力。全省太阳能年总辐射量为 $4410 \sim 5400MJ/m^2$,其中,以陕北北部和渭北东部地区太阳能资源条件最优。陕西省地热资源丰富,仅关中盆地常温层以下至基岩面总热量为 $3.23 \times 10^{18}kcal$,折算为 4610 亿 t 标煤,其中可利用热量相当于 2758 亿 t 标煤($1.93 \times 10^{18}kcal$)。

陕西能源开发利用历史悠久。中国陆上的第一口油井于 1907 年在陕西施工,新中国成立以来,相继建成延长油矿、长庆油气田。渭北、神府、彬长等重要煤炭基地建成后,陕西煤炭产量大幅提高,2003 年突破亿吨大关,2008 年突破 2 亿 t,2010 年达到 3.55 亿 t,2013 年产量 4.93 亿 t,2018 年产量 6.23 亿 t,2020 年产量 6.79 亿 t,稳居全国第三位。建成了大柳塔、红柳林、柠条塔等 9 对全国最大的现代化千万吨矿井群。

据陕西省统计局数据显示,2021 年,陕西原煤产量为 7 亿 t,原油产量 2552.76 万 t,天然气产量为 564.13 亿 $m^3$。全年发电量为 2615.83 亿 $kW \cdot h$,分品种来看,火力发电依然是陕西省电力供应主力军。全省规模以上工业火力发电量为 2276.4 亿 $kW \cdot h$,占全省发电量的 87.03%。

陕西省能源化工滞后于能源开发利用。改革开放前,陕西没有一套规模化的炼油生产装置,化工行业以化肥为主。为了开发陕北富饶的能源化工资源,国家计委于 2003 年 3 月正式批准陕北能源化工基地在榆林启动建设,提出要着力打造煤电材料、煤制油、煤盐化工和油气化工四大产业链,逐步实现从"一次能源产品开发"到"资源的深加工和就地转化"的转变。随着煤炭生产规模迅速扩大,陕北煤炭进入新的开发时期,吸引了美国陶氏、中石油、中石化、壳牌、正大五家世界 500 强企业和神华、中煤、兖矿、华能、华电、国电等十几家国内知名企业在榆林建立根据地。2008 年,在陕北能源化工基地陆续建成了国内最大的甲醇生产基地,成为国家"西煤东运""西电东送""西气东输"的重要基地。

从"十一五"起至"十二五"期间,陕西的能源化工产业为全省经济社会发展做出重要贡献。全省落地实施了陕煤北元煤化工循环经济示范工程、延长石油靖边多原料(煤炭、油田汽、渣油)气化制取烯烃,Pe、PP 循环经济"联合国煤清洁技术"示范工程、陕煤化天元煤干馏提取煤焦油加氢制取轻质燃料(柴油)示范工程、兖矿榆横 100 万 t/a 煤制油(二次转化)示范工程、华电榆横 100 万 t/a 煤制芳烃示范工程、陕煤化富油粉煤干馏热解制取煤焦油示范工程等现代煤化工新技术工艺装置重点示范工程,并建成了世界最大规模的 50 万 t/a 煤焦油加氢制取轻质燃料项目、全国最大规模的 100 万 t/a 聚氯烯项目、兖矿锦界煤制甲醇 60 万 t/a、长青工业园 60 万 t/a 甲醇等重点现代煤化工项目[4]。"十二五"和"十三五"期间，陕西一批现代煤化工项目相继建成投产，如 2014 年的延长中煤榆林能源化工有限公司煤油气资源综合利用项目、中煤榆林能源化工有限公司 60 万 t/a 煤制烯烃项目、2015 年的陕西未来能源化工有限公司国内首套 100 万 t/a 煤间接液化项目、神华榆林能源化工有限公司 60 万 t/a 煤制烯烃项目、蒲城清洁能源化工有限公司 60 万 t/a 煤制烯烃（DMTO-II）项目及 2018 年的延安煤油气资源综合利用项目等。

近年来煤化工科技创新不断突破，延长石油自主或合作开发的煤油气资源综合利用、煤热解与气化一体化、煤油共炼、合成气制乙醇等系列技术居国内外领先水平；陕煤集团开发的低阶粉煤快速热解系列技术，达到国内外领先水平，与中科院大连化物所合作的煤（甲醇）制取低碳烯烃（DMTO）及其二代技术 DMTO-II，已成功实现工业化运行；未来能源依托兖矿自主开发的费托合成技术，在国内首套百万吨煤间接液化示范装置稳定运行的基础上，又建成 10 万 t/a 高温费托合成示范装置，成为国内唯一一家同时掌握高温、低温费托合成技术并实现工业化的企业。在此基础上加快煤化工产业链延伸，聚焦煤炭液化下游高端化学品，建成了 10 万 t/a 费托蜡精加工项目，高端费托精制蜡填补了国内高端特种蜡的空白，打破国外垄断，为煤液化产业补链、强链、延链，推动了产业链向下游延伸。

陕西能源产业转型发展存在的首要问题是能源结构不合理。第一，受自然禀赋和资源特征影响，煤炭是陕西主要能源消费品种，天然气、水电、风电、光电等清洁能源消费占比较低；第二，能源开发利用造成一系列生态环境问题，如在煤炭资源开发过程中造成的地下水体和地表景观破坏、地表裂陷、自然植被毁坏、地表裸露和土壤侵蚀等问题；第三，新能源开发利用能力较弱，一方面体现在对提升新能源利用效率、增加新能源利用场景的方式和方法上存在一系列技术难题尚待突破，另一方面还体现在新能源利用过程本身造成的多种生态环境问题需要进一步解决；第四，煤炭加工转化效率偏低，动力燃料依然是其最主要的利用方式，这种能源资源原料化利用率严重不足，通过煤炭资源转化，得到高效清洁的化工产品或实现绿色发电及供热，构建新型的煤基原料清洁高效低碳利用产业链；第五，高耗能产业比例高，六大高耗能行业综合能耗占比不断攀升，是拉动全省综合能耗增速加快的主要原因。

## 1.3.2 陕西能源高质量发展面临双重挑战

"十四五"期间，中国煤炭需求进入低速增长和稳定期。《2020 煤炭行业发展年度报告》提出，到"十四五"末期，煤炭年产量将控制在 41 亿 t，煤炭年消费量将控制在 42 亿 t 左右。在全国多数地区给煤炭"降温"的背景下，国家能源开发布局要求陕西转变煤炭生产方式，加快煤炭产业发展和煤炭产能结构性系统性优化，有序发展先进产能，加快淘汰落后产能，推进转化项目配套和资源接续的现代化矿井建设，推动大型煤矿智能化改造，打造绿色智能煤矿集群，加强矿区生态环境恢复治理，推动煤炭资源绿色安全开采。预计 2025 年要求陕西煤炭产量由 2020 年的 6.79 亿 t 增加到 7.4 亿 t。陕西省作为西部欠发达地区又是我国的能源大省，既要积极推动碳达峰、碳中和愿景实现，又要担负好支撑国家能源安全"稳定器"重任，确保国家对主体能源的需求。

习总书记指出："双碳"这件事，要按照全国布局来统筹考虑。"双碳"目标是全国来看的，哪里减，哪里清零，哪里还能保留，甚至哪里要作为保能源的措施还要增加，都要从全国角度来衡量。我们要牢记总书记叮嘱，坚持两条腿走路，在继承传统能源产业发展思路的基础上，进行科技创新攻关，加快能源结构和产业结构低碳调整，以清洁化高端化为目标，以保障能源安全为首要任务，加强资源绿色开发和高效转化利用，实现能源、经济、生态一体化高质量发展。

## 1.3.3　为陕西煤炭发展贡献陕煤地质力量

在寻求中国能源的破解之策和煤炭资源开发的出路问题之时，我们自然会想到：煤炭能够更绿色、更环保、更低碳、更高效吗？煤炭能够像石油天然气那样，获得世人的青睐吗？如果中国丰富的煤炭资源能摇身变成石油，那么，煤炭不仅会摘掉"污名化"的帽子，还将会成为一把解决中国石油短缺问题的金钥匙。

《"十四五"规划和2035年远景目标纲要》明确指出：坚持立足国内、补齐短板、多元保障、强化储备，增强能源持续稳定供应和风险管控能力。夯实国内产量基础，保持原油和天然气稳产增产，做好煤制油气战略基地规划布局和管控。制定2030年前碳排放达峰行动方案，完善能源消费总量和强度双控制度，推动煤炭等化石能源清洁高效安全利用。可见，立足于"国内油气自主供给能源安全"和"碳中和、碳达峰"双重战略要求，利用富油煤禀赋的油气属性特点，探索科学、高效的"取氢留碳"的油气资源提取开发技术势在必行[5]。陕西的富油煤资源优势，使陕西具备从资源相对富集的煤炭中提取作为战略性能源油气资源的优势。以2021年陕西省原煤产量7亿t的规模粗略估算，其中可提取煤焦油约5000余万吨，仅此一项，就相当于"再造一个大庆油田"，陕西省富油煤的"煤中提油"前景令人振奋。陕西省煤炭资源的合理开发，要在充分发挥陕西省煤炭资源的优势、立足煤炭稳定供应的基础上，加快煤炭资源由单一燃料向燃料、原料转变，发展煤制油气、醇类燃料替代品，推动富油煤绿色开发、低碳利用和精细利用，发展精细化工材料和终端应用产品，延伸产业链、提高附加值，缓解石油供应紧张局面，保障能源安全。

陕煤地质集团是推动陕西能源革命，推动陕西煤炭工业安全绿色低碳清洁高质量发展的一支生力军。面向"双碳"目标和国家能源安全战略，近年来，陕煤地质集团围绕煤田地质"11563"发展战略，瞄准地勘市场发展定位，积聚盘活创新资源，创新科技体制机制，加快产业转型步伐，逐步走出具有陕煤地质特色的转型发展之路。

在陕北"再造一个大庆油田"，是无数煤炭人、能源人、地质人的梦想。有梦想就有希望，我们的目标就是致力于把这个梦想变成现实，致力于将煤炭开采变得更绿色，更安全，煤炭利用变得更清洁、更低碳、更高效。相信总有一天，煤炭不再是人们印象中的"黑色燃料"，会像石油天然气那样变得炙手可热，其全新的价值为世人再认知。

时间回溯到2018年，彼时正值"去煤化"之声甚嚣尘上。我们的研究团队执着地行进在探索煤炭低碳利用之路上，朝着富油煤低碳利用研究笃定前行。四年来，我们的研究取得了重要成果，首次以矿区为单元，查清了陕西省五大煤田富油煤资源分布，研究了其地质特征和利用方式，并且探索一条低碳清洁利用之路。2021 年 9 月 17 日，就在习近平总书记榆林之行的 4 天后，我们在榆林举行了一个简单的项目开工仪式。这个项目是在富油煤潜力评价基础上立项实施的陕北富油煤地下原位热解的先导性试验项目。项目的目标直指开辟煤基油气资源利用新途径，研发国家能源安全卡脖子技术，实现高碳资源低碳化利用，助推碳达峰、碳中和愿景实现。我们正在践行总书记的指示：加快关键核心技术攻关，积极发展煤基特种燃料、煤基生物可降解材料。我们正在走一条前人未曾走过的路。地下热解炉工程的开工建设，标志着陕煤地质集团在富油煤领域的研究进入到了一个里程碑式的新阶段。神府煤炭的发现者和主要勘探队伍——陕西省一八五煤田地质有限公司承担这项研究的一期工程施工，这支队伍为我国煤炭工业战略西移建立了巨大功勋。四十年后，新一代一八五人又重整行装再出发，打下了富油煤热解开采第一钻。

## 1.4　本 章 小 结

"双碳"目标的提出带来一场由科技革命引起的经济社会环境的重大变革，对我国各个行业产生巨大而深远的影响。为了实现"双碳"目标，能源结构必须加速转型。煤炭在中国未来能源中担当何种角色？在一片争议声中，"煤炭是我国能源安全的稳定器和压舱石"成为全社会新的共识。2021 年，中国的煤炭产业迎来了从迷茫唱衰走向高质量发展的转折点。

陕西省作为西部欠发达地区又是我国的能源大省，既要积极推动碳达峰、碳中和愿景实现，又担负着支撑国家能源安全"稳定器"重任，国家要求陕西转变煤炭生产方式，加快煤炭产业发展。《陕西省国民经济和社会发展第十四个五年规划和二〇三五年远景目标纲要》中明确提出到 2025 年，全省原煤产量达到 7.4 亿 t。

我们要以清洁化高端化为目标，以保障能源安全为首要任务，加强资源绿色开发和高效转化利用，实现能源、经济、生态一体化高质量发展。相信未来煤炭不再是人们印象中的"黑色燃料"，其全新的价值为世人再认知。

# 2 富油煤与煤基油

## 2.1 从石油忧患谈起

论述"煤",话题还要从石油谈起。

在中国,"石油"这个名称是由北宋科学家沈括第一次命名的。它的主要成分是各种烷烃、环烷烃、芳香烃的混合物。石油经过加工而获得的各类石油产品在不同的领域内有着广泛的用途。因此,石油被称为"工业的血液"。

随着内燃机的发明,20 世纪初现代石油的地位发生骤变。第二次世界大战后,中东石油新发现使世界石油产量增加,欧美发达国家开始进入石油时代[6]。石油作为一种新兴燃料不仅直接带动了汽车、航空、航海、军工、重型机械、化工等工业的发展,甚至影响着全球的金融业,人类社会也被飞速推进到现代文明时代。20 世纪 60 年代初期之前,煤炭在世界能源中占据主要位置,之后,世界能源构成由煤炭与油气平分秋色发展到油气占明显优势,20 世纪 70 年代,世界能源整体开始进入石油时代。2020 年,世界能源消费结构中,石油占据能源结构的最大份额(31.2%),煤炭占一次能源消费总量的 27.2%。同时,可再生能源现在已经超过了核能,后者仅占能源结构的 4.3%。见表 2.1。

**表 2.1　全球一次能源消费结构[6]**

| 全球一次能源消费结构 | 煤 | 油 | 气 | 其他(包括水电、核电) |
|---|---|---|---|---|
| 1950 年一次能源消费构成 | 61.1% | 27.0% | 9.8% | 2.1% |
| 1973 年一次能源消费构成 | 26.0% | 50.4% | 17.0% | 6.6% |
| 2010 年一次能源消费构成 | 29.5% | 33.7% | 23.7% | 13.1% |
| 2016 年一次能源消费构成 | 28.1% | 33.3% | 24.1% | 14.5% |
| 2020 年一次能源消费构成 | 27.2% | 31.2% | 24.7% | 16.9%(R:5.7% N:4.3% W:6.9%) |

注:R 为可再生能源;N 为核能;W 为水电能源。

美国前国务卿基辛格说过:如果你控制了石油,你就控制了所有的国家。的确,石油是支撑现代文明最重要的战略能源。20 世纪 70 年代的石油危机帮助美国奠定了美元的世界货币霸权地位。1971 年布雷顿森林体系正式解体后,美国不得不放弃金本位。但是却利用美国石油公司的主导地位,把石油与美元绑定在一起,形成石油美元。通过石油美元,美国在金本位之后,再次树立了美元霸权。长期以来,美国把掠夺中东尤其是海湾地区的石油资源作为重要战略目标,为此不惜发动阿富汗战争和伊拉克战争,搬倒了控制中东的主要绊脚石,推翻了伊拉克政权。

今天,全球仍然生活在石油为王的时代。石油产品已经渗透到人们生活的方方面面。

石油运输方便、能量密度高，是最重要的运输驱动能源，90%的运输能量是依靠石油获得的。石油产品可分为石油燃料、石油溶剂与化工原料、润滑剂、石蜡、石油沥青、石油焦等6类。其中，石油燃料接近总产量的90%；润滑剂品种最多，产量约占5%。很难设想，没有石油的时代，世界将会是什么样的情景。

然而，在世界能源早已经进入石油时代、甚至将进入新能源时代的今天，中国却一直处在"煤的时代"。在2019年我国能源生产结构中，原煤占比68.8%，原油仅占比6.9%，天然气占比5.9%，水电、核电、风电等占比18.4%。

看看中国的能源消费结构（图2.1）：长期以来，煤炭是中国能源的"大哥大"。2010~2019年，煤炭由69.2%降至56.64%，降低了11.56%，但是石油的比重仅为19.69%，天然气及其他新能源占22.67%。

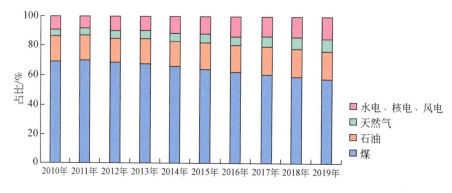

图2.1　全国一次能源消费结构图

需要指出的是，占一次能源消费比重仅19%的石油，绝大多数是依靠进口获得的。20世纪60~70年代，中国发现大庆、胜利等油田，一度实现了石油自给自足，"把贫油的帽子甩进了太平洋"。但是，国产原油的产量增长远远赶不上市场消费的需求增长，目前中国国内消费的原油，最多只有26.5%是自产的，2000年，中国原油产量仅为1.63亿t，2000~2019年，年均产量为1.90亿t，仅比2000年提高了16.6%。据国家统计局数据，2012~2020年，中国原油产量年产量保持在1.9亿~2.2亿t，产量最高的年份为2015年，达2.15亿t（图2.2）。国产原油能力有限，必将长期依赖进口。自1993年起，中国开始成为石油净进口国，此后油气进口量逐年增加，2015年达到3.28亿t，原油对外依存度65%；2017年，达到3.96亿t，原油对外依存度达到67.4%，超越美国成为世界第一大原油进口国；2019年进口原油5.06亿t，对外依存度升至72.6%；25年间进口量足足增加了40倍[7]。2022年2月，中国石油化学工业协会公布，2021年我国原油对外依存度72%，同比下降1.6%，但原油对外依存度的下降发生在成品油及化工轻油需求恢复性增长的情形之下，不一定意味着原油对外依存度从此出现拐点，根据原油产品产能利用技术的发展和落后产能调整等措施实行及对原油消费市场的分析，我国原油对外依存度可能长期维持在70%上下。而中国工程院和国际能源署（international energy agency，IEA）等单位预测：中国未来将长期处于油气短缺状态，2030年我国石油对外依存度将达到80%以上。原油对外依存度持续高位给国家石油安全带来较大风险挑战。面对原油对外依存度较高的严峻现实，必须寻求战略上的突围，加大石油勘探开发力度，增产增储。

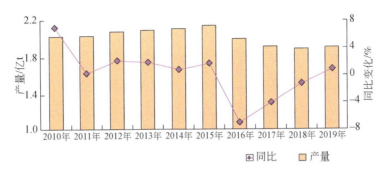

图 2.2　全国原油产量走势图

为评价我国石油增储的潜力和前景，及时准确掌握中国油气资源潜力变化情况，继 2003～2007 年国土资源部、发改委和财政部联合组织开展新一轮全国油气资源评价之后，2015 年，国土资源部分阶段组织对已经动态评价过的盆地或地区进行系统梳理汇总，对页岩气、致密油气和煤层气等非常规油气资源进行重点评价，在此基础上，形成对全国油气资源潜力的新认识。经过这一轮油气资源评价，我们发现石油资源量是 1257 亿 t，天然气地质资源量为 90.3 万亿 $m^3$，资源量大幅度增长。这一评价结果令人鼓舞。但是从评价结果看，我国石油品质差、资源隐蔽性强，部分资源分布在地理环境复杂、气候恶劣的区域，如湖沼、山地、高原等，勘查开发难度较大，这些因素都在一定程度上制约了我国石油的开采与利用。

截至 2019 年底，全国石油剩余技术可采储量大约还有 35.55 亿 t（图 2.3）。按照目前的开采速度，还不够开采 20 年。

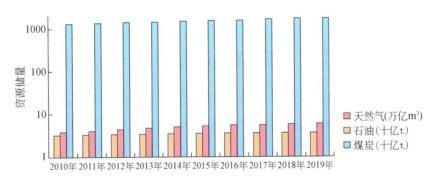

图 2.3　我国煤炭、石油、天然气资源储量变化[8]

回顾过去十年国内石油资源储量变化趋势可以发现，由于每年新资源的发现补充（2014～2019 年，新增探明地质储量每年为 8.77 亿～11.24 亿 t，图 2.4），全国石油剩余技术可采储量保持稳定，2015 年后多年保持在 35.00 亿～36.19 亿 t（图 2.5）。也就是说，石油可采资源量并没有明显增加。显然，寄希望于加大国内石油勘探开发力度，增产增储，似乎无法从根本上解决我国石油资源的不足问题。

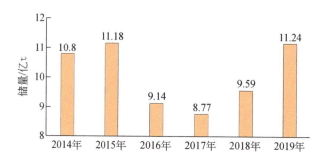

图 2.4　2014~2019 年中国石油新增探明地质储量

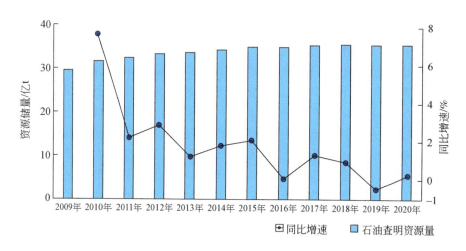

图 2.5　2009~2020 年石油查明储量及增速[9]

## 2.2　煤炭：破解石油短缺的一把钥匙

与石油资源的捉襟见肘相比，中国煤炭资源还算丰富。2014 年完成的国土资源部重大项目《全国煤炭资源潜力评价》显示，全国 2000m 以内煤炭资源总量为 5.9 万亿 t，其中，探获煤炭资源储量 2.02 万亿 t，预测资源量 3.88 万亿 t。到目前为止，我国已经查明的煤炭资源超过 1.8 万亿 t，预测还有 4 万亿 t 的煤炭资源潜力。

煤炭是我国重要的基础能源，65% 的化工原料、85% 的城市居民用燃料、76% 的商品能源消耗都是由煤炭给提供的。"十三五"期间，我国煤炭原煤产量保持在 35 亿~39 亿 t，煤炭消费总量保持在 40 亿 t[1]。我国煤炭经历了"十一五""十二五"初期的高速增长和"十三五"的平稳发展，在 2013 年达到 39.7 亿 t 的峰值，随后受经济新常态和能源结构调整等多因素影响，原煤产量在 2016 年降至最低点，随后又逐年攀升，到 2021 年 40.7 亿 t（图 2.6）。在"十三五"期间，煤炭行业关停落后产能、调整开发布局，产能向煤炭资源禀赋好且开采条件好的晋、陕、蒙、宁、新转移。煤炭资源消费在一次能源消费占比从2016年的62%降至2020年的56.8%，但其一次能源消费主体地位并未发生根本改变。王双明[10]、王国法[11]等指出，在相当长的时期内我国煤炭主体能源地位难以改变，煤炭扮演了国家能源稳定器和压舱石的角色。

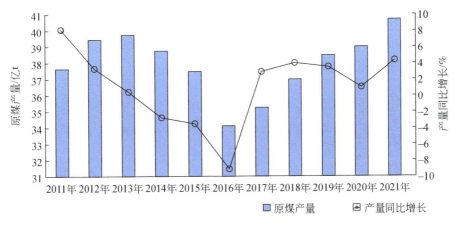

图2.6　2011～2021年全国煤炭产量变化趋势图
（根据历年《中华人民共和国国民经济和社会发展统计公报》数据整理）

中国煤炭资源已探明可采储量按能源当量计算是油气资源的100～200倍，是除美国和俄罗斯以外的另一个世界煤炭资源大国。

中国需要的是更多的石油天然气资源，我们的国情是煤炭相对丰富，石油、天然气贫乏。这是我们的尴尬，但换个角度看，这也是我们的幸运。

起初，煤炭是直接作为燃料用的，迄今为止直接燃烧仍然是煤炭最主要的用途。中国约30%以上的煤用来发电，建材用煤约占动力用煤的13%以上，一般工业锅炉用煤量约占动力煤的26%，生活用煤约占燃料用煤的23%。

煤燃烧过程的主要反应分为挥发分与氧、碳与氧、煤伴生各类元素与氧之间的反应：挥发分$+O_2 \rightarrow CO_2 + H_2O$，$C + O_2 \rightarrow CO_2$，$S + O_2 \rightarrow SO_x$（$SO_2$），$N + O_2 \rightarrow NO_x$。碳和氢是燃烧过程产生热量的元素，每吨标准煤燃烧后产生2.6t温室气体二氧化碳。数据显示，燃煤产生的二氧化碳排放总量占我国二氧化碳排放总量的85%以上。同时，燃煤还产生了二氧化硫、氮氧化合物、烟尘、粉尘、炉渣、粉煤灰等污染物以及一些放射性物质，这也是煤炭为人诟病的主要原因。

但是煤炭并不是只能做燃煤直接燃烧。煤中有机质的化学结构，是以芳香族为主的稠环为单元核心，由桥键互相连接，并带有各种官能团的大分子结构，通过热加工和催化加工，可以使煤转化为各种燃料和化工产品。通过煤化工技术，煤炭可以替代石油生产的包括汽、柴油等燃料在内的洁净能源和可替代石油化工的产品。煤化工是以煤作为原料，经化学加工使煤转化为气体、液体和固体产品或半产品，而后进一步加工成化工、能源产品的过程。传统煤化工产品包括炭黑、聚氯乙烯（PVC）、合成氨等；新型煤化工以生产洁净能源和可替代石油化工的产品为主，如柴油、汽油、航空煤油、液化石油气、乙烯原料、聚丙烯原料、替代燃料（甲醇、二甲醚）、芳烃、乙醇、乙二醇、醋酸等，它与能源、化工技术结合，形成煤炭-能源化工一体化的新兴产业。国家政策定义下的现代煤化工产品主要有煤制油、煤制天然气、煤制烯烃、煤制乙二醇和煤制芳烃。近 20 年来，我国现代煤化工产业发展迅猛，已经完成了煤制油、煤制烯烃、煤制乙二醇和煤制甲烷等多项现代煤化工工艺的技术攻关、工程示范和商业化生产，2020 年底，煤制油、煤制烯烃、煤制乙二醇产能分别达到 931 万 t/a、1122 万 t/a、597 万 t/a（图 2.7），随着大型煤化工企业的陆续投产，煤制油产能还将稳步提升。有研究认为，我国煤化工在 2020 年、2030 年和 2050 年对石油的替代率分别为 6.8%、8.2% 和 10.6% 左右。

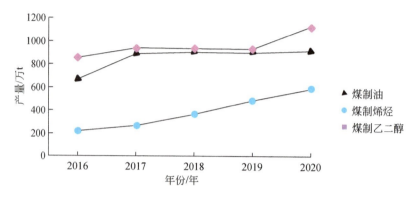

图 2.7　2016～2020 年中国煤制油产能[12]

在"双碳"目标要求下，煤炭产业如何转型？改变煤炭开发利用形式，提高煤炭利用质量，推动煤炭从单一燃料向燃料+原料转变以及煤基能源产业发展成为煤炭产业可持续发展的必然选择。

## 2.3　富油煤与煤焦油

### 2.3.1　富油煤的概念

《矿产资源工业要求手册（2014 修订版）》根据煤的低温焦油产率将煤分为三个等级，含油煤（$Tar_d \leqslant 7.0\%$）、富油煤（$7.0\% < Tar_d \leqslant 12.0\%$）、高油煤（$12.0\% < Tar_d$）；《中华人民共和国煤炭行业标准》（MT/T 1179—2019）按照煤中焦油含量分级，将煤分为四个等级，低油产率煤（$Tar_d \leqslant 7.0\%$）、中油产率煤（$7.0\% < Tar_d \leqslant 12.0\%$）、高油产率煤（$12.0\% < Tar_d \leqslant 15.0\%$）、特高油产率煤（$15.0\% < Tar_d$），具体见表 2.2。

表 2.2　不同煤类分类对比表

| 标准对照代号 | 《矿产资源工业要求手册》（2014） | | 《中华人民共和国煤炭行业标准》（2019） | |
| --- | --- | --- | --- | --- |
| | 级别名称 | 焦油产率 ω/% | 级别名称 | 焦油产率 ω/% |
| $Tar_d$-1 | 含油煤 | ≤7.0 | 低油产率煤 | ≤7.0 |

| 标准对照代号 | 《矿产资源工业要求手册》(2014) | | 《中华人民共和国煤炭行业标准》(2019) | |
|---|---|---|---|---|
| | 级别名称 | 焦油产率 ω/% | 级别名称 | 焦油产率 ω/% |
| Tar$_d$-2 | 富油煤 | 7.0~12.0 | 中油产率煤 | 7.0~12.0 |
| Tar$_d$-3 | 高油煤 | >12.0 | 高油产率煤 | 12.0~15.0 |
| Tar$_d$-4 | | | 特高油产率煤 | >15.0 |

从两种分类指标对比表 2.2 可以看出,两种分类方法对含油煤/低油产率煤的认定标准是一致的,都是指 Tar$_d$≤7.0% 的煤炭。《中华人民共和国煤炭行业标准》对焦油产率 Tar$_d$>7.0% 的煤炭分类更为详细,划分为三个类别。借此认为焦油产率 Tar$_d$>7.0% 的煤炭资源具有从中提取煤焦油的价值,可作为煤基油气资源开发利用。从资源评价角度,本书所指的富油煤,泛指所有焦油产率 Tar$_d$>7.0% 的煤炭资源(包含高油煤),在特指焦油产率 7.0% <Tar$_d$≤12.0% 时会作说明。

## 2.3.2 富油煤的热解

煤的热解也称为煤的干馏或热分解,是指煤在隔绝空气的条件下进行加热,在不同的温度下发生一系列的物理变化和化学反应的复杂过程。煤热解的结果是生成煤气、焦油、焦炭等产品,低阶煤热解能得到高产率的焦油和煤气。焦油经加氢可以制取汽油、柴油和喷气燃料,是石油的替代品;煤气是使用方便的燃料,可成为天然气的替代品。

煤低温干馏,一般是指在常压下,采用较低的加热终温(500~600℃)的干馏方法,煤大分子在高温条件下由于分子活化,部分化学键能较低的基团发生断裂,从而生成气态组分和焦油,剩余的部分经过一系列复杂的键合、重组等反应,最终形成相对稳定的半焦,整个过程中还会伴随产生一定量的水[13]。按照加热终温的不同,干馏分为低温干馏、中温干馏和高温干馏。在低温干馏过程中产生的焦油质量占煤样品质量的百分率称为低温焦油产率。低温焦油产率对于炼焦、气化、低温干馏工业等都是一个非常重要的指标,从低温焦油中可以提取许多优质的化工原料,同时也可以炼制人造汽油等燃料[14]。低阶煤经过低温干馏工艺,一般可获得 6%~25% 焦油、50%~70% 兰炭、80~200m³/t 煤气,整个过程无任何添加剂即可实现部分气化和液化,工艺过程简单,加工条件温和,成本低,适合于变质程度低的低阶煤类,既可获得洁净的液体和气体燃料,也可以得到清洁的固体燃料及固体或液体化学品,从根本上实现煤的分级分质深加工利用,是发展循环经济和低碳经济的最佳技术途径之一。

根据供热方式的不同,低温干馏一般分为外热式和内热式。干馏炉是低温干馏生产工艺中的重要组成设备,外热式供热由炉墙外部传入,主要缺点是煤样受热不均,导致半焦质量不均匀、焦油产率偏低;内热式是通过热载体把热量传给煤样,煤样受热均匀。

煤的热解温度、加热速率、反应气氛、煤质特征等因素都会对煤的热解过程产生不同程度的影响,此外,停留时间、粒径、反应压力等也会影响煤热解过程[15]。就煤质特征而言,煤的有机分子结构是影响热解过程的重要因素[16],由于成煤过程、地质环境、成煤物源等因素的差异，煤的组成和分析结构存在显著差别，这在很大程度上决定了不同煤种热解过程及其最终产物会有所不同[17]。煤阶越低，煤的反应活性越高，半焦产率随煤化程度的增高而增加，热解焦油和气体产率随挥发分的增加而增加[18]。煤热解轻质焦油产率主要由煤大分子结构中的脂肪链结构决定，热解水产率一般与煤中含氧官能团相关[19]。

煤炭中低温热解早在 17 世纪后期就开始出现，1805 年低温热解开始在英国实现工业化；20 世纪初至 20 世纪 50 年代，随着汽化器式内燃机的出现和应用，汽油需求量激增，缺乏天然石油资源的国家千方百计从煤中制取液体燃料，低温热解工业迅速发展，相继出现了德国的 Lurgi-Spuelgas、Lurgi-Ruhrgas、美国的 Disco、苏联的固体热载快速热解等工艺，并达到可观的规模[20]。

我国的煤炭中低温热解工业始于抗日战争期间，在云、川、贵等地建有外热式铁甑煤热解小工厂。新中国成立之前，在吉林曾修建 4 台鲁奇低温热解炉，但未正式运用，新中国成立之初拟恢复和建立中低温热解工厂。20 世纪 50 年代后期，中低温热解单炉规模达到 330～450t/d。20 世纪 90 年代以来，随着石油资源日益紧缺，国际油价动荡，中低温热解技术研发又进入了一个新的发展时期，尤其是近年来我国低阶煤热解技术开发和示范取得突破性进展，新一代热解技术达 20 多种，其中有一半实现了工业化生产。陕北因其独特的优质煤炭资源（低灰、低硫、高挥发分）而建设的榆林能源化工基地带动了煤炭热解产业的迅猛发展，"十三五"期间，陕西兰炭产能已占全国总产能的一半以上。"十四五"期间，随着国家政策更大力度的支持，煤炭清洁高效利用有望进入更高发展阶段。

## 2.3.3　煤焦油产率

中低温煤焦油从外观上看与石油原油类似，是黑色黏稠的液体。根据其密度差异可分为水上与水下两种。水上煤焦油的密度低于 $1000kg/m^3$，具有黏度低、固体杂质少、质量高[21]等优点，但其产率与原料煤煤阶以及干馏温度有关，若以长焰煤和不黏煤为原料，干馏温度在 750℃左右，产出的水上煤焦油不足煤焦油总量的 5%[22,23]。中、低温煤焦油的产率、物性与干馏温度间的关系见表 2.3。中、低温煤焦油元素组成包括 C、H、O、N、S 等（表 2.4），化学组成主要有烷烃、芳烃、胶质、沥青质（表 2.5），馏分组成以 300℃以上的馏分组成分为主（表 2.6）。

表 2.3　不同干馏温度下中、低温煤焦油的产率与物性[24]

| 煤焦油 | 干馏温度/℃ | 焦油产率（原料）/% | 密度（20℃）/（kg·m⁻³） | 运动黏度（100℃）/（mm²·s⁻¹） |
|---|---|---|---|---|
| 低温 | 550～650 | 6～8 | 约 960 | 约 60 |
| 中温 | 650～800 | 5～7 | 1030～1060 | 约 125 |

表 2.4 中、低温煤焦油的元素组成[24]

| 煤焦油 | C/% | H/% | N/% | O/% | S/% | H : C (原子比) |
| --- | --- | --- | --- | --- | --- | --- |
| 低温 | 81.4 | 9.6 | 0.8 | 7.9 | 0.3 | 1.42 |
| 中温 | 84.2 | 8.8 | 0.8 | 5.9 | 0.3 | 1.25 |

表 2.5 中、低温煤焦油的化学组成[24]

| 煤焦油 | 烷烃/% | 芳烃/% | 胶质/% | 沥青质/% |
| --- | --- | --- | --- | --- |
| 低温 | 25.12 | 28.43 | 28.49 | 17.96 |
| 中温 | 22.68 | 27.96 | 27.12 | 22.24 |

表 2.6 中、低温煤焦油的馏分组成[24]

| 煤焦油 | <180℃/% | 180~230℃/% | 230~300℃/% | 300~350℃/% | >350℃ |
| --- | --- | --- | --- | --- | --- |
| 低温 | 4.3 | 12.4 | 18.7 | 21.3 | 43.3 |
| 中温 | 0.8 | 10.9 | 21.8 | 15.1 | 51.4 |

煤的热解过程大致可以分为三个阶段。第一阶段为室温至300℃，是干燥脱气阶段，本阶段煤外形基本无变化，煤于120℃前脱水，200℃左右脱气，脱除 $CH_4$、$CO_2$ 和 $N_2$ 等气体组分。第二阶段为300~600℃，是煤炭热解反应主要阶段，此阶段煤的分子结构发生解聚和分解反应，会生成大量的煤气和焦油，在450℃左右焦油排出量最大，450~600℃气体析出量最多。第三阶段为600~1000℃，是二次脱气阶段，在本阶段继续发生缩聚反应，半焦变成焦炭，析出极少量的焦油，主要生成氢气、烃类气体和碳氧化物[5]。

影响焦油产出率的因素较多，包括地质因素、热解装备、技术及工艺条件等。富氢气氛、催化剂、富氢有机质共热解、甲烷重整工艺等可显著提高焦油产率[25,26,27,28]，不同方法和工艺的焦油产率有较大差异，难以准确评价富油煤产油能力。格金干馏是一种成本较低、操作相对简单的标准热解试验方法，在业内得到普遍接受。

煤中焦油产率（$Tar_d$）是依据国家标准《煤的格金低温干馏试验方法》（GB/T 1341—2007）进行测定的。该标准规定了煤的格金低温干馏包括了煤样制备、仪器设备、试验步骤、结果表述和方法精密度，具体操作如下。

（1）煤样制备与保存煤样制备遵循《煤样的制备方法》（GB474—2008），试验采用粒度小于0.2mm空气干燥试验煤样。试验前把粒度较大的煤样严密封存，在试验当天或7天内制备成所需粒度装入煤样瓶中进行试验。

（2）试验前仪器设备准备，包括格金干馏炉、干馏管、锥形瓶、水分测定管、冷凝器、天平、推杆、电炉、砂浴等。

将煤样充分搅拌均匀（至少1min），从不同部位称取20g煤样放在表面皿。

将搅拌好的煤样用漏斗放入事先插入木架上的干馏管中，并将煤样全部刷到干馏管刻度以下。

将与干馏管直径相当的石棉垫剪去1/4缺口并使之向上，放入干馏管刻度处，而后放一团石棉绒轻压成层。

将装好的干馏管平行敲实，使煤样表面平整。用耐热橡皮塞密封干馏管称重，并接上锥形瓶放在格金干馏炉的水槽中，固定在干馏炉固定架上。

（3）实验。将干馏管放入干馏炉后，送入预先升温到300℃的特定格金干馏仪中，以5℃/min的升温速度隔绝空气加热到600℃，并保持15min。在此温度下发生一系列复杂的物理、化学变化过程，煤在该过程中经干燥、软化、热分解后生成胶质体，并释放出挥发气体即煤气、焦油、水蒸气等，最终形成半焦。

（4）干馏冷凝。在试验过程中，煤样分解产生的焦油、水蒸气和煤气经过干馏管支管进入锥形瓶，焦油和水蒸气在锥形瓶中冷凝，煤气则由导气管排出。在测定时严格控制蒸馏速度，以2~4滴/s的速度从冷凝器末端滴下，直到水分测定管中的水量在10min内不再增加为止。

（5）组分计算。试验完毕并冷却完成，取出干馏管中的石棉绒和石棉垫，倒出焦炭，依据国家标准（GB/T 1341—2007）对比焦炭型号，根据半焦总质量、焦油总质量、煤气和干馏损失量及热质水质量计算出相应的半焦产率（CRd）、焦油产率（$Tar_d$）、干馏总水分产率（Wd）等多项指标[29,30]。

## 2.3.4　富油煤的利用

从技术角度分析，热解是低阶煤清洁高效利用最为科学合理的方式，是煤炭利用从"粗吃"转向"精吃"的必由之路。煤炭低温热解具有以下优势，一是可有效提高资源利用效率，低阶煤是由芳环、脂肪链等官能团缩合形成的大分子聚集体，直接燃烧会形成大量$CO_2$；若气化处理则有对原物质过度拆分的问题，将高附加值组分转化为最基础的合成气CO和$H_2$；通过热解，则可获得焦油、煤气和半焦，深度挖掘了煤炭的资源，避免了资源的浪费。二是生产工艺条件温和，煤热解温度一般为450~700℃，反应压力接近常压，且采用隔绝空气加热，生产系统不需要大型空分装置，设备投资较小。三是具有良好的环保性，煤热解得到的半焦可作为锅炉燃料和气化原料，所含的污染物远少于原煤，对环境影响较小，水耗较低。

王双明认为，富油煤是集煤、油、气属性为一体的煤炭资源，但长期以来未能得到科学认识和充分利用，若能通过技术手段提取煤中油、气资源，可实现煤的分级利用，增加我国油气资源供应。我国西部富油煤资源量大约有5000亿t，煤中潜在的油资源量约为500亿t，气资源量约为75万亿$m^3$，相当于目前三大石油公司探明油气剩余可采储量的10倍之多，我国富油煤具备产业规模化发展的资源基础。相比常规油气，富油煤中油气资源的开发方式也有不同，既要最大化提取煤中以油为主的资源，也要实现煤的绿色低碳开发。目前西部用于燃烧发电和供热的富油煤资源约为5.2亿t，如果全部按照热解发电一体化方式进行利用，可生产近5000万t油品，相当于再建一个大庆油田。相比燃烧发电，后者可提高能效6%、减少碳排放2.8亿t[31,32]。

目前，国内业界专家学者都已经认识到富油煤的潜在价值，呼吁重视富油煤的开发利用。中国矿业大学原副校长姜耀东[33]认为，富油煤潜在经济价值大，目前，榆林和新疆等地的富油煤之所以未能被大规模热解利用，既有各地能源和环保指标限制，又有企业自己的利益考量，比如企业不可能在短期内转变直接燃烧方式，改为热解利用；同时客观上有一些技术壁垒，如大型装备开发、粉煤高效热解和煤焦油除尘等问题。建议尽快出台支持鼓励富油煤合理开发利用的政策，禁止 $Tar_d > 9\%$ 的中油煤、避免 $Tar_d > 7\%$ 的富油煤直接燃烧，在技术上通过热解出油，富氢气体转化制氢气，然后再进行高活性无烟清洁半焦的燃烧和其他利用；建议编制富油煤高效合理开发利用规划，尽快将富油煤合理开发利用列入国家重点科技专项项目，尽快出台陕西和新疆等富油煤重点聚集区开展富油煤高效热解产油新技术应用的新政策，鼓励富油煤优先热解产油。

## 2.4 煤 基 油

### 2.4.1 煤基油与煤制油

煤基油是指以煤为原料生产合成的原油或成品油。煤基油的生产工艺过程就是煤制油，定义为[34]：以煤为原料生产合成原油或成品油组分的工艺过程，包括煤直接液化工艺、煤间接液化工艺、煤热解与焦油加氢工艺、煤油共炼工艺，以及煤经甲醇或甲醛生产成品油调和组分的甲醇制汽油工艺和聚甲氧基二甲醚生产工艺。煤制油过程直接产品和进一步加工后得到的成品油调和组分可以统称为煤基油品，煤制油产业以生产液体燃料为主要目标，目前我国煤制油产能为 900Mt/a 左右。

从元素组成看，煤制油的本质是把 H/C 原子比不足 1.0 的固体煤炭转化为 H/C 原子比为 1.6 ~ 2.0 的液态油品。煤直接制油工艺和煤油共炼工艺是往煤炭中直接加入氢原子；煤热解与焦油加氢工艺是先将煤炭中高 H/C 原子比的液体组分干馏出来然后再加入氢原子。到目前为止，我们可以通过煤获取油的途径有煤直接液化油、煤间接液化油、加氢煤焦油、煤油共炼产品、甲醇制汽油（MTG 汽油）和聚甲氧基二甲醚（DMMn）等煤基油品。王泽洋[34]和王龙延基于最新汽油、柴油和航煤质量标准，结合市场对成品油需求走向，探讨了煤直接液化油、煤间接液化油、加氢煤焦油、煤油共炼产品、甲醇制汽油（MTG 汽油）和聚甲氧基二甲醚（DMMn）等煤基油品的馏分结构与性质。指出煤基油品的硫、氮等有害物质含量低，清洁性很好。除了 MTG 汽油外，煤基油品的柴汽比过高，需要与石油产品协同发展以满足我国未来的成品油市场需求。费托合成工艺能够直接生产优质柴油和航空喷气燃料油组分，是煤制油产业发展的主要技术路线；煤直接液化工艺所产汽煤柴油馏分性质均不理想，需要持续改进提高；煤油共炼工艺在成品油质量方面弥补了煤直接液化工艺的不足，可作为一条新的煤制油途径。煤焦油加氢可以生产出质量指标达到或接近国Ⅵ标准的车用柴油调和组分，是一条高效利用煤炭加工过程副产品的煤制油技术路线。

### 2.4.2 焦油加氢提油

煤焦油含有大量的芳香族等环状结构化合物，较难充分燃烧，同时煤焦油含碳量高，含氢量低，燃烧时更容易生成炭黑，致使燃烧不完全并产生大量的烟尘；另外，由于煤焦油中硫和氮的含量较高，燃烧前又没有进行脱硫脱氮处理，所以在燃烧时排放出大量的 $SO_x$ 和 $NO_x$，造成严重的环境污染[35]。因此，将煤焦油通过催化加氢制成高清洁的燃料油（汽油和柴油），才是提升煤焦油利用价值的根本方向。

中低温煤焦油中含有较多的含氧化合物及链状烃，其中酚及其衍生物质含量可达 10% ~ 30%，烷状烃含量大约为 20%，同时重油（焦油沥青）的含量相对较少，比较适合采用加氢技术生产清洁燃料油[36]。

国内中低温煤焦油主要采用轻质馏分提酚和重质馏分加氢转化组合加工技术，用于生产酚类、汽柴油清洁油品或化工原料。近年来，国内通过产学研的方式研发的技术有：煤焦油轻馏分提酚技术，主要有复合溶剂萃取技术，该技术由神木天元化工采用自主开发，并建成全球首套 2 万 t/a 精酚清洁生产装置；煤焦油重馏分固定床加氢技术已建成工业化装置包括哈尔滨气化厂 5 万 t/a 煤焦油（<3700℃）固定床加氢精制装置、神木富油科技公司 12 万 t/a 煤焦油（<3700℃）固定床加氢精制装置等；煤焦油重馏分沸腾床加氢工艺技术包括中国石化抚顺石油化工研究院和上海新佑能源科技有限公司分别开发的 STRONG、NUEUU 工艺技术，建成河南鹤壁 15.8 万 t/a 的工业示范装置，在建的山西孝义、河南鹤壁、黑龙江大庆等地的百万吨级工业化装置和榆林市锦界精益化工 50 万 t/a 工业化装置等[37]。

煤焦油加氢过程包括脱除焦油中含有的硫、氮、氧等杂原子，使不饱和化合物通过加氢反应增强稳定性以及重质组分加氢裂化生成轻芳烃的过程，即煤焦油在一定的反应条件和合适的催化剂存在的情况下，与 $H_2$ 作用发生 C—C、C—S、C—N 和 C—O 键断裂，以及不饱和烃类饱和等化学反应。

1）加氢饱和反应

$$R{-}CH{=}CH_2 + H_2 \longrightarrow R{-}CH_2{-}CH_3$$
$$R{-}CH{=}CH{-}CH{=}CH_2 + 2H_2 \longrightarrow R{-}CH_2{-}CH_2{-}CH_2{-}CH_3$$

2）加氢脱硫反应

$$RSH + H_2 \longrightarrow RH + H_2S$$

3）加氢脱氮反应

$$R\text{—}CH_2\text{—}NH_2 + H_2 \longrightarrow R\text{—}CH_3 + NH_3$$

$$\text{（喹啉）} + 6H_2 \longrightarrow \text{（乙苯）} C_2H_5 + NH_3$$

$$\text{（吡咯）} + 4HC \longrightarrow C_4H_{10} + NH_3$$

$$\text{（哌啶）} + 5H_2 \longrightarrow C_5H_{12} + NH_3$$

4）加氢脱氧

$$\text{（苯酚）} OH + H_2 \longrightarrow \text{（苯）} + H_2O$$

$$\text{（呋喃）} + 4H_2 \longrightarrow C_4H_{10} + H_2O$$

煤焦油加氢过程是在一定温度、压力条件下，在催化剂床层上进行加氢反应，将煤焦油所含的硫、氮等杂原子脱除，并将其中的芳烃类化合物饱和，生产优质汽油和柴油。其工艺过程是经预处理脱除水分和沥青质后的煤焦油进入加氢原料缓冲罐，原料经泵打出与氢气混合加热后进行加氢反应，加氢生成物进换热器冷却，再进入分离器进行气液分离，分离出的氢气返回系统循环利用，分离得到的液相进入分馏塔，塔顶轻质油为汽油，塔底重质油经过滤后即为柴油。

## 2.4.3 煤基油品特征

从清洁油品的角度讲，煤制油经历了苛刻的脱硫脱氮过程，煤基油品硫、氮含量很低，完全符合清洁油品对杂原子的要求。但从使用性能来看，几种煤基油品性质差别很大，如表2.7所示。

可以看出，煤基油品的硫含量除了高温煤焦油加氢柴油外都能满足清洁油品标准要求，煤基油品与石油炼制产品相比，大多数煤基油品硫化物等有害物质含量低、清洁性好。煤基油品汽油馏分大多数辛烷值不达标，费托合成汽油烯烃含量超标，煤焦油加氢汽油芳烃含量超标，煤基油品的煤油馏分只有费托合成油品的组成和性能够满足国家标准，其他煤基油品的航煤馏分密度超标。中低温煤焦油加氢产品需要进一步加工或调和，加大不同工艺路线研究，弥补单一技术路线煤基油品的性能缺陷，可以实现煤基油品的良好应用。煤间接制油工艺能够直接生产优质柴油和航空喷气燃料油组分，而且能生产特种溶剂油、石蜡、表面活性剂等高附加值产品，是煤制油大规模可持续发展的主要技术路线。中低温煤焦油含有较多烃类组分，可以生产出符合国Ⅵ标准的汽柴油调和组分。

表 2.7 煤基油品与国家燃油标准对比

| 类型 | 项目 | 直接液化油（汽/柴/煤油） | 费托合成油品（汽/柴/煤油） | 煤焦油加氢（汽/柴/煤油） | 国 VI（B 车用汽油/柴油/3 号喷气燃料） |
|---|---|---|---|---|---|
| 煤基汽油 | 辛烷值（RON） | 60～80 | 35～40 | 80～85 | 89～95 |
| | 硫含量/(mg/kg) | ≤0.3 | 0 | ≤10 | ≤10 |
| | 苯体积分数/% | — | 0 | — | ≤0.8 |
| | 芳烃体积分数/% | 18.6 | 0 | 45～75 | ≤35 |
| | 烯烃体积分数/% | 5.5 | 15～60 | ≤1 | ≤5 |
| 煤基柴油 | 密度（20℃）/(kg/m³) | 860～920 | 760～820 | 850～920 | 810～845 |
| | 硫含量/(mg/kg) | ≤1.5 | ≤0.5 | 10～40 | ≤10 |
| | 十六烷值 | 40～49 | 55～77 | 35～57 | ≥51 |
| | 多环芳烃质量数/% | ≤0.4 | ≤0.2 | 1.5～10 | ≤7 |
| 煤基航空煤油 | 密度（20℃）/(kg/m³) | 738 | 754 | 782 | 730～770 |
| | 含量/(mg/kg) | 0.16 | ≤0.2 | ≤0.01 | ≤15 |
| | 冰点/℃ | −32 | −44.2 | −55 | ≤−40 |
| | 闪点/℃ | 37 | 49 | 51 | ≥38 |
| | 环烷烃质量数/% | — | 9.2 | — | ≤15 |
| | 芳烃质量数/% | — | 0.4 | 10.9%（体积分数） | ≤0.5 |

陕西天元化工有限公司对煤焦油进行"两次加氢、尾油裂化"，然后对生成油进行分离得到燃料油，截取 170℃以前的馏分为汽油，170～320℃的馏分为柴油，分离后所得汽油为无色透明的液体，柴油为黄色透明液体，经测定，汽油符合国家 93#汽油标准，柴油符合国家 0#柴油标准（表 2.8）。从改进油品性能和过程经济性、可靠性的角度，不断升级热解生产、煤焦油加氢成套技术，可以实现煤炭资源的高效清洁利用，也可从战略上部分解决国内石油资源不足的问题。

表 2.8 天元化工煤焦油加氢品质对比

| 项目 | 天元化工产汽油 | 93#汽油 | 天元化工产柴油 | 0#柴油 |
|---|---|---|---|---|
| 辛烷值 | 93 | 93 | | |
| 硫含量/(μg/g) | 18.77 | <200 | 170.99 | <300 |
| 十六烷值 | — | — | 50 | ≥45 |
| 馏程（50%）/℃ | 115 | ≤120 | 270 | ≤300 |
| 密度（20℃）/(g/cm³) | 0.7504 | | 0.8739 | |

# 2.5 本 章 小 结

综合分析，中国未来将长期处于油气短缺状态。面对严峻现实，必须寻求战略上的突围，从我国国情来看，加大石油勘探开发力度增产无法从根本上解决我国石油资源的不足问题。

相对油气资源短缺而言，中国有较为丰富的煤炭资源，尤其是西部丰富的富油煤资源，是集煤、油、气属性为一体的资源，通过热加工、催化加工等技术手段，提取煤中油、气资源；通过对煤焦油进行轻质馏分提酚和重质馏分加氢转化组合加工技术，形成产业链，生产酚类、汽柴油清洁油品或化工原料，既可实现煤的分级利用，又可增加我国油气资源供应，煤制油可以部分补足国内石油资源的不足，让煤炭成为破解石油短缺的一把钥匙。

# 3 陕西煤田地质及煤炭资源开发利用

陕西省煤炭资源丰富，2000m 以浅的煤炭资源总量为 4183 亿 t，居全国第四位。全省含煤面积约为 5.7 万 km²，约占全省面积的 28%。煤炭资源主要分布在鄂尔多斯盆地的陕北侏罗纪煤田、黄陇侏罗纪煤田、陕北三叠纪煤田、陕北石炭–二叠纪煤田、渭北石炭–二叠纪煤田，五大煤田煤炭资源量占全省煤炭资源量的 99% 以上（五大煤田分布见图 3.1）。榆林地区煤炭资源最为丰富，其中仅府谷、神木、榆阳、横山等四个县、市（区）的累计查明资源储量占全省煤炭查明资源储量的 82%。秦岭以南地区煤炭资源零星分布，分布点多，但资源储量小，形成诸多小型煤产地。

## 3.1 煤田地质特征

陕西省从早古生代、晚古生代到中生代含煤地层均有发育，其分布遍及全省，早古生代含煤地层集中分布于陕南，晚古生代及中生代含煤地层主要分布于渭河以北地区。具有较大工业价值的为上石炭统–下二叠统太原组、中二叠统山西组、上三叠统瓦窑堡组和中侏罗统延安组。陕西省中部和北部分布有陕北石炭–二叠纪煤田、渭北石炭–二叠纪煤田、陕北三叠纪煤田、陕北侏罗纪煤田和黄陇侏罗纪煤田，陕西省南部分布着 11 个煤产地。

陕西北部（华北地层大区）含煤地层沉积面积大，分布稳定，含煤性好。有上石炭统本溪组（$C_2b$）、上石炭统–下二叠统太原组（$C_2P_1t$）、中二叠统山西组（$P_2s$）、上三叠统瓦窑堡组（$T_3w$）和下侏罗统富县组（$J_1f$）、中侏罗统延安组（$J_2y$），其中以太原组、山西组、延安组为主，瓦窑堡组次之，本溪组、富县组仅含煤线。陕西北部含煤地层多、含煤性好，煤质优良，资源储量丰富，地质构造及开采技术条件较简单；陕南含煤地层多、沉积面积小、分布不稳定，含煤性较差，煤质也较差，资源储量规模较小，地质构造及开采技术条件较复杂。

## 3.1.1 侏罗纪煤田

### 1. 基本情况

侏罗纪煤田包括陕北侏罗纪煤田和黄陇侏罗纪煤田。

陕北侏罗纪煤田位于陕西省北部。西为陕甘、陕宁交界，北为陕蒙交界，南及东南为含煤地层边界。地理坐标为 107°15′E～110°55′E，36°40′N～39°30′N，煤田长 300～400km，宽 50～100km，面积约为 28000km²，隶属榆林市神木、府谷、榆阳、横山、靖边、定边、吴旗等县（区）管辖。煤田总体呈北东向带状展布，分布于横山–榆林–神木–府谷一带，划分有神府新民、榆神、榆横三个国家规划矿区及庙哈孤非国家规划矿区，是

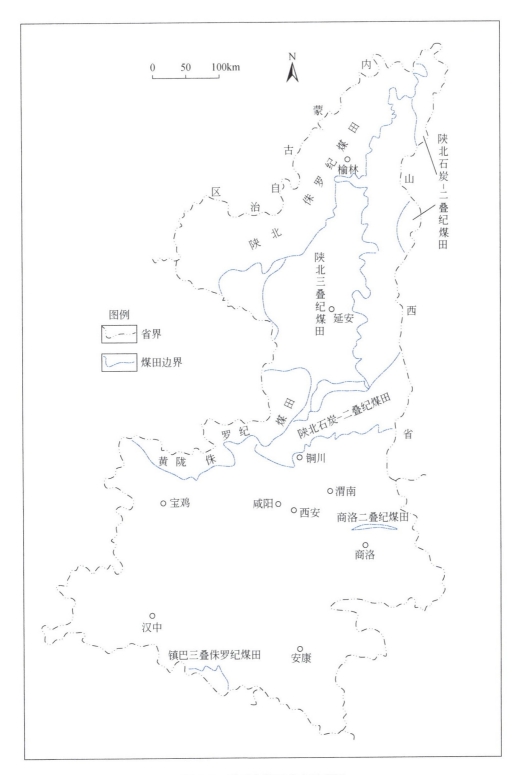

图 3.1 陕西省煤田分布示意图

世界七大煤田之一。各主要可采煤层结构简单–较简单，煤层属稳定–较稳定型。煤质特征属特低–低灰、中高–高挥发分、特低–中硫、特低–中磷、特低–低氯、特低砷、特低–低氟、中高–高发热量、无–微黏结、富油煤，煤类以长焰煤和不黏煤为主，弱黏煤次之，是优质的低温干馏、工业气化和动力用煤。陕北侏罗纪煤田煤炭资源总量 2584 亿 t，约占全省煤炭资源总量的 62%，为全省面积和资源储量最大的煤田。

黄陇侏罗纪煤田位于陕西中部。东以葫芦河为界，西至陇县峡口，南为中侏罗统延安组地层露头线，北至陕甘省界。地理坐标为 106°40′E ~ 109°10′E，34°35′N ~ 35°55′N，煤田长 150 ~ 250km，宽 20 ~ 60km，面积约为 9000km²，隶属黄陵、旬邑、彬县、永寿、麟游、凤翔、千阳、陇县等县（市）管辖。煤田呈北东–南西向带状分布于黄陵–旬邑–彬县麟游–陇县一带，紧邻陕甘边界，自北东向南西划分有黄陵、旬耀、彬长、永陇四个国家规划矿区及焦坪非国家规划矿区。可采煤层结构简单–较简单，属稳定–较稳定型煤层。煤质特征属于低灰、中高挥发分、特低–中高硫、低–中磷、特低–低氯、特低–低砷、特低–低氟、中高–高发热量、无–中黏结、含油–富油煤，煤类以不黏煤和长焰煤为主，少量气煤，是良好的动力用煤和气化用煤。黄陇侏罗纪煤田煤炭资源总量为 263 亿 t，约占全省煤炭资源总量的 6%。

2. 侏罗纪煤田地层及含煤地层

侏罗纪煤田属于华北西南缘地层分区。根据钻孔揭露及地表出露，地层由老至新有中生界中–上三叠统延长组，下侏罗统富县组，中侏罗统延安组、直罗组、安定组，下白垩统宜君组、洛河组、环河组和新生界新近系与第四系。

侏罗纪煤田含煤地层为延安组（$J_2y$），为一套陆相碎屑含煤岩系，由于其沉积范围较大，横向变化复杂，大致可以大理河及葫芦河为界分为三个区，南、北均含煤，中部地区大理河南至葫芦河北基本不含煤。榆神府地区延安组地层埋深为 0 ~ 500m，与上下地层整合或假整合接触。延安组厚度为 173 ~ 400m，且由东向西增厚，东部神木、府谷区小于 200m，中部榆林、横山地区一般为 250m，西部定边一带多在 300m 左右，最厚达 400m。岩性组合为深灰色泥岩、粉砂岩、灰色中–细粒砂岩及煤层，含丰富的植物化石及双壳类化石，中下部夹叠锥灰岩，煤层层数多，每段都含有可采煤层。黄陇地区延安组地层埋深一般在 0 ~ 800m，向西逐渐变深，陇县–千阳一带埋深在 1000 ~ 1500m。由于受基底古隆起和古凹陷控制，延安组厚度变化较大，由东向西分别为黄陵矿区 130 ~ 190m、焦坪矿区–凤翔间为 80 ~ 150m、普社–凤翔断裂西最厚可达 280m。

延安组依据其岩性、沉积旋回等分为五个大的沉积旋回，每个沉积旋回均以灰白色–浅灰色中–粗粒砂岩等粗粒碎屑岩沉积开始，以煤层或深灰色–灰黑色泥岩等细粒碎屑岩沉积结束，中部多为不同粒度的砂岩与泥岩互层。组内每个大旋回多由 1 ~ 3 个次级旋回组成，其岩性规律与大旋回相似。每个大的沉积旋回对应于延安组的一个岩性段，每个岩性段含一个煤组。

3. 煤层特征

陕北侏罗纪煤田延安组自上而下划分五个段及五个煤组，除上部第五段（$J_2y^5$）受上覆地层冲刷、剥蚀保存不全外，其余各段均以煤层位于顶部。延安组含煤 20 多层，可采及局部可采煤层 3～8 层，其中，$2^{-2}$、$3^{-1}$、5 号煤层为较稳定的主要可采煤层；$1^{-2}$、$4^{-2}$ 号煤层为次要可采煤层。单层厚度一般在 2～5m，最厚可达 12.90m。陕北侏罗纪煤田范围大，沉积特征、煤层分布及编号有所差异。1 号煤组主要分布于神府新民、榆神矿区，赋存于延安组最上部，多遭受风化剥蚀且自燃，以厚度大、埋藏浅、分布零散、可采边界复杂为特征，多为局部可采的不稳定–较稳定煤层，其中的 $1^{-2\pm}$、$1^{-2}$ 号煤层厚度为 0.20～11.64m，一般不含夹矸，仅局部含 1～2 层夹矸。2 号煤组在煤田各矿区内均有分布，$2^{-2}$ 号煤层（地矿系统编为 3 号煤层）厚度大且延伸稳定，分布广泛，是侏罗纪含煤地层及煤层对比的重要标志层之一。煤层厚度为 0.05～12.90m，一般含 1～3 层夹矸。3 号煤组在煤田各矿区内均有分布，其中 $3^{-1}$ 号煤层层位稳定，分布广泛，煤层厚度为 0.11～6.77m，一般为 1.5～3.5m，煤层厚度较稳定，一般含 1～3 层夹矸。4 号煤组在煤田各矿区内均有分布，以 $4^{-2}$、$4^{-3}$ 号煤层发育较为稳定，分布广泛，局部有分岔合并现象，煤层厚度为 0.37～5.55m，一般含 1～3 层夹矸。5 号煤组主要分布于庙哈孤矿区、神府新民矿区、榆神矿区以及榆横矿区北部，是矿区的主采煤组，尤以 $5^{-2}$ 号煤层最为突出，主要表现为厚度大，延伸稳定，分布广泛，煤层厚度为 0.15～9.30m，局部分叉为上、下多个煤分层，一般不含夹矸，局部含 2～3 层夹矸。

黄陇侏罗纪煤田延安组共含煤 3～8 层，主要可采煤层 1 层，位于第一段。黄陵矿区 2 号煤为大部可采煤层，煤层厚度为 0～7.39m，一般厚度为 2～3m，为中厚煤层，含煤系数为 2%～2.7%，煤层局部有分层。焦坪–旬耀–彬长矿区大部可采煤层为 4 号或 8 号煤，煤层厚度为 0～43.87m，焦坪矿区一般厚度为 8m 左右，旬耀矿区为 3～4m，彬长矿区为 10m 左右，属厚–特厚煤层；局部可采煤层为 3 号煤（焦坪–旬耀矿区）或 $4^{5-2}$（5）号煤（彬长矿区），煤层厚度为 0～6.9m，其中焦坪矿区平均为 1.17m，彬长矿区平均为 1.60m。永陇矿区大部可采煤层为 3 号煤或下煤，煤层厚度为 0～27.75m，一般厚度为 5～12m；局部可采煤层 2 号煤，煤层厚度为 0～13.89m，一般为 1～2m。

## 3.1.2　三叠纪煤田

### 1. 基本情况

陕北三叠纪煤田是鄂尔多斯盆地内唯一的三叠纪煤田，位于延安市境内。北起无定河，东、南以三叠系上统瓦窑堡组剥蚀边界为界，西至靖边–志丹一线，分布范围较广。地理坐标为 108°40′E～110°00′E，35°50′N～38°00′N，煤田南北长 250～300km，东西宽 90～135km，面积约为 29000km²，隶属延安市子长、宝塔、延川、安塞、富县、黄龙和榆林市子洲、横山等两市十余个县（区）管辖。其特点是煤层层数多、厚度小，结构较简单–复杂，煤层较稳定–不稳定，煤质特征属低灰、高挥发分、低硫、低磷、中氯、特低–低砷、特低氟、中高发热量、强黏结、富油–高油煤，煤类以气煤为主，属配焦用煤，经济价值较高，是良好的化工用煤及炼焦配煤。煤层可采区域主要在子长–安塞–富县一带，含煤面积为 9543km²，设置有子长矿区，煤炭地质勘查及开发利用主要集中在矿区中北部，查明资源主要分布在以子长为中心的约 600km² 范围内。陕北三叠纪煤田煤炭资源总量为 41 亿 t，约占全省煤炭资源总量的 1%。

**2. 三叠纪煤田地层及含煤地层**

三叠纪煤田位于华北西南缘地层分区。根据钻孔揭露及地表出露,区内发育的地层由老至新有中生界中-上三叠统延长组[原煤田系统地质勘查报告将本组地层定名为永坪组,《陕西省区域地质志》(2017 年)内本组地层定名为延长组],上三叠统瓦窑堡组,下侏罗统富县组,中侏罗统延安组、直罗组和新生界新近系与第四系。

三叠纪煤田含煤地层为瓦窑堡组($T_3w$)。瓦窑堡组下部为深灰色-灰黑色中细粒砂岩、粉砂岩互层,夹十余层薄煤层;中部为灰色-绿灰色中细粒砂岩、粉砂岩及深灰色泥岩、砂质泥岩韵律层组成,夹多层薄煤层及局部可采煤层;上部主要由灰绿色-灰黑色的砂岩、粉砂岩、泥岩互层组成,是瓦窑堡组主要的含煤段。按其岩性及沉积旋回可划分 4 个段,其中第 1 段含 1 号煤组,第 2 段含 2 号煤组,第 3 段含无编号薄煤层及煤线,第 4 段含 3、4、5 号煤组。

**3. 煤层特征**

瓦窑堡组含煤层(煤线)6 组 20 余层,最多可达 32 层,含煤系数为 1.67%,局部地区较高为 2.53%,可采和局部可采 1~2 层,编号为 5、3 号煤。主要分布在子长一带。5 号煤层大部可采,可采厚度为 0.5~3.52m,平均为 1.5m 左右,含 1~5 层夹矸,在三叠纪煤层中属厚度大且较稳定的主采煤层。3 号煤层主要在子长矿区南部可采,可采厚度为 0.52~1.73m,平均为 1m 左右,含 1~2 层夹矸。

## 3.1.3　石炭-二叠纪煤田

**1. 基本情况**

石炭-二叠纪煤田包括陕北石炭-二叠纪煤田和渭北石炭-二叠纪煤田。

陕北石炭-二叠纪煤田位于榆林市东部。东以黄河为界,与山西省河东煤田相连,西至绥德-神木之间的太原组底界-1100m 等高线(府谷区)和-1200m 等高钱(吴堡区),南起无定河口,北至陕蒙边界。地理坐标为 110°25′E~111°15′E,37°10′N~39°35′N,煤田南北长 100~200km,东西宽 30~40km,面积约为 4500km²,隶属榆林市府谷、神木、佳县、延安市吴堡、绥德、清涧等县管辖,中部佳县一带埋深超过 2000m,分为北部府谷和南部吴堡两个区域,北部府谷区域划分为古城矿区、府谷矿区,南部吴堡区域划分为吴堡矿区,均为国家规划矿区。共含煤层 3~13 层,主要可采煤层为 3~6 层,单层最大厚度为 15.47m,各可采煤层结构较简单-复杂。煤质特征属低-中灰、中等-高挥发分、特低-中高硫、特低-中磷、特低-低砷、特低-低氯、低-中氟、中-高发热量、无-强黏结、含油-富油煤,府谷、古城矿区煤类以长焰煤、气煤为主,吴堡矿区煤类以焦煤、瘦煤为主,主要用于动力用煤、气化用煤及炼焦用煤等。陕北石炭-二叠纪煤田煤炭资源总量为862 亿 t,约占全省煤炭资源总量的 21%。

渭北石炭-二叠纪煤田位于渭河北岸、关中平原东北部。东以黄河为界,南以嵯峨山、将军山、尧山、露井一线的上石炭-下二叠统太原组露头线为界,西至嵯峨山-凤凰山一线,北至太原组底界-1300m 等高线,即宜川、寿峰、黄龙、宜君、马栏一线。地理坐标为 108°20′E ~ 110°35′E，34°45′N ~ 36°05′N，煤田长 150 ~ 250km，宽 30 ~ 60km，面积约为 10000km²。隶属渭南、韩城、澄城、合阳、白水、蒲城、延安市洛川、黄龙、宜川，铜川市宜君、印台、王益、耀州，咸阳市淳化、旬邑等十余县（区）管辖，有"渭北黑腰带"之称，是陕西最早建成的煤炭生产基地，自西而东划分有铜川、蒲白、澄合、韩城4个矿区均为国家规划矿区，在韩城矿区以北为宜川成煤区。可采煤层多为稳定煤层和较稳定煤层，埋深为 0 ~ 1200m。煤质特征属低–中灰、低挥发分、低–高硫、低磷、特低–中氯、特低–低砷、特低–低氟、中–高发热量、微–中黏结、含油煤，煤类以瘦煤、贫瘦煤、贫煤为主，少量焦煤和无烟煤，主要用于动力用煤、炼焦用煤。渭北煤田因距西安较近，且交通便利，是陕西煤炭开发较早的地区，其中的铜川矿区、韩城矿区多数矿山的资源已近枯竭。煤田西北部因煤层埋深大于 1200m，投入勘查工作较少，煤炭资源保存较好。渭北石炭–二叠纪煤田煤炭资源总量为 431 亿 t，约占全省煤炭资源总量的 10%。

2. 石炭–二叠纪煤田地层及含煤地层

石炭–二叠纪煤田地层属于鄂尔多斯地层分区，区内发育的地层自老至新有下古生界下–中奥陶统马家沟组，上古生界上石炭统本溪组，上石炭统–下二叠统太原组，中二叠统山西组、中–上二叠统石盒子组、上二叠统孙家沟组，中生界下三叠统刘家沟组、和尚沟组、中三叠统二马营组，下侏罗统富县组和新生界新近系与第四系沉积。

石炭–二叠纪煤田含煤地层为太原组（$C_2P_1t$）及山西组（$P_2s$）。太原组（$C_2P_1t$）为一套含煤及少量碳酸盐岩的陆源碎屑沉积，出露于府谷及渭北一带。为灰色、深灰色、灰黑色砂质泥岩及泥灰岩、灰白色中–细粒砂岩、粉砂岩，以及黑色炭质泥岩、深灰色碳酸盐岩及煤层。厚度变化为 2 ~ 121.3m，一般厚 20 ~ 80m，呈东厚西薄、北厚南薄的变化趋势。泾河以西缺失，府谷、吴堡一带最厚。南部渭北地区太原组厚度为 3.93 ~ 91.29m，一般厚度为 30 ~ 50m；府谷地区以碎屑岩为主，泥岩、煤层次之，夹少量碳酸盐岩，厚度为 51.23 ~ 121.3m，一般厚度为 80m；吴堡地区以灰岩、泥岩为主，夹少量碎屑岩类及煤层，厚度为 66.10 ~ 96.74m，一般厚度为 70m。该组可细分为三个沉积旋回，其中第一旋回含 11 号煤组，第二旋回含 9、10 号煤组，第三旋回含 5、6、7、8 号煤组。山西组（$P_2s$）含煤地层分布于泾河至韩城及其以北广大地区，出露于渭北、府谷、吴堡等地，泾河以西缺失。该组为一套陆相含煤碎屑岩系，以粉砂岩、中–细粒砂岩、砂质泥岩、泥岩、炭质泥岩及煤层为主，底部常有一层石英砂岩，府谷及渭北为砂砾岩或砾岩，夹砂质灰岩或泥灰岩透镜体。本组厚度为 8.22 ~ 135.30m，呈北厚南薄、东厚西薄的变化趋势，沉积中心仍位于府谷–吴堡一带。洛河以东碎屑岩增多，吴堡一带以泥岩为主，厚度最大。南部渭北地区厚度为 8.22 ~ 135.30m，一般厚度为 40 ~ 60m；北部府谷地区厚度为 18.84 ~ 105.13m，平均厚度为 58.57m；吴堡地区厚度为 16.01 ~ 85.93m，平均厚度为 54.84m。山西组沉积组合由 2 ~ 4 个沉积旋回组成，每个旋回底部均为灰白色粗–细粒砂岩、含砾砂岩、砾岩；中上部由灰色–灰黑色泥岩、炭质泥岩、高岭石黏土岩组成。该组自上而下可划分 2 ~ 3 个次级沉积旋回，每个次级旋回均由粗粒碎屑岩沉积开始，以泥岩或煤层结束，分别含 1、2、3、4 号煤组。

3. 煤层特征

府谷矿区太原组含煤层 4 ~ 9 层，含可采煤层 1 ~ 6 层，自上而下编号为 6、7、8、9、

10、11 号；吴堡矿区太原组含煤层 2 ~ 8 层，含可采煤层 1 ~ 3 层，自上而下编号为 $T_3$、$T_1^{上}$、$T_1$ 号；府谷矿区山西组含煤层 1 ~ 7 层，含可采煤层 1 ~ 3 层，自上而下编号为 2、3、4 号；吴堡矿区山西组含煤层 2 ~ 8 层，含可采煤层 1 ~ 3 层，自上而下编号为 $S_3$、$S_2$、$S_1$ 号。煤层累计厚度为 1.63 ~ 32.35m，含煤系数一般为 10.9% ~ 21.43%；可采煤层累计厚度为 0.90 ~ 30.60m，单煤层厚度一般在 1.5 ~ 5m，结构较简单。山西组含煤层 1 ~ 8 层，含可采煤层 1 ~ 3 层，自上而下编号为 2、3、4 号（或 $S_3$、$S_2$、$S_1$ 号），煤层累计厚度为 1.51 ~ 23.79m，含煤系数在一般在 11.5% ~ 14.79%；可采煤层累计厚度为 1.51 ~ 23.47m；单煤层厚度一般在 3 ~ 6m，结构较简单。

渭北石炭-二叠纪煤田太原组共含煤 8 余层，由上到下编号为 4、5、6、7、8、9、10、11 号，该组上部含煤性好，煤层层数多，但达到可采仅有 2 ~ 4 层，可采煤层累计厚度为 0.8 ~ 16.2m，平均可采厚度为 5.41m，平均含煤系数为 13.5%。各矿区可采煤层有所不同：韩城矿区为 5、11 号煤层；澄合矿区为 4、5、11 号煤层；蒲白和铜川矿区为 5、6、11（原编号 10）号煤层；耀县以西至口镇一带为不可采区或尖灭区。山西组含煤 3 层，从上到下编号为 1、2、3 号，其中 2、3 号煤层为零星及局部可采煤层，可采煤层累计厚度一般为 3.5m 左右，平均含煤系数为 6.86%。

总体来看，石炭-二叠纪煤田的 3、4、5、10 号煤层厚度稳定且连续性好、可采面积大，是分布广泛的主要可采煤层，从陕北的府谷矿区、吴堡矿区到关中的渭北煤田均有分布。3 号煤层在渭北煤田厚度小，一般为 1.10 ~ 2.50m，含 0 ~ 2 层夹矸；陕北的府谷矿区、吴堡矿区厚度为 0.32 ~ 5.55m，一般为 0.40 ~ 3.00m，不含或局部含 1 层夹矸。4 号煤层在渭北煤田厚度为 0.23 ~ 2.50m，不含夹矸；府谷矿区、吴堡矿区厚度为 0.22 ~ 12.22m，一般为 2 ~ 6m，含 1 ~ 2 层夹矸。5 号煤层在渭北煤田厚度为 0.40 ~ 10.54m，一般为 2.00 ~ 4.50m，含 1 ~ 2 层夹矸；在府谷矿区厚度为 0.10 ~ 4.77m，一般约为 2.80m，一般含或局部含 1 层夹矸。10 号煤层在渭北煤田厚度为 0.50 ~ 20.25m，一般厚度为 0.50 ~ 3.20m，含 1 ~ 3 层夹矸；在府谷矿区厚度为 0.07 ~ 13.34m，一般厚度为 2 ~ 6m，含 2 ~ 4 层夹矸。太原组中其余的 6、7、8、9、11 号煤层在府谷矿区是重要的可采煤层。其中 6 号煤层厚度为 0.15 ~ 5.91m，含 1 层夹矸；7 号煤层厚度为 0.90 ~ 4.13m，一般不含夹矸；8 号煤层厚度为 0.8 ~ 6.86m，含 1 层夹矸；9 号煤层厚度为 0.2 ~ 9.43m，一般含 1 层夹矸，最多 4 层；11 号煤层厚度为 0.24 ~ 4.30m，一般不含夹矸。

# 3.2　煤质特征

## 3.2.1　陕北侏罗纪煤田

### 1. 工业分析

各可采煤层原煤水分变化为 1.78% ~ 14.02%，综合平均值为 5.31% ~ 8.70%。原煤灰分变化为 3.15% ~ 28.30%，综合平均值为 6.02% ~ 10.26%，属特低-低灰煤。挥发分产率变化为 29.36% ~ 52.68%，综合平均值为 33.26% ~ 38.57%，属中高-高挥发分煤。

干燥无灰基固定碳变化为 61.21%~66.80%，属中等-中高固定碳煤。

**2. 有害元素**

各可采煤层原煤全硫变化为 0.16%~3.98%，综合平均值为 0.27%~1.79%，属特低-中硫煤；原煤磷分变化为 0~0.174%，综合平均值为 0.002%~0.055%，属特低-中磷煤；氯含量变化为 0.001%~0.5%，综合平均值为 0.011%~0.094%，属特低-低氯煤；砷含量较小，变化为 0~17ppm[①]，大部分为 2~3ppm，属特低砷煤；氟含量变化为 7~280ppm，综合平均值为 57~86ppm，属特低-低氟煤。

**3. 元素分析**

各可采煤层碳含量平均值为 80.84%~83.04%，氢含量综合平均值变化为 4.85%~5.15%，氮含量综合平均值变化为 0.84%~1.15%，氧含量综合平均值变化为 10.40%~12.91%。

**4. 发热量**

各可采煤层原煤干燥基低位发热量变化为 17.60~32.01MJ/kg，综合平均值变化为 24.75~28.48MJ/kg；原煤干燥基高位发热量变化为 18.09~33.10MJ/kg，综合平均值变化为 25.88~29.57MJ/kg，属中高-高发热量煤。

**5. 煤灰成分及灰熔融性**

各可采煤层灰成分中以 $SiO_2$ 为主，综合平均值为 25.28%~53.48%；$Al_2O_3$、$Fe_2O_3$ 和 CaO 次之，$Al_2O_3$ 为 10.26%~15.69%，$Fe_2O_3$ 为 8.12%~26.69%，CaO 为 9.98%~26.74%；MgO 少量，其综合平均值为 0.85%~3.04%。煤灰熔融性软化温度综合平均值为 1154~1280℃，属较低-中等软化温度灰。

**6. 黏结指数**

各可采煤层黏结指数大多为 0，榆神和榆横矿区局部范围的下部煤层黏结指数达 5~16，属无黏结-微黏结煤。

**7. 低温干馏**

各可采煤层低温干馏焦油产率含量变化为 1.7%~18.3%，综合平均值为 7.2%~11.7%，属富油煤。

**8. 气化指标**

各可采煤层抗破碎强度综合平均值为 78.0%~91.0%，属高强度煤。煤层可磨性指数值变化为 43~68，综合平均值为 46~61，属较难磨-中等可磨煤。煤层热稳定性（Ts+6）综合平均值为 70.0%~91.7%，均大于 70%，属高热稳定性煤。煤对 $CO_2$ 反应性在 850℃时综合平均值为 10.7%~26.8%，950℃时综合平均值为 30.3%~72.0%，1100℃时综合平均值为 72.8%~94.1%，属反应性较强的煤。

---

① 1ppm = $10^{-6}$。

## 3.2.2　黄陇侏罗纪煤田

### 1. 工业分析

各可采煤层原煤水分变化为 0.80% ~ 12.18%，综合平均值为 2.43% ~ 8.12%。原煤灰分变化为 3.34% ~ 39.57%，综合平均值为 15.05% ~ 17.07%，属低灰煤。挥发分产率变化为 25.06% ~ 45.09%，综合平均值为 32.74% ~ 36.65%，属中高挥发分煤。干燥无灰基固定碳综合平均值 64.50% ~ 68.06%，属中等-中高固定碳煤。

### 2. 有害元素

各可采煤层原煤全硫含量变化为 0.08% ~ 5.85%，综合平均值为 0.44% ~ 2.09%，属特低-中高硫煤。各种硫含量均以硫化铁硫为主，综合平均值为 0.19% ~ 1.22%；有机硫次之，综合平均值为 0.18% ~ 0.73%；硫酸盐硫少量，综合平均值为 0.03% ~ 0.06%。原煤磷分含量变化为 0 ~ 0.497%，综合平均值为 0.017% ~ 0.091%，属低-中磷煤；氯含量变化为 0.006% ~ 0.259%，综合平均值为 0.024% ~ 0.085%，属特低-低氯煤；砷含量变化为 0 ~ 53ppm，综合平均值为 2.9 ~ 10.9ppm，属特低-低砷煤；氟含量变化为 1 ~ 504ppm，综合平均值为 58 ~ 110ppm，属特低-低氟煤。

### 3. 元素分析

原煤碳含量综合平均值为 81.07% ~ 84.46%；氢含量综合平均值为 4.60% ~ 5.14%；氮含量综合平均值为 0.81% ~ 1.20%；氧含量综合平均值为 8.95% ~ 13.52%。

### 4. 发热量

各可采煤层原煤干燥基低位发热量为 17.13 ~ 31.66MJ/kg，综合平均值为 23.94 ~ 27.93MJ/kg；原煤干燥基高位发热量为 18.16 ~ 32.74MJ/kg，综合平均值为 25.07 ~ 29.03MJ/kg，属中高-高发热量煤。

### 5. 煤灰成分及灰熔融性

各可采煤层煤灰成分均以 $SiO_2$ 为主，综合平均值为 44.20% ~ 48.91%；$Al_2O_3$、$Fe_2O_3$ 和 CaO 次之，其中 $Al_2O_3$ 综合平均值为 18.42% ~ 23.37%，$Fe_2O_3$ 综合平均值为 4.92% ~ 13.33%，CaO 综合平均值为 10.20% ~ 17.67%；MgO 少量。煤灰熔融性软化温度综合平均值变化在 1225 ~ 1295℃ 间，属较低-中等软化温度灰。煤灰熔融性的高低与煤灰成分中的 $SiO_2+Al_2O_3$ 含量成正变化关系，与 $Fe_2O_3$ 和 CaO 成反比关系。

### 6. 黏结指数

各可采煤层黏结指数变化为 0 ~ 78，属无黏结-中黏结煤。

### 7. 低温干馏

各可采煤层焦油产率含量变化为 1.0% ~ 16.0%，综合平均值为 6.2% ~ 10.7%，属含油-富油煤。

### 8. 气化指标

各可采煤层可磨性指数变化为 52 ~ 80，综合平均值为 58 ~ 77，属较难磨-中等可磨煤。热稳定性值变化为45.4%~98.0%，综合平均值为63.6%~91.1%，属较高–高热稳定性煤。煤对 $CO_2$ 反应性在850℃时综合平均值为11.5%~23.1%，950℃时综合平均值为28.2%~66.7%，1100℃时综合平均值为60.6%~88.0%，属反应性中等–较强的煤。

## 3.2.3 陕北三叠纪煤田

**1. 工业分析**

5 号煤层原煤水分变化为0.85%~6.65%，平均值为1.40%~2.11%。原煤灰分变化为9.34%~26.63%，平均值为18.97%~19.29%，属低灰煤。原煤挥发分变化为36.73%~45.24%，平均值为39.81%~42.07%，属高挥发分煤。干燥无灰基固定碳含量为58.45%~60.53%，属中等固定碳煤。

**2. 有害元素**

各可采煤层原煤全硫含量变化为0.26%~1.41%，平均值为0.52%~0.57%，属低硫煤。煤层各种硫中以硫化铁硫为主，其值变化为0.08%~1.12%，平均值为0.33%；有机硫次之，其值变化为0.10%~0.40%，平均值为0.28%；硫酸盐硫少量，其值变化为0.01%~0.02%，平均为0.02%。原煤磷分含量变化为0.002%~0.025%，平均值为0.010%~0.012%，属低磷煤；氯含量为0.083%~0.297%，平均值0.28%，属中氯煤；砷含量为2~8ppm，平均值小于7ppm，属特低–低砷煤；氟含量为27~84ppm，平均值为76ppm，属特低氟煤。

**3. 元素分析**

碳含量变化为82.06%~84.91%，综合平均值为83.20%~83.66%；氢含量变化为5.12%~6.06%，综合平均值为5.46%~5.73%；氮含量变化为1.52%~2.16%，综合平均值为1.94%~1.97%；氧含量变化为7.05%~10.96%，综合平均值为8.34%~8.64%。

**4. 发热量**

各可采煤层原煤干燥基低位发热量变化为20.89~28.99MJ/kg，平均值为24.65~25.29MJ/kg；原煤干燥基高位发热量变化为22.03~30.13MJ/kg，平均值25.86~26.43MJ/kg，属中高发热量煤。

**5. 煤灰成分及灰熔融性**

各可采煤层煤灰中成分均以 $SiO_2$ 为主，其含量为47.16%~57.88%，综合平均值为53.64%~56.47%，$Al_2O_3$ 次之，含量为24.61%~38.71%，综合平均值为29.80%~34.12%，$Fe_2O_3$、$CaO$ 和 $MgO$ 均为少量。煤灰熔融性软化温度为1173~1400℃，属较低–较高软化温度灰。

**6. 黏结指数**

各可采煤层浮煤黏结指数变化为65~94，综合平均值为81~85，属强黏结煤。

**7. 低温干馏**

各可采煤层焦油产率为5.3%~17.75%，平均值为10.97%~13.58%，属富油–高油煤。

## 3.2.4　陕北石炭–二叠纪煤田

### 1. 工业分析

各可采煤层原煤水分变化为0.19%~10.76%，综合平均值为0.68%~5.24%；原煤灰分变化为3.41%~39.99%，平均值为17.74%~27.91%，属低–中灰煤；原煤挥发分变化为18.23%~51.56%，平均值为22.75%~42.03%，属于中等–高挥发分煤；煤层原煤干燥无灰基固定碳含量为60.09%~77.39%，为中等–高固定碳煤。

### 2. 有害元素

各可采煤层原煤全硫变化为0.05%~5.47%，平均值为0.47%~2.09%，为特低–中高硫煤；原煤磷分变化为0~0.607%，平均值为0.008%~0.070%，属特低–中磷煤；氯含量变化为0~0.216%，综合平均值为0.018%~0.056%，属特低–低氯煤；砷含量变化为0~26ppm，综合平均值为0.5~9.4ppm，属特低–低砷煤；氟含量变化为20~328ppm，综合平均值为103~195ppm，属低–中氟煤。

### 3. 元素分析

碳含量变化为73.66%~89.12%，平均值为76.98%~86.27%；氢含量变化为2.94%~7.11%，平均值为4.84%~5.17%；氮含量变化为0.56%~1.68%，平均值为1.29%~1.40%；氧含量变化为3.62%~19.02%，平均值为5.75%~15.69%。

### 4. 发热量

各可采煤层原煤干燥基低位发热量变化为17.03~31.39MJ/kg，综合平均值为21.45~27.49MJ/kg；原煤干燥基高位发热量变化为17.60~32.41MJ/kg，综合平均值为22.57~28.51MJ/kg，属中–高发热量煤。

### 5. 煤灰成分及灰熔融性

各可采煤层煤灰成分中均以$SiO_2$为主，综合平均值为43.62%~51.27%；$Al_2O_3$次之，综合平均值为30.32%~40.48%；$Fe_2O_3$、CaO和MgO均少量。煤灰熔融性软化温度变化在1170~1500℃，平均值>1479℃，属较高软化温度灰。

### 6. 黏结指数

各可采煤层浮煤黏结指数变化为0.1~95，平均值为5~82，属无–强黏结煤。

### 7. 低温干馏

各可采煤层焦油产率值变化为2.5%~15.8%，平均值为5.6%~11.43%，属含油–富油煤。

### 8. 气化指标

各可采煤层可磨性指数变化为48%~127%，平均值为58%~98%，属较难磨–易磨煤。热稳定性（TS+6）变化为22.1%~94.8%，平均值为78.5%~89.4%，属低–高热稳定性煤。煤对 $CO_2$ 反应性为 850℃ 时综合平均值为 3.0% ~ 13.9%；950℃ 时综合平均值为 9.9% ~ 42.9%；1100℃ 时综合平均值为 33.9% ~ 94.8%，属反应性较弱-较强的煤。

## 3.2.5 渭北石炭-二叠纪煤田

### 1. 工业分析

各可采煤层原煤水分含量普遍较低，原煤水分平均值一般小于 1.0%，个别达到 1.54%。原煤灰分值为 5.53% ~ 39.67%，平均值为 18.76% ~ 23.62%，属低-中灰煤。原煤挥发分变化为 7.58% ~ 30.16%，平均值为 13.68% ~ 19.99%，属低挥发分煤。固定碳含量综合平均值为 78.53% ~ 86.57%，属高固定碳煤。

### 2. 有害元素

各可采煤层原煤全硫变化为 0.21% ~ 16.58%，平均值为 0.68% ~ 8.01%，属低-高硫煤；原煤磷分变化为 0.0011% ~ 0.317%，平均值为 0.014% ~ 0.050%，属低磷煤；氯含量均很低，未超过 0.3%，属特低-中氯煤；砷含量综合平均值小于 8ppm，仅 5、11 号煤层的少数样超过 8ppm，属特低-低砷煤；氟含量综合平均值为 38 ~ 79.8ppm，仅 5、11 号煤层个别样超过 100ppm，属特低-低氟煤。

### 3. 元素分析

各可采煤层碳含量平均值为 86.83% ~ 91.44%，氢含量为 4.05% ~ 4.38%，氮含量为 0.87% ~ 1.34%，氧含量在 1.19% ~ 2.78%。

### 4. 发热量

各可采煤层原煤干燥基低位发热量变化为 19.37 ~ 35.70MJ/kg，平均值为 20.71 ~ 27.65MJ/kg；干燥基高位发热量变化为 20.31 ~ 36.59MJ/kg，平均值为 21.59 ~ 28.54MJ/kg，属中-高发热量煤。

### 5. 煤灰成分及灰熔融性

各可采煤层灰成分以 $SiO_2$ 为主，平均值为 31.74% ~ 45.3%，$Al_2O_3$ 次之，平均值为 35.84%，$Fe_2O_3$、$CaO$ 及 $MgO$ 均少量。煤灰熔融性变化为 1080 ~ 1450℃，平均值为 1225 ~ 1395℃，属较低-较高软化温度灰。

### 6. 黏结指数及可磨性

各可采煤层黏结指数变化为 0 ~ 83.5，综合平均值为 9.4 ~ 52.7，属微-中黏结煤。煤的可磨性指数为 82 ~ 94，属易磨煤。

### 7. 低温干馏

各可采煤层低温干馏焦油产率均较低为 0.3% ~ 4.8%，属含油煤。

## 3.3 煤炭资源储量

据数十年的煤炭地质勘查及潜力预测研究成果，陕西全省 2000m 以浅煤炭总含煤面积为 5.76 万 km²，煤炭资源总量为 4183 亿 t（含预测潜在资源量）。其中，陕北石炭–二叠纪煤田煤炭资源总量为 862 亿 t，占全省煤炭资源总量的 21%；渭北石炭–二叠纪煤田为 431 亿 t，占 10%；陕北三叠纪煤田为 41 亿 t，占 1%；陕北侏罗纪煤田为 2584 亿 t，占 62%；黄陇侏罗纪煤田为 263 亿 t，占 6%；陕南煤产地为 2 亿 t（表 3.1）。

表 3.1　截至 2018 年底陕西省煤炭资源储量汇总表

| 煤田 | 累计探获 | | | | 预测 | | 合计 | |
|---|---|---|---|---|---|---|---|---|
| | 面积 /km² | 探获资源储量 /亿 t | 查明资源储量 /亿 t | 保有资源储量 /亿 t | 面积 /km² | 潜在资源量 /亿 t | 总面积 /km² | 资源总量 /亿 t |
| 陕北侏罗纪煤田 | 22121 | 2066 | 1335 | 1286 | 5897 | 518 | 28018 | 2584 |
| 黄陇侏罗纪煤田 | 4642 | 207 | 200 | 184 | 997 | 56 | 5639 | 263 |
| 陕北三叠纪煤田 | 9444 | 39 | 38 | 37 | 274 | 2 | 9718 | 41 |
| 陕北石炭–二叠纪煤田 | 488 | 113 | 113 | 112 | 3880 | 749 | 4368 | 862 |
| 渭北石炭–二叠纪煤田 | 3027 | 152 | 95 | 86 | 6613 | 279 | 9640 | 431 |
| 五大煤田合计 | 39722 | 2577 | 1781 | 1705 | 17661 | 1604 | 57383 | 4181 |
| 陕南煤产地 | 146 | 2 | 2 | 1 | 22 | 0 | 168 | 2 |
| 全省总计 | 39868 | 2579 | 1783 | 1706 | 17683 | 1604 | 57551 | 4183 |

探获资源储量：经地质勘查工作所获得的煤炭资源储量的总和，包括勘探（精查）、详查（详终）、普查（普终）和预查的资源储量，包括预测的资源量（334？）

查明资源储量：经地质勘查工作所获得的煤炭资源储量中"推测的内涵经济资源量（333）"及以上级别资源储量的总和，不包括预测的资源量（334？）

保有资源储量：经矿井采动及损失后的查明资源储量

预测潜在资源量：根据地质依据和物探异常预测而未经查证的那部分煤炭资源。即未经过专门煤炭地质勘查工作，仅根据区域地质资料、地质规律研究和物探异常开展远景预测的潜在资源

煤炭资源总量：探获资源储量与预测潜在资源量的总和

数据来源：查明资源储量、保有资源储量来自陕西省自然资源厅《陕西省固体燃料矿产资源储量简表（截至 2018 年底）》。探获资源储量数据来源地质勘查报告备案成果。预测潜在资源量是在《陕西省煤炭资源潜力评价研究》（2010 年）的煤田预测成果的基础上，在原预测区范围内扣减开展地质勘查工作的新勘查区块面积，煤层预测厚度、视密度、校正系数等估算参数不变的情况下，进行重新估算而来

截至 2018 年底，全省煤炭探获资源储量为 2579 亿 t，其中陕北石炭–二叠纪煤田探获资源储量为 113 亿 t，占全省探获资源储量的 4%；渭北石炭–二叠纪煤田为 152 亿 t，占 6%；陕北三叠纪煤田为 39 亿 t，占 2%；陕北侏罗纪煤田为 2066 亿 t，占 80%；黄陇侏罗纪煤田为 207 亿 t，占 8%；陕南煤产地为 2 亿 t。

截至 2018 年底，全省煤炭查明资源储量 1783 亿 t，其中陕北石炭–二叠纪煤田查明资源储量为 113 亿 t，占全省查明资源储量的 7%；渭北石炭–二叠纪煤田为 95 亿 t，占 5%；陕北三叠纪煤田为 38 亿 t，占 2%；陕北侏罗纪煤田为 1335 亿 t，占 75%；黄陇侏罗纪煤

田为 200 亿 t, 占 11%; 陕南煤产地为 2 亿 t。全省五大煤田十七个矿区和陕南煤产地, 共划分有 280 处勘查区（井田）/煤矿, 其中储量规模大型 182 处, 中型 35 处, 小型 63 处。

截至 2018 年底, 全省煤炭保有资源储量为 1706 亿 t, 其中陕北石炭–二叠纪煤田为 112 亿 t, 占全省保有资源储量的 7%; 渭北石炭–二叠纪煤田为 86 亿 t, 占 5%; 陕北三叠纪煤田为 37 亿 t, 占 2%; 陕北侏罗纪煤田为 1286 亿 t, 占 75%; 黄陇侏罗纪煤田为 184 亿 t, 占 11%; 陕南煤产地为 1 亿 t。

截至 2018 年底, 煤层埋深 2000m 以浅预测潜在资源量为 1604 亿 t, 其中陕北石炭–二叠纪煤田预测潜在资源量为 749 亿 t, 占全省预测潜在资源量的 47%; 渭北石炭–二叠纪煤田为 279 亿 t, 占 17%; 陕北三叠纪煤田 2 亿 t（煤层厚度为 0.4~0.7m）; 陕北侏罗纪煤田为 518 亿 t, 占 32%; 黄陇侏罗纪煤田为 56 亿 t, 占 4%。

## 3.4 煤炭资源勘查程度

截至 2018 年底, 陕西全省煤炭资源地质勘查达到勘探程度的探获资源储量为 1046 亿 t, 占全省累计探获资源储量的 41%; 达到详查程度的探获资源储量为 319 亿 t, 占 12%; 达到普查阶段的探获资源储量为 672 亿 t, 占 26%; 预查阶段的资源量为 542 亿 t, 占 21%（表 3.2）。

表 3.2 陕西省各煤田（煤产地）煤炭资源勘查程度统计表

| 煤田 | 累计探获资源储量/亿 t | | | | |
| --- | --- | --- | --- | --- | --- |
| | 合计 | 勘探 | 详查 | 普查 | 预查 |
| 陕北侏罗纪煤田 | 2066 | 709 | 243 | 572 | 542 |
| 黄陇侏罗纪煤田 | 207 | 184 | 7 | 16 | 0 |
| 陕北三叠纪煤田 | 39 | 22 | 1 | 16 | 0 |
| 陕北石炭二叠纪煤田 | 113 | 81 | 32 | 0 | 0 |
| 渭北石炭二叠纪煤田 | 152 | 49 | 36 | 67 | 0 |
| 陕南煤产地 | 2 | 1 | 0 | 1 | 0 |
| 合计 | 2579 | 1046 | 319 | 672 | 542 |

陕北侏罗纪煤田探获资源储量为 2066 亿 t, 其中达到勘探阶段的探获资源储量为 709 亿 t, 占煤田累计探获资源储量的 34%; 达到详查阶段的探获资源储量为 243 亿 t, 占煤田累计探获资源储量的 12%; 达到普查阶段的探获资源储量为 572 亿 t, 占煤田累计探获资源储量的 28%; 预查阶段的探获资源量为 542 亿 t, 占煤田累计探获资源储量的 26%。

黄陇侏罗纪煤田探获资源储量为 207 亿 t, 其中达到勘探阶段的探获资源储量为 184 亿 t, 占煤田累计探获资源储量的 89%; 达到详查阶段的探获资源储量为 7 亿 t, 占煤田累计探获资源储量的 3%; 达到普查阶段的探获资源储量为 16 亿 t, 占煤田累计探获资源储量的 8%。

陕北三叠纪煤田探获资源储量为 39 亿 t, 其中达到勘探阶段的探获资源储量为 22 亿 t,

占煤田累计探获资源储量的56%；达到详查阶段的探获资源储量为1亿t，占煤田累计探获资源储量的3%；达到普查阶段的探获资源储量为16亿t，占煤田累计探获资源储量的41%。

陕北石炭二叠纪煤田探获资源储量为113亿t，其中达到勘探阶段的探获资源储量为81亿t，占煤田累计探获资源储量的72%；达到详查阶段的探获资源储量为32亿t，占煤田累计探获资源储量的28%。

渭北石炭二叠纪煤田探获资源储量为152亿t，其中达到勘探阶段的探获资源储量为49亿t，占煤田累计探获资源储量的32%；达到详查阶段的探获资源储量为36亿t，占煤田累计探获资源储量的24%；达到普查阶段的探获资源储量为67亿t，占煤田累计探获资源储量的44%。

## 3.5 煤炭资源开发利用

### 3.5.1 陕西煤炭资源开发现状

陕西省煤炭资源总量居全国第四位，原煤产量居全国第三位。"八五"期间，陕西原煤年总产量为3290万t（1991年）到4248万t（1995年），"九五"期间，全省原煤年产量从4489万t（1996年）降至2764万t（2000年）。进入新世纪后，陕西煤炭行业坚持改革开放，加快结构调整，迈开了科学发展的新步伐，全省煤炭经济呈现高增长的特征。2003年突破1亿t大关，2008年突破两亿t，到"十一五"末2010年达到3.6亿t，居全国第三位，十年间平均年增长率为37%。"十二五"期间，受行业影响，陕西省产量基本稳定在5亿t左右，前期（2011~2012年）煤炭生产继续以每年12%~14%的幅度增长；中期（2013~2014年）煤炭年生产增长率回落到3%~6%；后期到2015年由于随着宏观经济增速放缓，能源生产和消费、新能源和可再生能源发展提速，能源结构调整步伐加快，随着国家加大生态环境治理力度及减排限制，煤炭钢铁产能过剩，2015年全省原煤产量5.22亿t。"十三五"期间，2016年原煤产量已回落至5.12亿t，2017年煤炭产业开始回暖，产量开始恢复至5.5亿t，2018年全省原煤产量达6.23亿t，占全国原煤产量的16.9%，排名位居全国第三。2018年底，陕西省各类煤矿数量为402个，设计规模56163万t/a，核定生产能力63479万t/a。2020年底，原煤产量达到6.79亿t，创下历史新高（图3.2）。

煤炭工业在陕西国民经济中具有重要地位。煤炭在能源消耗结构中占主导地位，占比均在70%以上，石油、天然气和水电、风电及其他能发电所占比例较小。能源消费弹性系数在"十一五"末期为0.72，至"十二五"末期降低到0.56，到2018年降至0.36，呈持续下降。煤炭在能源生产结构中稳中上升。"十一五"末期，全省能源生产总量为31846万t标准煤；"十二五"末期，全省能源生产总量增至48491万t标准煤，比"十一五"末期增长了52.27%；到2018年全省能源生产总量为56392万t标准煤，比2015年净增7901万t标准煤，年平均增长率为5.16%。"十一五"末期，原煤产量为36115.50万t，

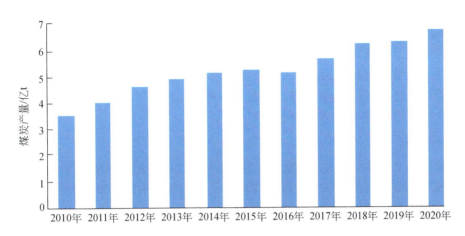

图 3.2 2010～2020 年陕西省原煤产量图（根据历年《陕西省国民经济和社会发展统计公报》数据整理）

折合 24370.38 万 t 标准煤，占能源生产总量的 76.53%；"十二五"末期，原煤产量为 52224.16 万 t，折合 37088.81 万 t 标准煤，占能源生产总量的 76.49%；2018 年，原煤产量为 62324.51 万 t，折合 44838.89 万 t 标准煤，占能源生产总量的 79.40%。

## 3.5.2 国家规划矿区

2004 年 9 月，国土资源部、国家发展和改革委员会联合签署公告〔2004〕13 号文指出，集中在山西省、内蒙古自治区、陕西省划定设立首批煤炭国家规划矿区 19 个，其中陕西的神府新民矿区、榆神矿区、榆横矿区、渭北矿区、彬长矿区 5 个矿区被列入。2006 年 3 月，国家发展和改革委员会以发改能源〔2006〕352 号文批复了国家大型煤炭基地建设规划，共设置 13 个大型煤炭基地，由 98 个矿区组成，陕西有神东、陕北和黄陇 3 个基地，神东（陕西境内部分为神府区）、府谷、榆神、榆横、彬长含（永陇）、黄陵、旬耀、铜川、蒲白、澄合、韩城等矿区被列入。2016 年，国务院以国函〔2016〕178 号文批复的《全国矿产资源规划（2016—2020 年）》中指出，大力推进能源资源基地建设，将集中力量建设 103 个国家能源资源基地，规划了 267 个国家规划矿区和 28 个对国民经济具有重要价值的矿区。其中大型煤炭基地 14 个，神东、陕北、黄陇 3 大煤炭基地在列；煤炭国家规划矿区 162 个，神东矿区神府区、榆神、榆横、彬长、永陇、黄陵、旬耀、韩城、澄合、蒲白、铜川、古城、府谷、吴堡矿区 14 个矿区在列。

1. 神府新民矿区（即神东矿区神府区）

神府新民矿区位于陕西省北部神木县、府谷县境内，居陕北侏罗纪煤田北端。矿区范围东以沙界沟为界，北达陕蒙边界，西至神木北部详查勘查区西界与尔林兔勘查区相接，地理坐标为 110°05′16″E～110°49′57″E，38°52′23″N～39°28′02″N，南北长约为 64km，东西宽为 45～63km，面积约为 2800km²，以牸牛川、窟野河为界，分为神北区和新民区。国家计委和国家发改委分别以计建设〔1991〕262 号（关于神府、东胜矿区总体设计的批复）、计基础〔2002〕2075 号（关于陕西神府矿区新民开采区总体规划的批复）、发改能源〔2006〕1621 号（关于陕西省神府矿区南区总体规划的批复）先后批复神府北区、新民区、神府南区的总体规划。矿区现有勘查区（井田）/煤矿 27 处，各阶段勘查程度均有，以勘探为主，储量规模大型 24 处、中型 2 处、小型 1 处，累计查明资源储量 247 亿 t、保有资源储量 211 亿 t，煤类为长焰煤、不黏煤。神府新民矿区内现有煤矿数量 144 个，设计规模为 22258 万 t/a，核定产能为 25773 万 t/a。

2. 榆神矿区

榆神矿区位于榆林市神木县、榆阳区界内，居陕北侏罗纪煤田中北部。矿区边界西北以省界为准与内蒙古自治区相邻，西南与榆横矿区相邻，东南大致以 5 号煤层露头线为界，东北与神府新民矿区相邻。地理坐标为 109°08′21″E ~ 110°27′57″E，38°08′51″N ~ 39°16′14″N，东西宽约为 108.5km，南北长约为 124km，面积为 6454.511km²。国家计委和国家发改委分别以计基础〔2000〕1841、计基础〔2002〕2074 和发改能源〔2012〕2803 号文批复榆神矿区进行了一期、二期、三期总体规划。一期规划区范围北以大保当详查勘探区边界为界（即 P26 孔与 P140 孔连线为界），东部和南部均以 $2^{-2}$ 煤层火烧边界线为界，西以榆溪河为界，规划区东西长为 32 ~ 40km，南北宽为 29 ~ 38km，含煤面积约为 925km²；二期规划范围北部以 P60 号钻孔与后麻家塔沟连线为界，与神府矿区为邻，西部以 $2^{-2}$ 煤层露头线为界，与榆神矿区一期规划区相接，东部和南部均以 $5^{-3}$ 煤层露头线为界，规划区东西长为 30 ~ 50km，南北宽为 15 ~ 45km，面积约为 960km²；三期规划区范围东部与二期规划区西边界为界，西部以包（头）-茂（名）高速公路为界，北部以尔林兔普查区南边界为界，南部以一期规划区北界为界，南北长约为 34km，东西宽约为 26km，面积约为 870km²。矿区现有勘查区（井田）/煤矿 51 处，各勘查阶段均有，储量规模大型 43 处、中型 6 处、小型 2 处，累计查明资源储量为 557 亿 t、保有资源储量为 547 亿 t，煤类为长焰煤、不黏煤。榆神矿区内现有煤矿数量 57 个，设计规模为 12780 万 t/a，核定产能为 15640 万 t/a。

3. 榆横矿区

榆横矿区位于陕北榆林市中部，榆林市榆阳区、横山县及靖边县境内，行政区划隶属榆林市榆阳区、横山县、靖边县管辖，居陕北侏罗纪煤田中西部。矿区北以北纬 38°30′ 为界与榆神矿区接壤，东北部与榆神矿区相接，东以榆溪河、3 号煤层露头线及延长线为界，西以陕西与内蒙古省界及延长线为界，南以太中银铁路为界。地理坐标为 108°46′39″E ~ 109°46′16″E，37°46′02″N ~ 38°30′03″N。以无定河为界，榆横矿区划分榆横南区和榆横北区，2007 年 2 月，国家发改委以发改能源〔2007〕411 号文件批复榆横矿区北区总体规划；2006 年 7 月，国家发改委以发改能源〔2006〕1364 号文件批复榆横矿区南区总体规划；2017 年 3 月，以发改能源〔2017〕412 号文件批复榆横矿区南区总体规划（修编）。榆横北区范围为北以 38°30′N 为界，南以无定河为界，东以榆溪河为界，西以陕西与内蒙古省界为界，东西长为 50km，南北宽 65km，面积约为 3200km²；榆横南区范围为矿区北以无定河、陕西与内蒙古省界为界，东部以 3 号煤层露头线及延长线为界，南以太中银铁路为界，西以陕西与内蒙古省界及延长线为界，矿区东西长约为 69km，南北宽约为

59km，面积约为 3279km²。矿区现有勘查区（井田）/煤矿 27 处，各勘查阶段均有，储量规模大型 25 处、中型 1 处、小型 1 处，累计查明资源储量 527 亿 t、保有资源储量 525 亿 t，煤类为长焰煤、不黏煤、弱黏煤。榆横矿区内现有煤矿数量为 25 个，设计规模为 3880 万 t/a，核定产能为 2940 万 t/a。

4. 彬长矿区

彬长矿区位于陕西省关中地区西北部的彬县、长武县及旬邑县境内，居黄陇侏罗纪煤田中西部。矿区范围西、北均以陕甘省界为界，东、南均以无煤区边界线为界，分别与旬耀矿区、永陇矿区相接。地理坐标为 107°38′46″E ~ 108°21′57″E，34°59′00″N ~ 35°18′53″N。矿区东西长为 64km，南北宽为 37km，面积约为 1643km²。1997 年 8 月，国家计委以计交能〔1997〕1351 号文件批复彬长矿区总体规划；2010 年 10 月，国家发改委以发改能源〔2010〕2018 号文件批复彬长矿区总体规划。截至 2018 年底，矿区现有勘查区（井田）/煤矿 19 处，各勘查阶段均有，以勘探为主，储量规模大型 15 处、中型 2 处、小型 2 处，累计查明资源储量 98 亿 t，保有资源储量 94 亿 t，煤类为不黏煤、长焰煤。彬长矿区内现有煤矿数量 16 个，设计规模为 4851 万 t/a，核定产能为 5290 万 t/a。

5. 永陇矿区

2008 年 2 月，国家发改委以发改能源〔2008〕503 号文件批复永陇矿区麟游区总体规划；2015 年 2 月，国家发改委以发改能源〔2015〕297 号文件批复永陇矿区麟游区总体规划（修编）。据 1993 年 6 月由陕西省煤田地质局编制的《陕西省煤炭资源图集说明书》、原煤炭部地质局主编的《中国主要煤矿资源图集》（陕西省），永陇矿区北部以陕甘省界，北东部与彬长矿区相邻，东部和南部以侏罗纪煤系延安组底部地层的隐伏露头线为界至凤翔县汉丰镇一线，西南部大致以千阳陇县断裂带、宝中铁路为界。矿区东西长为 130km，南北宽为 24 ~ 53km，面积约为 3600km²。地理坐标为 106°46′37″E ~ 108°11′38″E，34°37′00″N ~ 35°05′17″N。截至 2018 年底，矿区现有勘查区（井田）/煤矿 12 处，各勘查阶段均有，以勘探程度为主，储量规模大型 7 处、中型 3 处、小型 2 处，累计查明资源储量为 41 亿 t、保有资源储量为 40 亿 t，煤类为不黏煤、长焰煤。永陇矿区内现有煤矿数量 6 个，设计规模为 1836 万 t/a，核定产能为 1275 万 t/a。

6. 黄陵矿区

1996 ~ 1998 年，陕西省计委、煤炭工业部分别以陕计交能〔1996〕424、陕计交能〔1996〕756 号文以及陕计交能〔1998〕157 号和煤规函字〔1998〕第 038 号文，向国家计委申请将黄陵矿区建庄井田及部分煤炭资源划归地方开发，1998 年 6 月，国家计委复函同意；2002 年 2 月，黄陵矿业公司委托西安设计院编制《黄陵矿区总体规划（修改）》，并于同年 9 月由陕西省煤炭工业局向陕西省计委上报《关于报批黄陵矿区总体规划（修改）的请示》。黄陵矿区位于黄陇侏罗纪煤田的东北端，据 1993 年 6 月由陕西省煤田地质局编制的《陕西省煤炭资源图集说明书》，矿区北起富县直罗镇葫芦河，南止建庄山神庙梁，东起张村驿、腰坪、新村一线，西止省界，隶属富县、黄陵县管辖。地理坐标为 108°44′33″E ~ 109°12′11″E，5°20′44″N ~ 36°00′04″N，南北长为 72.6km，东西宽为 41.3km，面积约为 2208km²。以外东、北、南三个方向均为无煤区，西部埋深增大，因矿区中南部有无煤带分隔，故可进一步划分为北部店头区和南部建庄区。截至 2018 年底，矿区现有勘查区（井田）/煤矿 16 处，各勘查阶段均有，以勘探为主，储量规模大型 8 处、中型 1 处、小型 7 处，累计查明资源储量 30 亿 t、保有资源储量 26 亿 t，煤类为弱黏煤、1/2 中黏煤、气煤。黄陵矿区内现有煤矿数量 23 个，设计规模为 2775 万 t/a，核定产能为 3506 万 t/a。

### 7. 旬耀矿区

1989 年 5 月，陕西省煤炭工业厅以陕煤厅发〔1989〕134 号文件对"陕西省黄陇侏罗纪煤田旬（东）耀（西）矿区总体规划意见"审查通过。据 1993 年 6 月由陕西省煤田地质局编制的《陕西省煤炭资源图集说明书》，矿区西起旬邑县城及职田镇与彬长矿区相邻，东、南以侏罗纪煤系底界隐伏露头线为界与焦坪矿区毗邻，南至瑶玉、照金、安子洼一线，北以陕甘省界为界，面积约为 800km²，隶属耀县、旬邑县、淳化县管辖。截至 2018 年底，矿区现有勘查区（井田）/煤矿 14 处，各勘查阶段均有，以勘探为主，储量规模大型 5 处、中型 3 处、小型 6 处，累计查明资源储量为 15 亿 t、保有资源储量为 13 亿 t，煤类以不黏煤、长焰煤为主。旬耀矿区内现有煤矿数量为 12 个，设计规模为 574 万 t/a，核定产能为 852 万 t/a。

### 8. 韩城矿区

据 1993 年 6 月由陕西省煤田地质局编制的《陕西省煤炭资源图集说明书》，矿区东南以 11 号煤层露头和 F1 断层为界，西北以 5 号煤层底界垂深 1500m 为界，东北界至黄河，西南与澄合矿区相毗邻，长约 56km，宽约 20km，面积约为 1100km²。截至 2018 年底，矿区现有勘查区（井田）/煤矿 10 处（包含宜川东南部普查区和预查成煤区共 2 处），各勘查阶段均有，以勘探和普查为主，储量规模大型 9 处、中型 1 处，累计查明资源储量为 34 亿 t、保有资源储量为 32 亿 t，煤类为贫煤、贫瘦煤、无烟煤。韩城矿区内现有煤矿数量 15 个，设计规模为 885 万 t/a，核定产能为 1215 万 t/a。

### 9. 澄合矿区

澄合矿区西以洛河为界与蒲白矿区相邻，北以 5 号煤层-200m 底板等高线为界，东以黄河西岸和韩城矿区西界为界，南以 5 号煤层隐伏露头线为界，东西长约为 60km，南北宽约为 15km，面积约为 932km²。2013 年 2 月，国家发改委以发改能源〔2013〕375 号文件批复澄合矿区总体规划。截至 2018 年底，矿区现有勘查区（井田）/煤矿 14 处，不同勘查阶段均有，以勘探和详查为主，储量规模大型 8 处、中型 3 处、小型 3 处，累计查明资源储量为 36 亿 t、保有资源储量为 34 亿 t，煤类为贫煤、贫瘦煤、瘦煤。澄合矿区内现有煤矿数量 14 个，设计规模为 1060 万 t/a，核定产能为 1105 万 t/a。

### 10. 蒲白矿区

蒲白矿区东以洛河为界与澄合矿区相邻，南以 5 号煤层露头线、杜康沟断层为界，西以铜川矿区东边界为界，北部以 5 号煤层埋深 1200m 等深线为界，东西长约为 37km，南北宽约为 31km，面积约为 850km²。2015 年 3 月，国家发改委以发改能源〔2015〕435 号文件批复蒲白矿区总体规划。截至 2018 年底，矿区现有勘查区（井田）/煤矿 10 处，不同勘查阶段均有，以勘探为主，储量规模大型 5 处、中型 2 处、小型 3 处，累计查明资源储量为 10 亿 t、保有资源储量为 8 亿 t，煤类为贫煤、贫瘦煤、瘦煤。蒲白矿区内现有煤矿数量 18 个，设计规模为 465 万 t/a，核定产能为 600 万 t/a。

11. 铜川矿区

据 1993 年 6 月由陕西省煤田地质局编制的《陕西省煤炭资源图集说明书》描述，矿区东以东坡井田东部边界与蒲白矿区相接，南以煤层露头线为界，西部有预测区，北至 5 号煤层底界垂深 1500m，东西长约为 75km，南北宽约为 19km，面积约为 1430km$^2$。截至 2018 年底，矿区现有勘查区（井田）/煤矿 19 处，不同勘查阶段均有，以勘探为主，储量规模大型 4 处、中型 3 处、小型 12 处，累计查明资源储量为 15 亿 t，保有资源储量为 12 亿 t，煤类为贫煤、贫瘦煤、瘦煤、焦煤。铜川矿区内现有煤矿数量 7 个，设计规模为 210 万 t/a，核定产能为 210 万 t/a。

12. 古城矿区

2013 年 2 月，国家发改委以发改能源〔2013〕352 号文件批复古城矿区总体规划。矿区北部、西部以陕蒙省（区）界为界，东部以准格尔矿区、府谷矿区西界及陕蒙省（区）界为界，南部以清水川湿地保护煤柱线为界，南北长约为 26km，东西宽约为 25km，面积约为 319km$^2$。截至 2018 年底，矿区现有勘查区（井田）/煤矿 1 处，达到勘探程度，储量规模为大型，累计查明、保有资源储量为 33 亿 t，煤类为气煤、长焰煤。矿区暂未开采。

13. 府谷矿区

国家发改委分别于 2004 年、2012 年以发改能源〔2004〕915 号、发改能源〔2012〕1370 号文件批复府谷矿区预留区规划。矿区东以黄河西岸为界，北以黄河南岸为界，西以府谷县墙头乡-高石崖乡一线为界，南以皇甫川为界。矿区南北长约为 30km，东西宽度为 8km，面积约为 240km$^2$。截至 2018 年底，矿区现有勘查区（井田）/煤矿 8 处，勘查程度为详查和勘探，储量规模均为大型，累计查明资源储量为 64 亿 t、保有资源储量为 63 亿 t，煤类以长焰煤、气煤为主，少量弱黏煤、不黏煤、1/2 中黏煤。府谷矿区内现有煤矿数量 7 个，设计规模为 1185 万 t/a，核定产能为 1185 万 t/a。

14. 吴堡矿区

2009 年 2 月，国家发改委以发改能源〔2009〕318 号文件批复吴堡矿区总体规划。矿区东和北均以黄河为界，南至吴堡县城，西以横沟和柳豪沟井田西界为界，南北长约为 25km，东西宽度为 3～5km，面积约为 95km$^2$。截至 2018 年底，矿区现有勘查区（井田）/煤矿 2 处，勘查程度均为勘探，储量规模均为大型，累计查明、保有资源储量为 16 亿 t，煤类以焦煤、瘦煤为主，少量肥煤。矿区暂未开采。

## 3.5.3 省级规划矿区（非国家规划矿区）

1. 子长矿区

2004 年 12 月、2007 年 9 月，陕西省发改委分别以陕发改能源〔2004〕774 号文、陕发改能源〔2007〕1201 号文件批复子长矿区主采核心区的一期、二期规划。陕北三叠纪煤田可采煤层厚度较薄，煤类为陕西省稀缺的气煤，主采区位于子长一带，仅有一个矿区，即子长矿区。1993 年 6 月由陕西省煤田地质局编制的《陕西省煤炭资源图集说明书》描述，陕北三叠纪煤田子长矿区，其东界为 5 号煤层露头线，北、西、南均以 5 号煤 0.7m 可采边界线为界，南北宽约为 75km，东西宽约为 30km，面积约为 1636km²。1992 年 6 月，由一三九队提交的《陕北三叠纪煤田横山韩岔–延安蟠龙找煤地质报告》范围作为子长矿区边界，并一直沿用。随着近几年来煤田地质勘查工作的逐步深入，矿区范围不断扩大。但矿业权设置方案和矿产资源利用现状调查等成果中，由于各项工作的任务和目的意义不同，对矿区范围界定略有出入，特别南部边界是否包含延安南部富县一带的含煤区，不尽一致，本书根据矿业权设置方案，子长矿区范围以延安市子长县为中心，向周边扩大。北起榆林市横山县赵石畔镇、武镇一线，南达安塞县高桥乡、延安市枣园乡、川口乡、姚店镇一线，东以 3 号煤层地表出露线为界，西至安塞县高桥乡、坪桥镇、横山县畔沟乡一线。地理坐标为 109°10′41″E～109°58′03″E，36°35′07″N～37°53′19″N，南北长约为 144km，东西宽约为 69km，面积约为 9900km²。截至 2018 年底，矿区现有勘查区（井田）/煤矿 22 处（包含富县牛武一带的井田），不同勘查阶段均有，以勘探为主，储量规模大型 11 处、中型 6 处、小型 5 处，累计查明资源储量为 38 亿 t、保有资源储量为 37 亿 t，煤类为气煤、气肥煤。子长矿区内现有煤矿数量为 35 个，设计规模为 2040 万 t/a，核定产能为 2315 万 t/a。

2. 庙哈孤矿区

2008 年 7 月，陕西省发改委以陕发改煤电〔2008〕958 号文件批复庙哈孤矿区总体规划。矿区位于陕北侏罗纪煤田的东北端，行政区划隶属府谷县庙沟门镇、哈镇、孤山镇管辖。矿区东部及南部以 $5^{-2}$ 煤露头线及可采边界线为界，西部以沙梁川 $5^{-2}$ 煤露头线及陕蒙省（区）界为界，北部以 $5^{-2}$ 煤露头线及 F1 断层为界。地理坐标为 110°43′05″E～110°55′26″E，39°11′12″N～39°20′49″N，东西长约为 16km，南北宽约为 18km，面积约为 222.46km²。截至 2018 年底，矿区现有勘查区（井田）/煤矿 4 处，均达到勘探程度，储量规模大型 2 处、中型 1 处、小型 1 处，累计查明资源储量为 4 亿 t、保有资源储量为 3 亿 t，煤类为不黏煤、长焰煤。庙哈孤矿区内现有煤矿数量 3 个，设计规模为 300 万 t/a，核定产能为 300 万 t/a。

3. 焦坪矿区

据 1993 年 6 月由陕西省煤田地质局编制的《陕西省煤炭资源图集说明书》，矿区东南起太安、焦坪、庙湾一线，西至陕甘省界，北与黄陵矿区毗邻，南西以瑶玉与马栏镇连线为界与旬耀矿区相邻，面积约为 1000km²，隶属铜川市、耀县、宜君县、旬邑县管辖。截至 2018 年底，矿区现有勘查区（井田）/煤矿 12 处，各勘查阶段均有，以勘探程度为主，储量规模大型 5 处、中型 1 处、小型 6 处，累计查明资源储量为 16 亿 t、保有资源储量为 11 亿 t，煤类以弱黏煤为主。焦坪矿区内现有煤矿数量 8 个，设计规模为 895 万 t/a，核定产能为 1110 万 t/a。

## 3.5.4　煤炭综合利用

2020 年，全省煤炭产量为 6.79 亿 t，增长了 36.33%，煤炭销量为 6.39 亿 t，增长了 4.75%。

结合省内各大煤田煤质特征和不同用煤标准，如《中国煤炭分类》（GB/T 5751—2009）、《常压固定床煤气发生炉用煤技术条件 修改单 1》（GB/T 9143 AMD 1—2005）、《商品煤质量 炼焦用煤》（GB/T 397—2022）等，大致将煤炭用途分为气化用煤、炼油用煤、炼焦用煤、制备水煤浆、直接液化、制备超纯煤、动力用煤及其他用煤几类，具体见表 3.3。

表 3.3　陕西省煤炭综合利用现状统计表

| 煤田 | 矿区 | 气化用煤 | 炼油用煤 | 炼焦用煤 | 制备水煤浆 | 直接液化 | 制备超纯煤 | 动力用煤 | 其他用煤 |
|---|---|---|---|---|---|---|---|---|---|
| 陕北侏罗纪煤田 | 所有矿区 | √ | √ | √ | √ | √ | √ | √ | |
| 黄陇侏罗纪煤田 | 所有矿区 | √ | √ | √ | √ | | | √ | |
| 陕北三叠纪煤田 | 子长矿区 | √ | √ | √ | | | | √ | |
| 陕北石炭－二叠纪煤田 | 府谷矿区 | √ | √ | | √ | | | √ | |
| | 吴堡矿区 | | | √ | | | | √ | √ |
| 渭北石炭-二叠纪煤田 | 所有矿区 | √ | | √ | | | | √ | |

陕北侏罗纪煤可用于气化用煤、炼油用煤、炼焦用煤、制备水煤浆、直接液化、制备超纯煤、动力用煤等；黄陇侏罗纪煤可用于气化用煤、炼油用煤、炼焦用煤、制备水煤浆、动力用煤等；陕北三叠纪煤可用于气化用煤、炼油用煤、炼焦配煤、动力用煤等；陕北石炭－二叠纪煤可用于气化用煤、炼油用煤、炼焦用煤（冶金焦用煤、铸造焦用煤、炼焦制煤气或化工焦）、动力用煤等；渭北石炭-二叠纪煤可用于气化用煤、炼焦用煤、动力用煤等。

侏罗纪煤田的煤炭通常是作为优质动力煤使用。20 世纪 80~90 年代，神府煤炭是土法炼焦、生产兰炭的主要原料，造成严重的资源浪费和环境污染。直到近十多年来，通过政策引导、产业升级，兰炭产业才获得新生。然而，目前富油煤的利用仍然限于较单一和低层次的分质利用，主要目标产品是洁净兰炭，而焦油和焦炉煤气是副产品，长期不被重视。目前，榆林兰炭产业已成为陕西最大的煤化工产业，建成国内规模最大的煤炭热解产业集群，实现固态能源向固态、液态、气态三种能源的高效转化，已形成原煤-兰炭-电石、原煤-兰炭-铁合金、原煤-兰炭-煤焦油-清洁燃料油、原煤-兰炭-煤气-金属镁、原煤-兰炭-煤气-发电等综合利用型传统煤化工产业体系，载能产业向规模化、集团化、园区化、一体化方向发展。府谷 30 万 t 合成氨、52 万 t 尿素项目建成投产，兰炭尾气发电建成装机近 100 万 kW，锦界天元煤焦油加氢、神木富油煤焦油加氢、安源 50 万 t 煤焦油全馏分加氢制油、府谷东鑫垣 45 万 t 煤焦油加氢制油项目等，都是榆林本土煤化工发展的缩影。

新世纪以来，随着煤炭生产规模迅速扩大，陕北煤炭进入新的开发时期，吸引了美国陶氏、中石油、中石化、壳牌、正大5家世界500强企业和神华、中煤、兖矿、华能、华电、国电等十几家国内知名企业，在榆林建立根据地。2008年，在陕北能源化工基地陆续建成了国内最大的甲醇生产基地。"十一五"起至"十二五"期间，全省陆续建成了煤化工循环经济示范工程、循环经济"联合国煤清洁技术"示范工程、煤焦油加氢制取轻质燃料示范工程、煤制油（二次转化）示范工程、华煤制芳烃示范工程和粉煤干馏热解制取煤焦油示范工程等重点示范工程，随着示范工程技术与工艺的突破，煤热解与气化一体化、煤油共炼、合成气制乙醇等系列技术不断创新，各类煤化工技术不断工业化，2008年12月建成投运的神华1.08Mt/a直接液化装置设计柴油、汽油和液化石油气产量分别为720kt/a、250kt/a和102kt/a。煤直接液化工艺采用高烃油潜含量煤炭，与循环溶剂混合为油煤浆后，在悬浮床或浆态床反应器中，在铁基或镍-钼基催化剂的作用下，与氢气发生加氢裂化和加氢精制等化学反应，生成汽油、柴油、液化气和干气。反应在高温（400～470℃）和高压（15～30MPa）下进行，煤中的氮、氧、硫等杂原子实现深度脱除。

兖矿集团建成的榆林1Mt/a间接液化装置，开发出低温费托合成技术，设计柴油、石脑油和液化石油气产量分别为790kt/a、260kt/a和100kt/a。煤间接液化工艺的核心是费托合成反应，即CO在催化剂作用下加氢生成烃类物质（主要是C1～C40饱和烃）的反应。低温费托合成的反应温度为220～270℃，采用固定床或浆态床反应器和铁基催化剂，产品以柴油、汽油、煤油、石蜡和润滑油基础油为主；而高温费托合成的反应温度为300～350℃，采用流化床反应器和熔铁催化剂，产品以汽油、柴油、烯烃和化学品为主。

陕西煤化神木富油科技公司采用全馏分煤焦油加氢改质缓和加氢裂化组合工艺实现工业化生产，其柴油、石脑油、加氢尾油和液化气收率分别是76.06%、13.93%、7.41%和0.96%。延长石油集团的500kt/a煤焦油加氢装置采用KBR公司的VCC悬浮床加氢裂化技术，经悬浮床加氢和固定床加氢两段反应，其柴油、石脑油和液化气收率分别为63.7%、22.8%和4.3%。

陕西天元化工有限公司对煤焦油进行"两次加氢、尾油裂化"，然后对生成油进行分离得到燃料油，其50万t/a中温煤焦油轻质化项目已于2010年4月开车成功。来自罐区的原料焦油与氢气混合加热升温后送入预加氢反应器。预加氢反应器的主要任务是对原料油内所含氮、氧、硫及重金属化合物进行加氢转化，生成相应的氨气、水、硫化氢及硫化物而被脱除。预加氢完毕后，初产物再送入二段加氢反应器进行第2次加氢，反应流出物经分离器分离出氢气和生成油，生成油经分馏塔分离为塔顶的产品油和塔底的尾油，尾油送入加氢裂化反应器继续加氢仍可得到液化气、石脑油和柴油馏分等产品。该加氢工艺的煤焦油转化率高达93%以上，每年可生产柴油15万t、汽油8万t和液化气0.4万t。

截至2021年底，还有多家正在建设和列入规划的工程正在进行筹备，如陕西延长石油榆林榆横有限公司正在规划110万t/a的榆横煤基芳烯互补项目，陕西延长石油榆林煤化有限公司的醋酸扩建到40万t/a，陕西长青能源化工有限公司（徐矿集团）二期90万t甲醇工程正在筹建，陕西延长石油榆林榆横有限公司40万t煤基芳烃正在建设，陕西延长石油榆神能源化工有限公司800万t煤提取焦油与制合成气一体化（CCSI）产业示范项目正在建设等。陕西煤炭多联产及煤的清洁利用产业正在迈入高速发展的道路。

据不完全统计，陕西省现有煤制烯烃产能约为 400 万 t，PE 产能约为 200 万 t，PP 产能约为 180 万 t，煤制油产能约为 150 万 t，煤制乙二醇产能约为 40 万 t，煤炭分级提质产能约为 2000 万 t，煤焦油加氢产能约为 250 万 t，煤制乙醇产能为 10 万 t，煤制芳烃约为 100 万 t，煤制甲醇为 60 万 t，煤制醋酸产能为 40 万 t，其他主要为动力用煤。

近年来陕西煤化工发展速度不断加快，但与陕西省煤炭产量相比，陕西省煤化工的占比依然较低，煤炭还是以粗放式利用为主，陕西省煤炭的绿色开发和分级利用的道路还很漫长。

## 3.6 本 章 小 结

本章阐述了陕西五大煤田基本地质特征，包括地理位置、范围、构造、地层及煤层特征，概要介绍了各煤田煤的工业分析、元素分析、有害元素、发热量、低温干馏等煤质特征。以 2018 年为时间界限，介绍了各煤田不同勘查程度的煤炭资源量，阐述了全省煤炭资源生产情况及主要用途。在全面认识陕西省煤炭资源勘查开发现状的基础上，指出了陕西省煤炭资源绿色低碳发展的必要性。

# 4 陕西富油煤资源分布

陕西煤炭资源丰富，那么有多少是富油煤资源？这些富油煤资源分布在什么地方？资源分布有什么规律？目前的地质勘查程度如何？这便是本章的研究内容，也是本书的主要内容。

为便于识别矿区富油煤类型，按照富油煤样点所占比例不同，将矿区按照富油煤赋存的特点分为七类：高油煤类、富油煤类、含油煤类、富油–高油煤类、高油–含油煤类、富油–含油煤类、混合类。其划分标准为：

高油煤类：$Tar_d > 12\%$ 的样品数占比 $\geq 60\%$，其他样品数占比 $< 20\%$，用字母"G"表示；

富油煤类：$7 < Tar_d \leq 12\%$ 的样品数占比 $\geq 60\%$，其他样品数占比 $< 20\%$，用字母"F"表示；

含油煤类：$Tar_d \leq 7\%$ 的样品数占比 $\geq 60\%$，其他样品数占比 $< 20\%$，用字母"H"表示；

富油–高油煤类：$Tar_d \leq 7\%$ 的样品数 $\leq 20\%$，其他样品数介于 $20\% \sim 80\%$ 之间，用字母"F-G"表示；

高油–含油煤类：$7 < Tar_d \leq 12\%$ 的样品数 $\leq 20\%$，其他样品数介于 $20\% \sim 80\%$ 之间，用字母"G-H"表示；

富油–含油煤类：$Tar_d > 12\%$ 的样品数 $\leq 20\%$，其他样品数介于 $20\% \sim 80\%$ 之间，用字母"F-H"表示；

混合类：除前六种类型之外的其他焦油类型组合，三类样品数的范围均在 $20\% \sim 60\%$ 之间，用字母"M"表示。

具体划分指标详见表4.1。

表 4.1 富油煤类型划分标准

| 序号 | 富油煤类型 | $Tar_d \leq 7\%$ | $7 < Tar_d \leq 12\%$ | $Tar_d > 12\%$ |
|---|---|---|---|---|
| 1 | 高油煤类 | <20% | <20% | ≥60% |
| 2 | 富油煤类 | <20% | ≥60% | <20% |
| 3 | 含油煤类 | ≥60% | <20% | <20% |
| 4 | 富油–高油煤类 | ≤20% | 20~80% | 20~80% |
| 5 | 高油–含油煤类 | 20~80% | ≤20% | 20~80% |
| 6 | 富油–含油煤类 | 20~80% | 20~80% | ≤20% |
| 7 | 混合类 | 20~60% | 20~60% | 20~60% |

图 4.1（a）为各煤矿区焦油产率样品数量及占比分布示意图，将其代入图 4.1（b），可清晰地看出，陕西省 17 个煤矿区总共划分为五种类型：富油煤类、富油–高油煤类、富油–含油煤类、含油煤类及混合类。其中：

富油煤类矿区：庙哈孤矿区、神府新民矿区、榆神矿区、榆横矿区、黄陵矿区、府谷矿区；

富油–高油煤类矿区：子长矿区；

富油–含油煤类矿区：焦坪矿区、旬耀矿区、彬长矿区、永陇矿区、吴堡矿区；

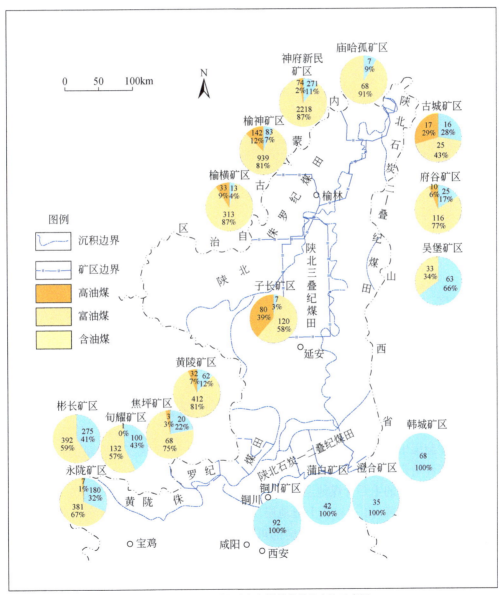

(a)陕西省各大矿区焦油产率样品数量及占比示意图

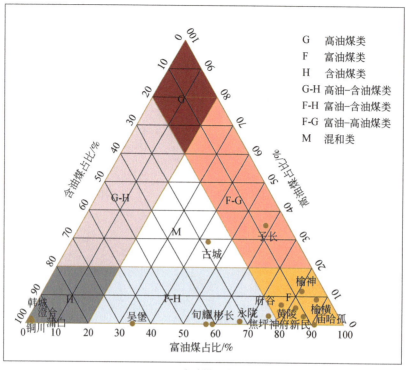

(b)富油煤分类图版

图 4.1 陕西省煤田/矿区富油煤类别示意图

含油煤类矿区：韩城矿区、澄合矿区、蒲白矿区、铜川矿区；

混合类矿区：古城矿区。

因沉积环境等因素不同，各矿区不同煤层富油煤类型也各有差异，为直观了解各煤层情况，参照矿区富油煤类划分标准分别对各矿区主采煤层进行富油煤类划分。

# 4.1 陕北侏罗纪煤田

陕北侏罗纪煤田五个矿区，由东北往西南分别为庙哈孤矿区、神府新民矿区、榆神矿区、榆横矿区和靖定区（图 4.2）。

陕北侏罗纪煤田的主要含煤地层为延安组，该组地层自上而下划分为 5 个段，共含 5 个煤组，除上部第 5 段（$J_2y^5$）受上覆地层冲刷、剥蚀保存不全外，其余每段煤层均位于顶部。延安组含煤 20 多层，可采及局部可采煤层 3～8 层，自上而下编号为 $1^{-2}$、$2^{-2}$、$3^{-1}$、$4^{-2}$、$4^{-3}$、$5^{-1}$、$5^{-2}$、$5^{-3}$ 号煤层，其中 $2^{-2}$、$3^{-1}$、5 号煤层为主采煤层，煤层一般厚度为 2～5m，单层最大可达 12.36m（图 4.3），本煤田研究所用煤质数据共 4000 余组。

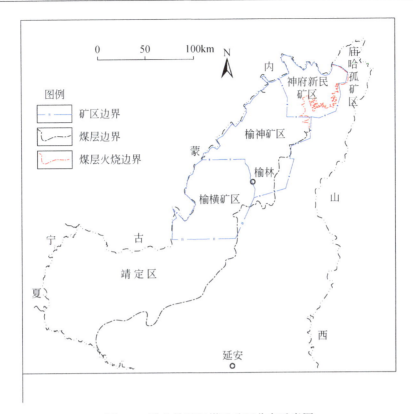

图 4.2 陕北侏罗纪煤田矿区分布示意图

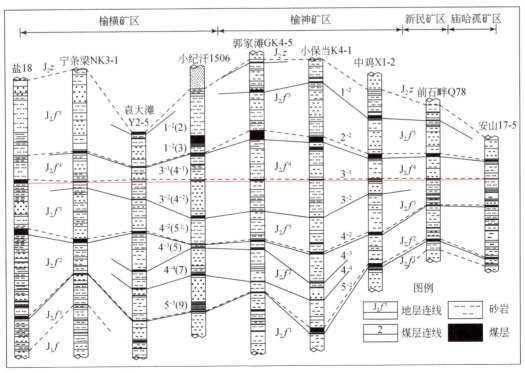

图 4.3 陕北侏罗纪煤田煤岩系柱状对比图

## 4.1.1　庙哈孤矿区

庙哈孤矿区位于陕北侏罗纪煤田的东北端，面积约为 222.46km²。矿区可采煤层有 6 层，从上至下依次编号为 2⁻²、3⁻¹、4⁻²、5⁻¹、5⁻²ᵘ 及 5⁻²，主要可采煤层为 5⁻² 号煤层。

### 1. 主要可采煤层

5⁻² 号煤层采用煤质数据 30 余组，焦油产率值为 2.9% ～ 10.5%，平均为 8.4%，全区大部为富油煤，仅在沙梁煤矿北部边界附近有 1.97km² 的含油煤；煤焦油产率在沙梁煤矿中部较高，向南北两侧逐渐降低，富油煤面积约 86.78km²。5⁻² 号煤层富油煤占比为 86.87%，为富油煤类，详情见图 4.4。

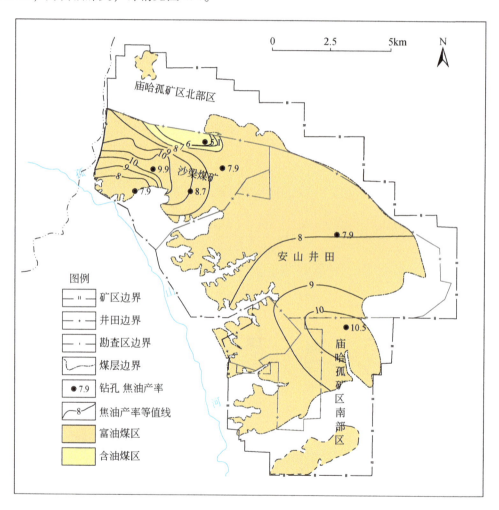

图 4.4　庙哈孤矿区 5⁻² 号煤层焦油产率等值线平面图

2. 其他可采煤层

$2^{-2}$号煤层有效煤质数据共 28 组，焦油产率值为 6.8%~14%，平均为 9.36%，焦油产率在沙梁煤矿中部较高，向东西两侧焦油产率逐渐降低，在西部边界附近出现小片含油煤范围，含油面积约 1.43km²；$2^{-2}$号煤层富油煤占比为 80%，富油煤面积约 63.19km²，为富油煤类，具体见图 4.5。

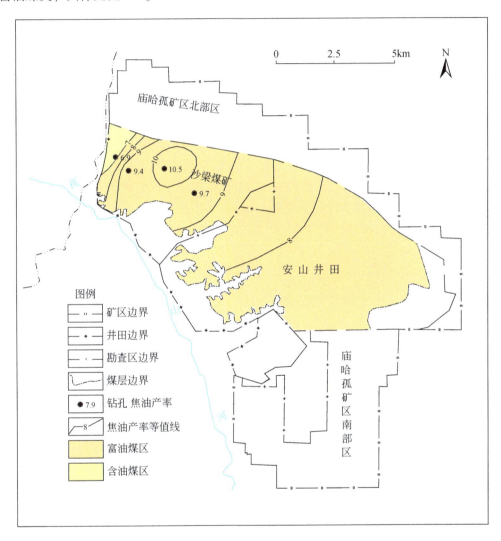

图 4.5　庙哈孤矿区 $2^{-2}$ 号煤层焦油产率等值线平面图

$3^{-1}$号煤层焦油产率值为 7.3%~10.3%，平均为 8.84%，为富油煤类；

$4^{-2}$号煤层焦油产率值为 6%~11%，平均为 9.62%，含油煤样品数占 5.8%，为富油煤类；

$5^{-1}$号煤层焦油产率值为 6.1%~10.9%，平均为 9.4%，含油煤样品数占 5.0%，为富油煤类。

## 4.1.2　神府新民矿区

神府新民矿区（即神东矿区神府区）位于陕西省北部神木县、府谷县境内，在陕北侏罗纪煤田北端，面积约为 2800km²。神府新民矿区含煤地层为中侏罗统延安组，延安组含煤岩系为大型浅水湖泊三角洲沉积，横向变化大，但以可采煤层为特征的垂向层序结构清晰，井田煤系自下而上划分为 5 个中级旋回岩，分别含 5 个煤组，共含 14 层可采煤层，从上至下依次编号为 $1^{-2上}$、$1^{-2}$、$2^{-2上}$、$2^{-2}$、$2^{-2下}$、$3^{-1}$、$4^{-2上}$、$4^{-2}$、$4^{-3}$、$4^{-4}$、$5^{-1}$、$5^{-2}$、$5^{-3}$ 及 $5^{-4}$，主要可采煤层为 $2^{-2}$、$3^{-1}$、$4^{-3}$、$5^{-1}$、$5^{-2}$。

### 1. 主要可采煤层

$3^{-1}$ 号煤层：有效煤质数据 400 余组，焦油产率为 4.1%～15.1%，平均为 9.7%，含油煤数据占 3.8%，高油煤数据占 6.4%，$3^{-1}$ 号煤层属于富油煤类。在西部边界附近，红柳林井田–柠条塔井田–活鸡兔井田一带、东部郭家湾井田分布几处小范围的高油煤区，高油煤范围总计 15.24km²；在北部石圪台井田东边界附近零星分布个别含油煤点；其他地段为富油煤，富油煤面积约 1184.61km²，见图 4.6。

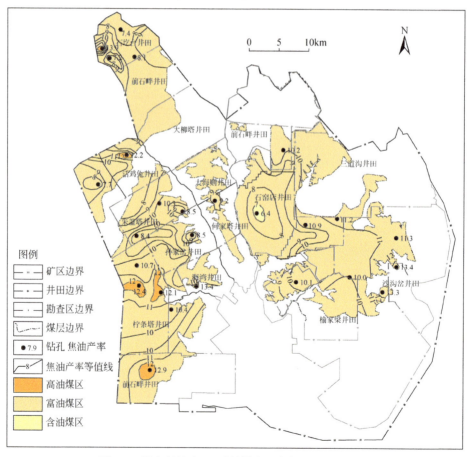

图 4.6　神府新民矿区 $3^{-1}$ 号煤焦油产率等值线平面图

5$^{-2}$号煤层：有效煤质数据 560 余组，焦油产率为 4.2%～14.25%，平均为 8.9%，焦油产率小于等于 7% 和大于 12% 的数据分别为 5% 和 1.7%，属富油煤类。从图 4.7 来看，全区焦油产率值变化不大，大多为 8%～11%，平面上焦油产率等值线的变化规律不十分明显，在矿区北部前石畔井田和大柳塔井田相邻处、东部袁家梁井田东边界附有小片含油煤，含油煤面积约 61.14km；在柠条塔井田、朱盖塔井田、青龙寺井田、红柳林井田等零散分布少量高油煤，高油煤面积约 7.62km²；其他大部分地段为富油煤，富油煤面积约为 1996.91km²。

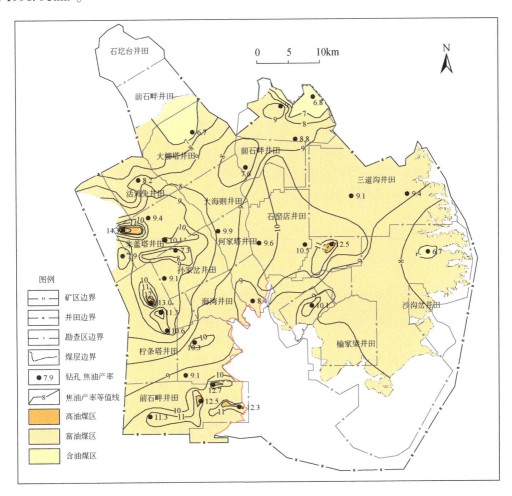

图 4.7　神府新民矿区 5$^{-2}$号煤焦油产率等值线平面图

2$^{-2}$号煤层：有效煤质数据 298 组，焦油产率为 5.8%～18.3%，平均为 9.8%，焦油产率小于等于 7% 的数据占 5%，主要分布在石圪台煤矿北部；焦油产率大于 12% 的数据约占 7%，主要在朱盖塔煤矿和红柳林煤矿小范围内；为富油煤类。

4$^{-3}$号煤层：有效煤质数据 289 组，焦油产率为 3.2%～12.5%，平均为 8.8%，焦油产率小于等于 7% 和大于 12% 的数据分别为 7.6% 和 0.6%，属富油煤类。在沙沟岔和青龙寺等矿区有小面积高油煤；在袁家梁、活鸡兔井田附近有小范围的含油煤。

$5^{-1}$ 号煤层：有效煤质数据173组，焦油产率为1.7%~12.7%，平均为8.6%，焦油产率小于等于7%和大于12%的数据分别为13%和1.1%，属富油煤类。矿区大部地段为富油煤，零星分布两处高油煤区，在袁家梁和孙家岔矿区分布小范围的含油煤。

2. 其他可采煤层

$1^{-2}$ 号煤层：焦油产率为2.3%~11.8%，平均为7.4%，焦油产率小于等于7%的数据点占31%，主要分布在大柳塔井田、石圪台、孙家岔和朱盖塔井田，其余大部地段为富油煤，为富油–含油煤类。

$1^{-2上}$ 号煤层：焦油产率为3.9%~13.7%，平均为6.7%，焦油产率小于等于7%的数据点占67%，全区大部区段为含油煤；仅在活鸡兔、朱盖塔、石圪台及大柳塔井田的小部分区段为富油煤；全区仅有1个数据点的焦油含量大于12%，为富油–含油煤类。

$2^{-2上}$ 号煤层：焦油产率为5.7%~12.3%，平均为8.9%，焦油产率小于等于7%和大于12%的数据点均不超过5%，矿区绝大部分地段为富油煤；在活鸡兔零星分布小范围的高油煤；在石圪台煤矿分布小范围的含油煤，为富油煤类。

$2^{-2下}$ 号煤层：焦油产率为9%~10.9%，平均为9.8%，为富油煤类。

$3^{-2}$ 号煤层：焦油产率为6.2%~12%，平均为7.3%，焦油产率小于等于7%的数据占5.8%，为富油煤类。

$4^{-2上}$ 号煤层：焦油产率为4.9%~12.5%，平均为9.0%，焦油产率小于等于7%和大于12%的数据不足5%，属富油煤类。在活鸡兔等地有零星高油煤，在袁家梁井田附近有小范围含油煤。

$4^{-2}$ 号煤层：焦油产率为3.5%~14.8%，平均为9.9%，焦油产率小于等于7%数据占4.9%，焦油产率大于12%的数据占7.7%，属富油煤类。在柠条塔和青龙寺等矿区有小面积高油煤，在张家峁、石圪台井田附近有小范围含油煤。

$4^{-4}$ 号煤层：焦油产率为4.1%~13%，平均为8.5%，焦油产率小于等于7%和大于12%的数据分别为16%和1.7%，属富油煤类。在张家峁、石窑店、袁家梁等矿区有小面积含油煤，在活鸡兔和红柳林井田个别地段零星分布高油煤。

$5^{-3}$ 号煤层：焦油产率为9.8%~13.4%，平均为9.9%，焦油产率大于12%的数据占15.3%，为富油煤类。绝大部分地段为富油煤，个别地段有小范围高油煤。

# 4.1.3　榆神矿区

榆神矿区位于榆林市神木县、榆阳区界内，在陕北侏罗纪煤田中北部。榆神矿区延安组共含5个煤组，自上而下编号为1~5煤组，含煤层较多。其中主要可采煤层为$2^{-2}$、$3^{-1}$、$4^{-3}$、$5^{-2}$、$5^{-3}$。

1. 主要可采煤层

$2^{-2}$ 号煤层：有效煤质数据300余组，焦油产率为1.6%~15.3%，平均焦油产率为10.35%，其中7%~12%的数据占84%，为富油煤类。该煤层焦油产率等值线规律性不强，总体来看，在柳巷井田–榆树湾井田–小保当井田–尔林兔–锦界北部一带焦油产率较高，向北西、南东两侧有降低趋势，在局部仍有小部分走高趋势，矿区大部地段为富油煤，富油煤面积约 5423.31km²；在榆树湾井田和尔林兔东勘查区处有连片高油煤分布，高油煤面积约 530.11km²；在曹家滩井田南部焦油产率值最大，为 15.3%，在矿区东北部边界处，焦油产率值最小，具体见图 4.8。

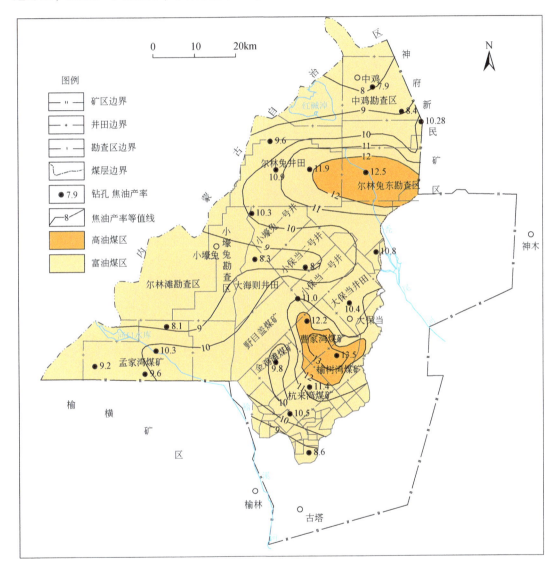

图 4.8 榆神矿区 2⁻² 号煤层焦油产率等值线平面图

5⁻² 号煤层：有效煤质数据 76 组，焦油产率为 5.1%~14.6%，平均为 10.28%，焦油产率小于等于 7% 的数据占 3%，焦油产率大于 12% 的数据占 13%，为富油煤类。仅在矿区西南的常兴井田、中部大保当井田有零星小片高油煤，在东南边界处的凉水井井田–香水河井田一带有连片高油煤，高油煤面积约 504.5km²；其余地段均为富油煤，富油煤面积约8031.47km²，具体见图4.9。

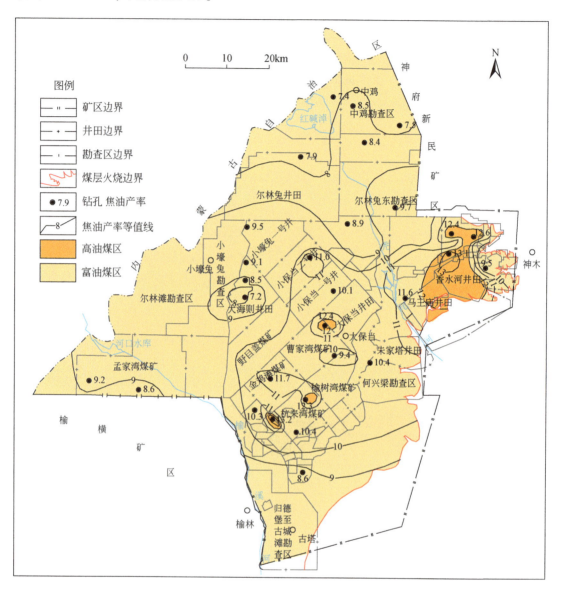

图4.9　榆神矿区5⁻²号煤层焦油产率等值线平面图

　　3⁻¹号煤层：有效煤质数据138组，焦油产率为5.1%～14.5%，平均为10.68%，绝大部分焦油产率为8%～11%，全区大部分地段为富油煤。焦油产率小于等于7%的数据占3%，焦油产率为12%～14.5%的数据约占18%，主要分布在曹家滩井田和何兴梁井田。为富油煤类。

　　4⁻³号煤层：有效煤质数据116组，焦油产率为6.1%～15.5%，平均为10.37%，绝大部分焦油产率为8%～11%，焦油产率小于等于7%数据占5%，分布在井田边界附近；焦油产率大于12%数据占15%，在曹家滩井田处有小面积高油煤区，为富油煤类。

$5^{-3}$号煤层：有效煤质数据155组，焦油产率为6.1%~14%，平均为10.08%，绝大部分焦油产率为9%~11%，焦油产率小于等于7%数据占2%，焦油产率大于12%的数据占17%，为富油煤类。在矿区西南的常兴井田和东南边界处的香水河-凉水井-河兴梁-曹家滩井田有小范围的高油煤区；在小保当煤矿有含油煤零星分布。

2. 其他可采煤层

$1^{-2\text{上}}$号煤层：焦油产率为2.5%~10.8%，平均为7.2%，焦油产率大于7%的数据占58%，在大部地段为富油煤，小部分地段为含油煤，为富油-含油煤类。

$1^{-2}$号煤层：焦油产率为4.4%~12.2%，平均为8.12%，焦油产率小于等于7%的数据占38%、大于12%的数据占6%，因此该煤层在大部地段为富油煤，在小部分地段为含油煤（含油煤主要分布在榆神矿区的北部中鸡勘查区处），极小地段为高油煤（高油煤主要分布在孟家湾和尔林兔等区），为富油-含油煤类。

$2^{-2\text{上}}$号煤层：焦油产率为8%~12.9%，平均为焦油产率为10.1%，焦油产率大于12%的数据占10%，在大部地段为富油煤，在小部分地段为高油煤，高油煤主要分布在金鸡滩井田内，为富油煤类。

$2^{-2\text{下}}$号煤层：焦油产率为7.3%~13.6%，平均为10.6%，焦油产率大于12%的数据占18.9%，主要分布在金鸡滩井田和杭来湾煤矿，为富油煤类。

$4^{-2}$号煤层：焦油产率为6.1%~14.3%，平均为9.9%，全区大部为富油煤，焦油产率值小于等于7%或大于12%的数据占比约为6.8%，为富油煤类。

$4^{-4}$号煤层：焦油产率为6.76%~11.6%，平均为9.35%，焦油产率小于等于7%的数据占6.6%，为富油煤类。

$5^{-1}$号煤层：焦油产率为5.9%~11.4%，平均为9.08%，焦油产率小于等于7%的数据占11%，为富油煤类。

$5^{-2\text{下}}$号煤层：焦油产率为7.1%~14.1%，平均为10.56%，焦油产率大于12%的数据占15%，主要分布在锦界煤矿，为富油煤类。

$5^{-4}$号煤层：焦油产率为5.5%~12.4%，平均为10.6%，焦油产率小于等于7%和大于12%的分别占16%、25%，为富油-高油煤类。

## 4.1.4　榆横矿区

榆横矿区位于陕北榆林市中部，榆林市榆阳区、横山县及靖边县境内，行政区划隶属榆林市榆阳区、横山县、靖边县管辖，居陕北侏罗纪煤田中西部。矿区含煤地层主要为侏罗系中统延安组和瓦窑堡组，共含9层可采煤层，从上向下依次编号为2、3（$2^{-2}$）、$4^{-1}$、$4^{-2}$、5、6、7、8、9号，其中3号煤层为矿区内的主采煤层。

1. 主要可采煤层

3号（$2^{-2}$号）煤层：有效煤质数据88组，焦油产率为6.3%~13.55%，平均为9.5%，绝大部分焦油产率为8.8%~11.9%，焦油产率小于等于7%的数据占1%，焦油产率大于12%的占17%，为富油煤类。总体来看全区大部分地段为富油煤，富油煤面积为 8934.77km²，在矿区北部的雷龙湾–赵石畔勘查区–红石桥井田–横山县波罗–红石桥–十六台勘查区–王家梁勘查区一带，煤层焦油产率高，达到高油煤的级别，高油煤面积为 1268.14km²。由此向南北两侧，焦油含量逐渐降低，在个别地段也有小幅度的升高。焦油产率最大处位于王家梁勘查区北部，最大值为 13.55%；焦油产率最小值在樊家河煤矿附近，焦油产率为 7.95%，具体见图 4.10。

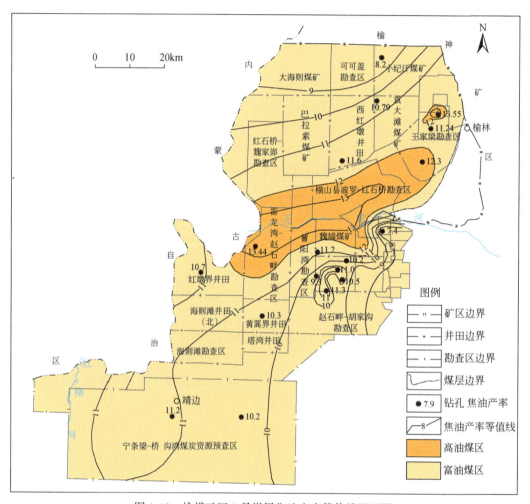

图 4.10　榆横矿区 3 号煤层焦油产率等值线平面图

## 2. 其他可采煤层

2 号煤层：焦油产率为 5.96%～14.54%，平均为 9.3%，绝大部分焦油产率为 8%～11%，焦油产率为 7%～12% 的数据占 86%，为富油煤类。

4⁻¹ 号煤层：焦油产率为 7.6%～13.55%，平均为 10.3%，焦油产率大于 12% 的数据占 15%。全区大部分范围为富油煤，在袁大滩煤矿–王家梁勘查区有小范围高油煤，为富油煤类。

4⁻² 号煤层：焦油产率为 4.6%～14.7%，平均为 9.5%，焦油产率小于等于 7% 的数据占3%，焦油产率大于12%的数据占5%，全区绝大部分区域为富油煤，极个别地段零星有含油煤和高油煤，为富油煤类。

5号煤层：焦油产率为6.8%～13.7%，平均为9.8%，焦油产率小于等于7%的数据占6.6%，焦油产率大于12%的数据占13%，总体上全区大部分区域为富油煤，有小范围的高油煤分布在横山石湾井田一带，为富油煤类。

6号煤层：焦油产率为9.45%～13.4%，平均为11.4%，焦油产率大于12%的数据占20%，全区大部分区域为富油煤，为富油-高油煤类。

7号煤层：焦油产率为6.9%～12.12%，平均为9.6%，焦油产率小于等于7%和大于12%的数据共占7.6%，全区大部分区域为富油煤，为富油煤类。

8号煤层：焦油产率为7.49%～11.5%，平均为9.4%，为富油煤类。

9号煤层：焦油产率为4.6%～11.7%，平均为8.9%，焦油产率小于等于7%的数据占7%，全区大部分区域为富油煤，个别地段为含油煤，为富油煤类。

## 4.2 黄陇侏罗纪煤田

黄陇侏罗纪煤田包括5个矿区，呈北东向分布在宝鸡-黄陵一带，由西南至东北依次为永陇矿区、彬长矿区、旬耀矿区、焦坪矿区和黄陵矿区（图4.11）。

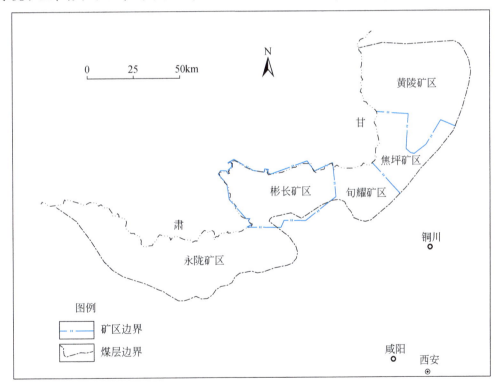

图4.11 黄陇侏罗纪各矿区位置关系图

　　黄陇侏罗纪煤田的主要含煤地层为延安组，延安组含煤 3~8 层，主要可采煤层 1 层，在不同矿区有不同的名称，即黄陵矿区为 2 号煤层、焦坪及旬耀矿区为 $4^{-2}$ 号煤层、彬长矿区为 8 号煤层、永陇矿区为下组煤或 3 号煤层，煤层厚度最大 43.87m。含煤岩系柱状对比见图 4.12，整个煤田研究用煤质数据 2000 余组。

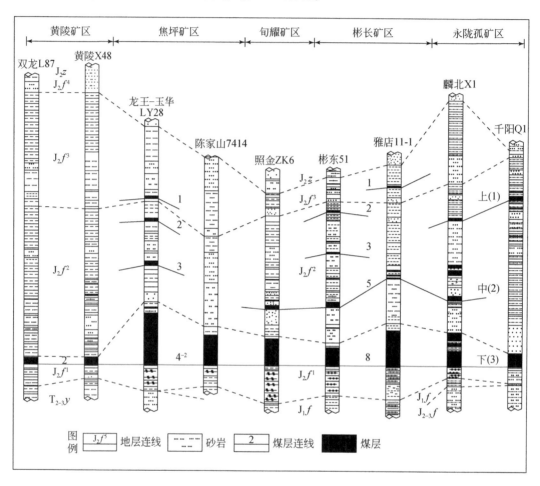

图 4.12　黄陇侏罗纪煤田煤岩系柱状对比图

## 4.2.1　黄陵矿区

　　黄陵矿区位于黄陇侏罗纪煤田的东北部，面积约为 2208km²。黄陵矿区共含 8 层可采煤层，从上向下依次编号为 1、2、3、$3^{-1}$、$3^{-2}$、$3^{-3}$、$4^{-1}$、$4^{-2}$ 号煤层，主采煤层为 2 号煤层。

　　1. 主要可采煤层

　　2 号煤层有效煤质数据共有 383 组，焦油产率为 2.7%~15.15%，平均为 9.7%，焦油产率为 7%~12% 的数据占 83.2%，焦油产率小于等于 7% 和大于 12% 的数据各占 8.9%、

7.9%，为富油煤类。从焦油产率等值线平面图（图4.13）上来看，矿区内绝大部分地段为富油煤，富油煤面积为391.76km²；在黄陵二号井北部–黄陵一号井中部–金穗煤矿一带煤层焦油含量较高，在芦村一号煤矿和党家河煤矿有零星高油煤分布，高油煤面积为7.3km²。含油煤主要分布在矿区南部的建北煤矿、芦村一号煤矿、黄陵二号井和党家河煤矿的小范围内，含油煤面积为29.68km²。

**2. 其他可采煤层**

1号煤层：焦油产率值为8.72%~12.3%，平均为10.7%，焦油产率大于12%的数据占16%，为富油煤类。

3号煤层：焦油产率值为6.83%~16%，平均为10.2%，焦油产率大于12%数据占14%，焦油产率小于7%的数据占5%，全区为富油煤，个别地段为高油煤，为富油煤类。

3⁻¹号煤层：焦油产率值为6.5%~12.1%，平均为8.88%，焦油产率大于12%和小于等于7%的数据各占22%和11%，全区大部地段为富油煤，少数地段为高油煤和含油煤，为富油–高油煤类。

3⁻²号煤层：焦油产率值为6.56%~6.7%，平均为6.63%，为含油煤类。

3⁻³号煤层：焦油产率值为6.9%~11.3%，平均为8.75%，焦油产率小于等于7%的数据占25%，全区大部地段为富油煤，个别地段为含油煤，为富油–含油煤类。

4⁻¹号煤层：焦油产率值为4.13%~11.15%，平均为10.7%，焦油产率小于7%的数据占18%，认为全区为富油煤，个别地段为含油煤，为富油煤类。

4⁻²号煤层：焦油产率值为6.1%~10.7%，平均为8%，焦油产率小于7%的数据占13%，为富油煤类。

## 4.2.2　焦坪矿区

焦坪矿区位于黄陇侏罗纪东北部、北与黄陵矿区毗邻，面积约为1000km²。焦坪矿区延安组赋存1号、2号、3号、3⁻²号、4⁻¹号及4⁻²号煤层。其中，1号煤层不可采，2号、3号、3⁻²号、4⁻¹号煤层局部可采，4⁻²号煤层为主采煤层。

**1. 主要可采煤层**

4⁻²号煤层：有效煤质数据75组，焦油产率为3.75%~12.9%，平均为8.64%，焦油产率为7%~12%的数据占76.9%，小于等于7%的数据占18.4%，为富油煤类。全区大部分地段为富油煤，富油煤面积为252.01km²，仅在转角勘查区南边界附近、冶坪煤矿西南部、崔家沟煤矿南部边界附近、西背塔附近和铜鑫煤矿有少部分地段为含油煤，含油煤面积为22.7km²。在玉华煤矿东北角附近有小范围的高油煤，由单孔控制，具体见图4.14。

**2. 其他可采煤层**

2号煤层：焦油产率为3.6%~10.73%，平均为7.58%，其中焦油产率大于7%的数据占70%。该煤层大部分为富油煤，小部分为含油煤，为富油–含油煤类。

3号煤层：焦油产率为3.6%~10.73%，平均为7.14%，其中焦油产率大于7%的数

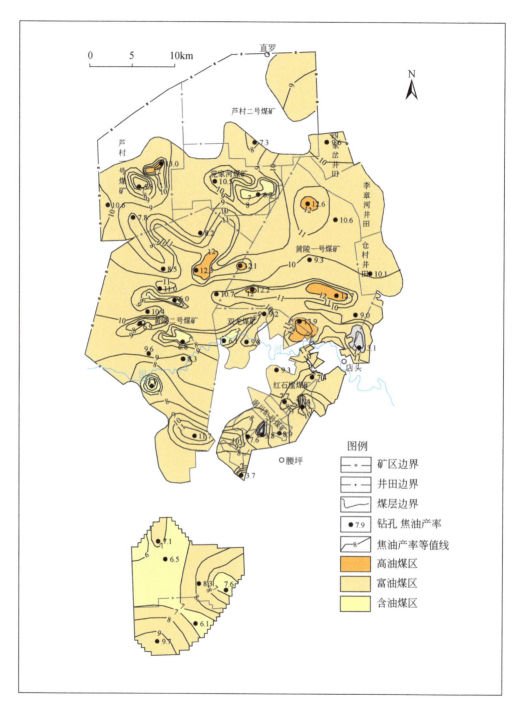

图 4.13　黄陵矿区 2 号煤层焦油产率等值线平面图

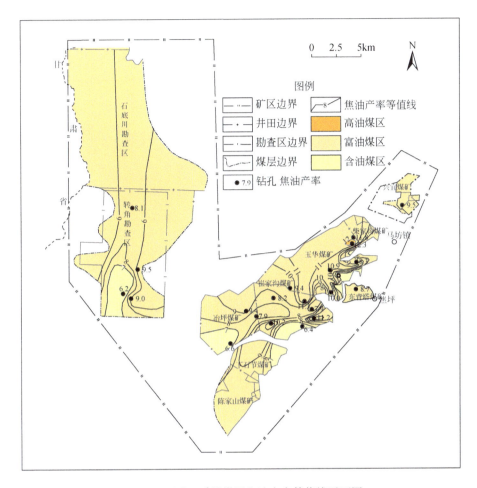

图 4.14　焦坪 4$^{-2}$ 号煤层焦油产率等值线平面图

据占 46%。该煤层大部分为含油煤，小部分为富油煤，富油煤主要集中在冶坪煤矿东部–崔家沟煤矿–玉华煤矿一带，为富油–含油煤类。

3$^{-2}$ 号煤层：焦油产率为 5.9%~6.5%，平均为 6.2%，为含油煤类。

## 4.2.3　旬耀矿区

旬耀矿区位于黄陇侏罗纪的中东部，面积约为 800km$^2$，矿区延安组地层共含煤 4 层，从上到下编号为 2、3、4$^{-1}$、4$^{-2}$ 号煤层。其中 2 号煤层为不可采煤层，4$^{-2}$ 号煤层为主要可采煤层。

### 1. 主要可采煤层

4$^{-2}$ 号煤层：有效煤质数据 156 组，焦油产率为 3.9%~11.8%，平均为 7.2%，其中小于等于 7% 的数据占 43%。富油煤在井田中主要分布在西川煤矿–老庄子井田–乔儿沟井田–小寺子井田–焦家河勘查区–清源煤矿–照金煤矿–秀房沟煤矿近似"V"形连线上，富油煤的面积约为 70.1km$^2$，约占总面积的 20%；其余均为含油煤，面积约为 282.72km$^2$。矿区内焦油产率最高处位于小寺子井田南部，最大焦油产率 11.8%；煤焦油产率最低值位于职田勘查区内，焦油产率为 3.9%。为富油–含油煤类，见图 4.15。

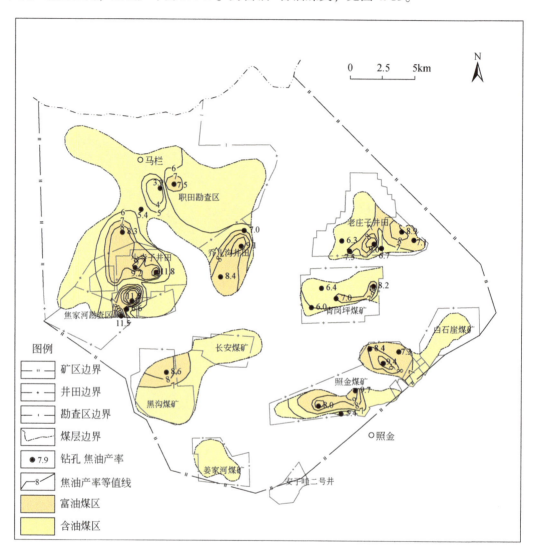

图 4.15　旬耀矿区 4$^{-2}$ 号煤层焦油产率等值线平面图

**2. 其他可采煤层**

3 号煤层：焦油产率为 5.1%～12.1%，平均为 7.0%，其中富油煤与含油煤的数据各占 50%，为富油–含油煤类。

4$^{-1}$ 号煤层：焦油产率为 3.3%～11.15%，平均为 6.64%，其中小于等于 7% 的数据占 41%，为富油–含油煤类。

## 4.2.4 彬长矿区

彬长矿区位于黄陇侏罗纪煤田中西部，面积约为 1643km²，彬长矿区含有可采煤层 9 层，自上而下编号分别为 1、2、3、4$^{上-1}$、4$^{上-2}$、4$^{-1}$、4、4$^{下}$、4$^{-3}$，1、2、3 号煤层赋存于延安组第一段，4$^{上-1}$、4$^{上-2}$ 煤层赋存于延安组第二段，4$^{-1}$、4、4$^{下}$、4$^{-3}$ 赋存于延安组第三段。其中 4$^{上-1}$、4$^{上-2}$、4 号煤层是矿区主要可采煤层。

1. 主要可采煤层

4 号煤层：有效煤质数据 667 组，焦油产率为 3.6%~11.8%，平均为 7.37%，其中焦油产率大于 7% 的数据占 59%，为富油-含油煤类。矿区东南部和西部焦油产率较低为含油煤；在矿区中部的孟村-亭南煤矿一带、中东部的文家坡-雅店一带焦油产率也较低，为含油煤，含油煤面积为 423.31km²；在矿区中西部大部地段焦油产率略高，是富油煤，富油煤面积为 339.7km²；矿区内无高油煤，具体见图 4.16。

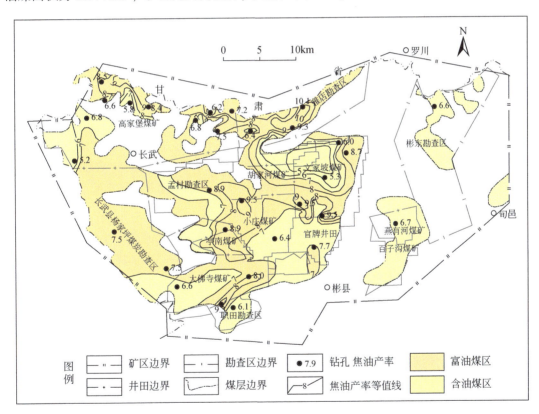

图 4.16　彬长矿区 4 号煤层焦油产率等值线平面图

4$^{上-1}$ 号煤层：数据主要集中在高家堡和大佛寺井田，焦油产率为 5.5%~9.7%，平均为 8.04%，其中焦油产率大于 7% 的数据占 75%，大部地段为富油煤，为富油-含油煤类。

4$^{上-2}$ 号煤层：焦油产率为 3.55%~10.9%，平均为 7.79%，其中焦油产率大于 7% 的数据占 79%。全区大部地段为富油煤,小部地段为含油煤,为富油-含油煤类。

2. 其他可采煤层

1 号煤层:焦油产率为 3.2%～10.5%,平均为 6.4%,其中焦油产率大于 7% 的数据占 50%,主要集中在文字坡、雅店一带,为富油-含油煤类。

2 号煤层:焦油产率为 4.3%～9.2%,平均为 6.8%,其中焦油产率大于 7% 的数据约占 50%,为富油-含油煤类。

3 号煤层:焦油产率为 3.8%～9.7%,平均为 6.9%,其中焦油产率大于 7% 的数据占 51%,为富油-含油煤类。

$4^{-1}$ 号煤层:焦油产率为 6.6%～8.3%,平均为 7.45%,富油煤与含油煤各占一半,为富油-含油煤类。

$4^{下}$ 号煤层:焦油产率为 2%～9.1%,平均为 7.01%,焦油产率大于 7% 的数据占 74%,为富油-含油煤类。

## 4.2.5  永陇矿区

永陇矿区位于黄陇侏罗纪煤田西部,面积约为 3600km²,矿区可采煤层 5 层,自上而下编号分别为 $2^{-1}$、$2^{-2}$、$2^{-3}$、3、$3^{-1}$,其中 3 号煤层是主要可采煤层。

1. 主要可采煤层

3 号煤层:有效煤质数据 220 组,焦油产率为 1%～12.1%,平均为 7.6%;矿区焦油产率小于等于 7% 的数据占 34%,大于 12% 的数据占比不足 1%,属于富油-含油煤类。从图 4.17 可以看出,含油煤主要分布在矿区南部和北部边界附近,含油煤面积约为 128.3km²,矿区中部焦油产率相对较高,为富油煤区,富油煤面积约为 270.5km²。

2. 其他可采煤层

$2^{-1}$ 号煤层:焦油产率为 1.3%～12.3%,平均为 7.36%,焦油产率小于等于 7% 和大于 12% 的数据各占 35% 和 2%,全区富油煤大部地段为富油煤,含油煤占小部分,高油煤零星分布,为富油-含油煤类。

$2^{-2}$ 号煤层:焦油产率为 4.3%～9.5%,平均为 7.3%,焦油产率小于等于 7% 的数据占 30%,全区大部分地段为富油煤,在李家河矿区和丈八井田有部分地段为含油煤,为富油-含油煤类。

$2^{-3}$ 号煤层:焦油产率为 4%～10.6%,平均为 7.7%,焦油产率小于等于 7% 的数据占 29%,大部分地段为富油煤,在郭家河煤矿、崔木煤矿有部分地段为含油煤,为富油-含油煤类。

$3^{-1}$ 号煤层:焦油产率为 1.5%～11.7%,平均为 7.76%,焦油产率小于等于 7% 的数据占 25%,全区大部分地段为富油煤,在李家河、园子沟煤矿有部分地段为含油煤,为富油-含油煤类。

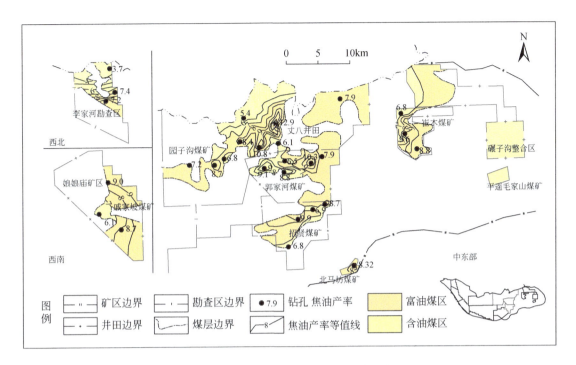

图 4.17 永陇矿区 3 号煤层焦油产率等值线平面

# 4.3　陕北三叠纪煤田

陕北三叠纪煤田仅有一个矿区—子长矿区，位于子长县，呈南北向矩形分布，面积约为 9900km$^2$（矿业权设置方案和矿产资源利用现状调查等成果中，由于各项工作的任务和目的意义不同，对矿区范围界定略有出入），子长矿区位陕北三叠纪煤田的东北部，具体见图 4.18。

三叠纪煤田内有 13 层具有对比意义的煤层，从上至下依次编号为 5$^{上}$、5$^{中}$、5、5$^{-1}$、4、4$^{-1}$、3$^{上}$、3、3$^{-1}$、3$^{-2}$、3$^{-3}$、2、1，其中主要可采煤层为 5 号煤层和 3 号煤层。在垂向上，瓦窑堡组煤层累加厚度、含煤率及含煤系数均表现为第 4 段最好，第 3 段次之，第 1、2 段较差，煤层对比情况见图 4.19。

1. 主要可采煤层

3 号煤层：有效煤质数据 52 组，焦油产率为 8%～15.5%，平均为 11.75%，焦油产率在 8%～12% 的数据占比约为 50%，为富油-高油煤类。3 号煤层的焦油产率在矿区南部低，北部高。在矿区偏南部贯屯煤矿-车村煤矿-中庄井田-余家崾设置区-羊马河井田-泰丰煤矿连线以南焦油产率较低，为富油煤；在矿区西北部的王家崾勘查区、沈石畔勘探区附近一带焦油产率略低，为富油煤，富油煤面积约为 2781.4km$^2$；其他区为高油煤，高油煤面积约为 4586.1km$^2$；焦油产率最高点位于涧浴岔勘查区中部，最高值为 15.5%，具体

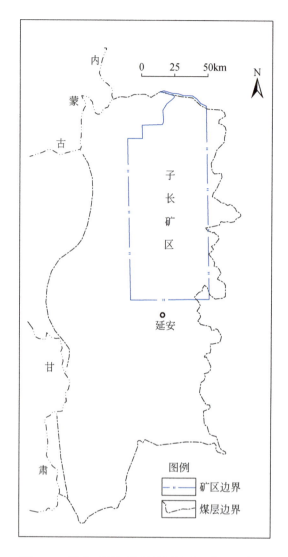

图4.18　陕北三叠纪煤田及子长矿区位置示意图

见图 4.20。

　　5 号煤层：由 82 组数据点控制，焦油产率为 7.1%～16.39%，平均为 11.97%，焦油产率值大于 12% 的数据占 60%，为富油-高油煤类。在矿区北部、东部和南部边界一带焦油产率值为 7.1%～12.0%，为富油煤，富油煤的面积约为 517.8km²，占矿区面积的 1/6；在矿区中部绝大部分地段为高油煤，高油煤面积约为 1703.3km²，焦油产率最高的地段位于中庄井田和永兴煤矿一带，具体见图 4.21。

　　2. 其他可采煤层

　　1 号煤层：焦油产率为 8.9%～12.0%，平均为 10.15%，为富油煤类。

　　2 号煤层：焦油产率为 7.73%～14.42%，平均为 10.43%，焦油产率值大于 12% 的数

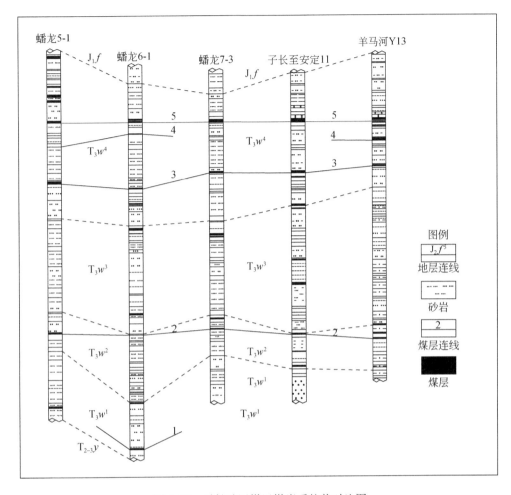

图 4.19　子长矿区煤田煤岩系柱状对比图

据占 25% ，大部分地段为富油煤，为富油–高油煤类。

3$^{-1}$ 号煤层：焦油产率为 5.3%~13.07% ，平均为 9.28% ，焦油产率值小于等于 7% 和大于 12% 的数据不足 14% ，矿区大部分地段为富油煤，为富油煤类。

3$^{-2}$ 号煤层：焦油产率为 8.7%~15.8% ，平均为 11.78% ，焦油产率值大于 12% 的数据占 33% ，为富油–高油煤类。

4 号煤层：焦油产率为 6.9%~12.05% ，平均为 10.25% ，焦油产率值大于 12% 和小于等于 7% 的数据占比小于 20% ，为富油煤类。

5$^{上}$ 号煤层：焦油产率为 8.2%~8.8% ，平均为 8.5% ，为富油煤类。

5$^{-1}$ 号煤层：焦油产率为 8.77%~9.7% ，平均为 9.23% ，为富油煤类。

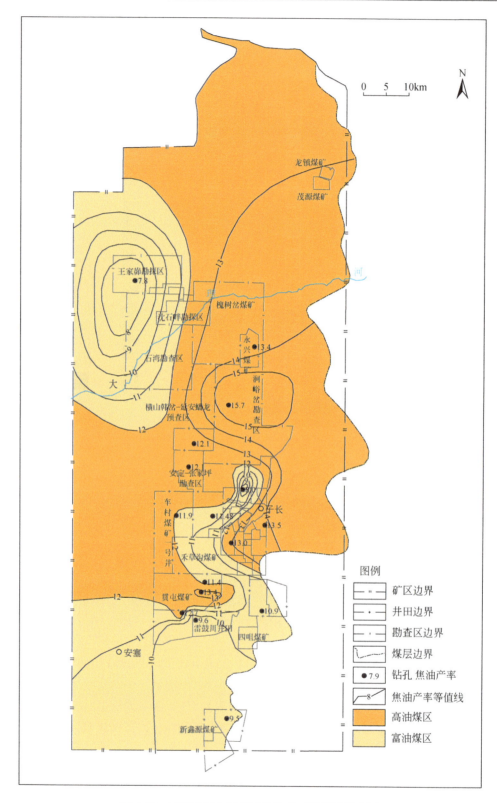

图 4.20　子长矿区 3 号煤层焦油产率等值线平面图

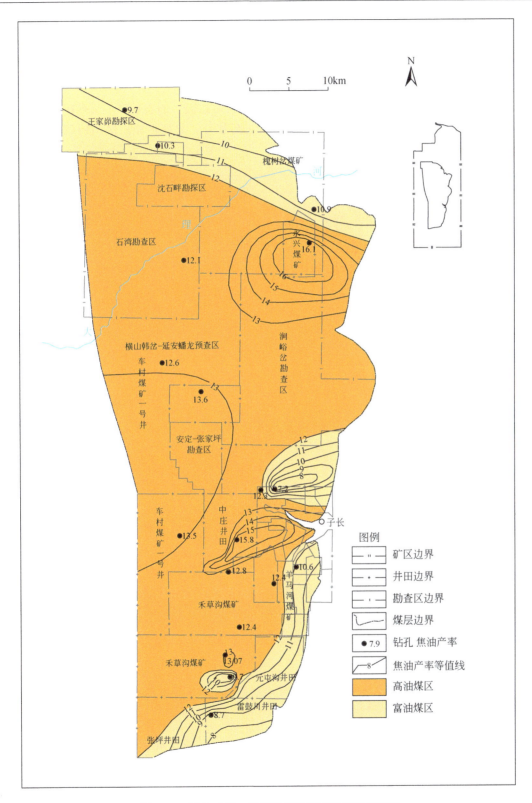

图4.21 子长矿区5号煤层焦油产率等值线平面图

# 4.4 陕北石炭–二叠纪煤田

陕北石炭–二叠纪煤田范围内共有 3 个矿区（古城矿区、府谷矿区、吴堡矿区），由北往南呈条带状分布，中间受黄河阻断，分为南北两部分，北部古城矿区与府谷矿区相连，南部吴堡矿区独立（图 4.22）。

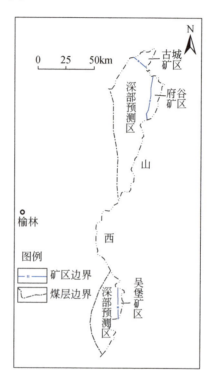

图 4.22　陕北石炭–二叠纪煤田矿区相对位置示意图

陕北石炭–二叠纪煤田主要含煤地层为二叠系下统山西组和石炭系上统太原组，含煤层 1~17 层，主要可采煤层 1~9 层，可以对比的煤层为 4 煤层 $[S_1$（4 煤）、$T_1$、$T_1^{上}$、$T_3$（$9^{-1}$）]（图 4.23）。矿区共利用煤质数据 300 余组，数据点分布在矿区浅部资源范围内，未涉及深部预测资源区。

## 4.4.1 古城矿区

古城矿区位于整个陕北石炭–二叠纪煤田的北部，西部与庙啥孤矿区相邻，面积约为 319km²。古城矿区共含煤层 4~12 层，具有对比意义的 5 层，其中可采煤层有 3 层，分别为 4 号、8 号、$9^{-1}$ 号煤层。

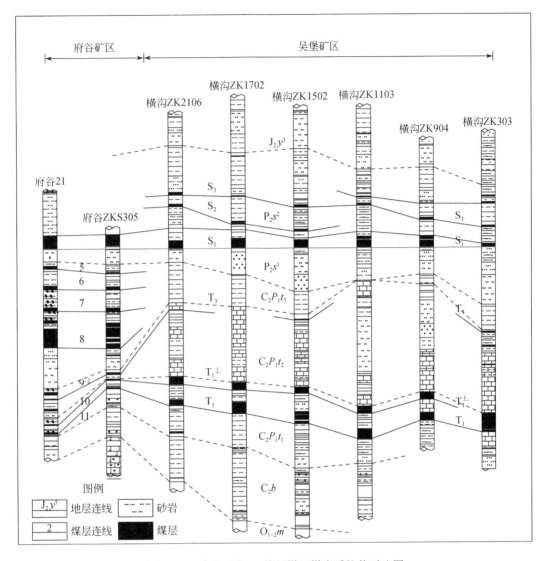

图 4.23　陕北石炭-二叠纪煤田煤岩系柱状对比图

4 号煤层：有效煤质数据 26 组，焦油产率为 4.10% ~ 13.60%，平均为 9.12%。其中焦油产率为 7% ~ 12% 的占 43.1%，焦油产率小于等于 7% 的占 27.6%，焦油产率大于 12% 的占 29.3%，本煤层为混合类。矿区内焦油产率值跨度较大，呈中低外高的特征，在古城二号井田中部呈倒"7"字形态分布小面积含油煤，在古城二号井田东南角分布小范围的含油煤，含油煤面积共 18.22km²；在古城一、二号井田零星分布几处高油煤；其余大部分区域为富油煤，富油煤面积约为 136.34km²，具体见图 4.24。

8 号煤层：有效煤质数据 26 组，焦油产率为 4.30% ~ 13.70%，平均为 9.08%。其中焦油产率为 7% ~ 12% 的占 76.8%，焦油产率小于等于 7% 的占 16.6%，焦油产率大于 12% 的占 6.6%，为富油煤类。与 4 号煤层一样，8 号煤层的焦油产率值变化也较大，总

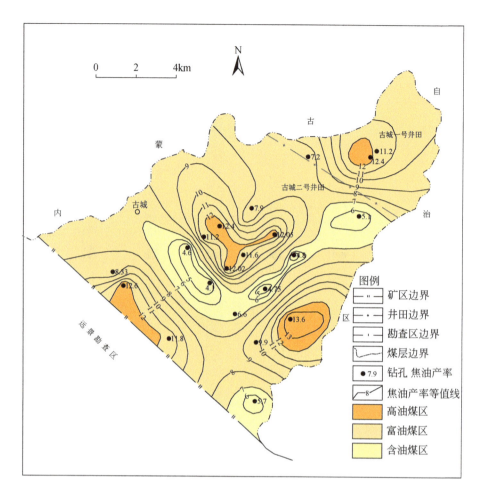

图 4.24　古城矿区 4 号煤层焦油产率等值线平面图

体呈中低外高的特征，但规律性不甚明显。全区大部分地段为富油煤，富油煤面积约为
129.1km²；在古城二号井田中部有呈倒"凹"字形态的一片含油煤，含油煤面积约为
26km²；在该含油煤条带两侧向内和向外焦油产率均有逐渐增大的趋势，在古城二号井田
西部边界和井田中心处零星分布 5 处小面积高油煤，具体见图 4.25。

　　9⁻¹号煤层：焦油产率为 5.30% ~ 13.40%，焦油产率平均为 11.43%。其中焦油产率
为 7% ~ 12% 的占 34.3%，焦油产率小于等于 7% 的占 65.7%，焦油产率大于 12% 的占
6.6%，为富油–含油煤类。区内 9⁻¹号煤层焦油产率值变化较大，总体呈西高东低的特征，
变化趋势明显。矿区西北部为高油煤，范围约占含煤区的 30%；中部大部分地区为富油
煤，范围约占 50%；矿区南部一隅分布含油煤，范围约占含煤区的 20%。

## 4.4.2　府谷矿区

　　府谷矿区在陕北石炭–二叠纪中部，面积约为 240km²。矿区共含煤 5 ~ 15 层，可采煤

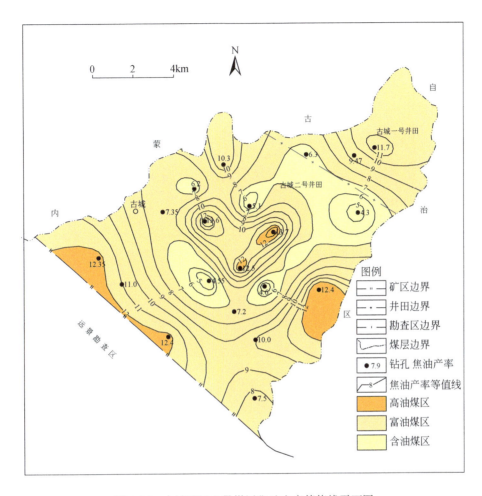

图4.25 古城矿区8号煤层焦油产率等值线平面图

层达12层，分别为2、3、4、5、6、7、8、9$^{-1}$、9$^{-2}$、10$^{-1}$、10$^{-2}$和11号煤层。主要可采煤层为产于山西组的4号煤层。

1. 主要可采煤层

4号煤层：有效煤质数据88组，焦油产率为5.1%～14.8%，平均为9.04%。焦油产率为7%～12%之间的数据占89.8%，为富油煤类。焦油产率总体呈南高北低的特征，但规律性不甚明显。区内大部分为富油煤分布区，富油煤面积约为195.7km$^2$；高油煤仅在冯家塔煤矿中部和沙川沟小区南部小范围分布，高油煤面积约为9.1km$^2$；含油煤主要在段寨井田东部和西王寨井田内小范围分布，含油煤面积约为12.58km$^2$（图4.26）。

2. 其他可采煤层

3号煤层：焦油产率值为2.5%～14.3%，平均为8.56%，焦油产率为7%～12%的数据占70.5%，焦油产率小于等于7%的数据占25%，焦油产率大于12%的占4.5%，为富油-含油煤类。焦油产率没有明显的变化规律，区内大部分为富油煤分布区，富油煤面积

图 4.26　府谷矿区 4 号煤层焦油产率等值线平面图

约为 201.1km²；高油煤仅在段寨井田东部和沙川沟井田中部零星分布；含油煤主要分布在矿区北部的段寨井田内，占据段寨井田北部大部区域，在南部冯家塔煤矿也有零星分布，含油煤面积约为 24.5km²（图 4.27）。

2 号煤层：仅分布在冯家塔煤矿和海则庙煤矿，焦油产率为 8.0% ~ 13.20%，平均值为 10.38%，焦油产率为 7% ~ 12% 的数据占 84.2%，为富油煤类。焦油产率等值线总体呈东南高西北低的特征，大部分地段为富油煤，高油煤仅零星分布。

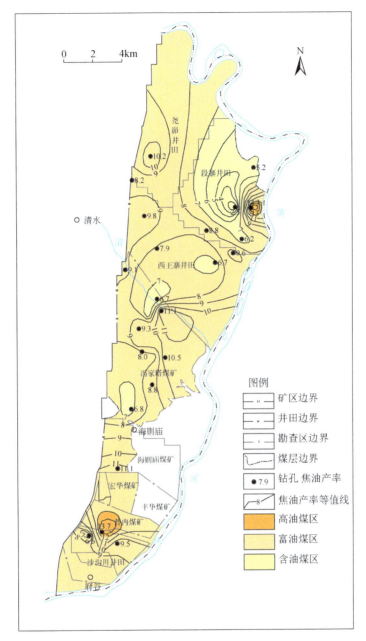

图 4.27　府谷矿区 3 号煤层焦油产率等值线平面图

5 号煤层：焦油产率为 8.4% ~ 15.8%，大部分为富油煤，小部分为高油煤，高油煤主要在冯家塔、西王寨、海则庙一带零散分布，焦油产率大于 12% 的数据占比不足 20%，为富油煤类。

6 号煤层：焦油产率为 6.6% ~ 14.2%，以富油煤为主，少量高油煤，高油煤主要在海则庙、沙沟川一带零散分布，含油煤占比为 5%，高油煤占比约为 20%，为富油-高油煤类。

7 号煤层：焦油产率为 5.3%～15.4%，以富油煤为主，少量高油煤，高油煤主要在沙沟川一带，含油煤占 8%，高油煤占比约为 21%，为富油–高油煤类。

8 号煤层：焦油产率为 4.5%～15.3%，以富油煤为主，少量含油煤，含油煤主要分布在冯家塔、尧峁和海则庙井田一带，高油煤在海则庙和沙川沟井田零星分布，焦油产率小于等于 7% 的数据占 32%，为富油–含油煤类。

9$^{-1}$ 号煤层：焦油产率为 2.7%～14.3%，以富油煤为主，少量含油煤，含油煤主要分布在冯家塔、段寨井田和海则庙井田一带，高油煤在沙川沟井田零星分布，焦油产率小于等于 7% 的数据占 26%，焦油产率为 7%～12% 的数据占 73%，为富油–含油煤类。

10$^{-1}$ 号煤层：焦油产率为 3.5%～14.1%，以富油煤为主，少量含油煤，含油煤主要分布在冯家塔、段寨井田、西王寨和尧峁井田一带，焦油产率小于等于 7% 的数据占 34%，焦油产率为 7%～12% 的数据占 63%，为富油–含油煤类。

11 号煤层：焦油产率为 5.1%～12.2%，以富油煤为主，少量含油煤，含油煤主要分布在段寨井田和尧峁井田一带，焦油产率小于等于 7% 的数据占 24%，焦油产率为 7%～12% 的数据占 71%，为富油–含油煤类。

## 4.4.3　吴堡矿区

吴堡矿区位于陕北石炭二叠纪煤田南部，面积约为 95km$^2$。矿区共含煤层 5～16 层，具有对比意义的共 9 层，其中可采煤层 6 层，即 $S_3$、$S_2$、$S_1$、$T_3$、$T_1^{\pm}$ 及 $T_1$ 号煤层。吴堡矿区利用焦油产率数据 100 余组，获得各煤层焦油产率分布特征。

$S_3$ 号煤层：焦油产率为 3.5%～9.4%，焦油产率值为 7%～12% 的数据占 73%，为富油–含油煤类。焦油产率分布呈南低北高的特征，富油煤分布在横沟井田北部及中东部的局部地区，面积约占所有含煤区的 60%；含油煤分布在柳壕沟井田和横沟井田南部地区。

$S_2$ 号煤层：焦油产率为 3.3%～9.7%，焦油产率小于等于 7% 的数据占 41.6%，焦油产率值为 7%～12% 的数据占 58.4%，为富油–含油煤类。焦油产率分布总体呈南低北高的特征，富油煤分布在横沟井田北部及中西部地区，面积约占所有含煤区的 50%；含油煤分布在柳壕沟井田和横沟井田南部、中部局部地区。

$S_1$ 号煤层：焦油产率为 4.3%～10.6%，焦油产率值为 7%～12% 的数据占 41.1%，为富油–含油煤类。焦油产率南低北高，但规律性不甚明显。富油煤分布在横沟井田北部及东部地区；含油煤分布在柳壕沟井田和横沟井田南部及西部地区，总体上含油煤分布面积更广（图 4.28）。

$T_3$ 号煤层：焦油产率为 5.6%～9.4%，焦油产率值为 7%～12% 的数据占 33%，为富油–含油煤类。焦油产率呈东高西低的特征，绝大部分地区为含油煤，富油煤仅在横沟井田东部的局部地区分布。

$T_1^{\pm}$ 号煤层：焦油产率为 4.6%～7.9%，焦油产率小于等于 7% 的数据占 83%，焦油产率值呈中高外低的特征，绝大部分区域为含油煤，富油煤仅在横沟井田中部零星分布。为含油煤类。

$T_1$ 号煤层：焦油产率为 3.0%～9.4%，焦油产率小于等于 7% 的数据占 81.5%，焦油

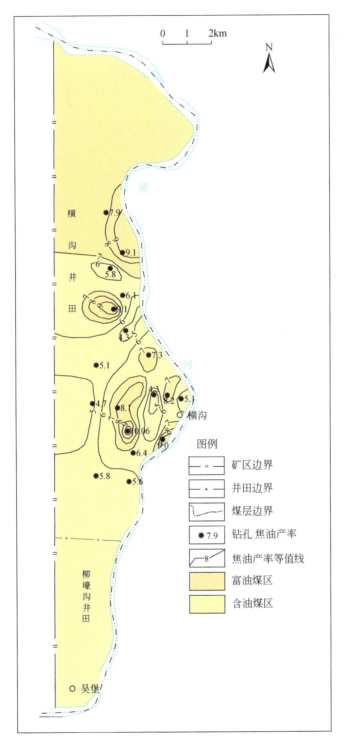

图 4.28  吴堡矿区 $S_1$ 号煤层焦油产率等值线平面图

产率值呈东高西低的特征。绝大部分分布含油煤,富油煤主要分布在横沟井田东部极小范围内。为含油煤类(图4.29)。

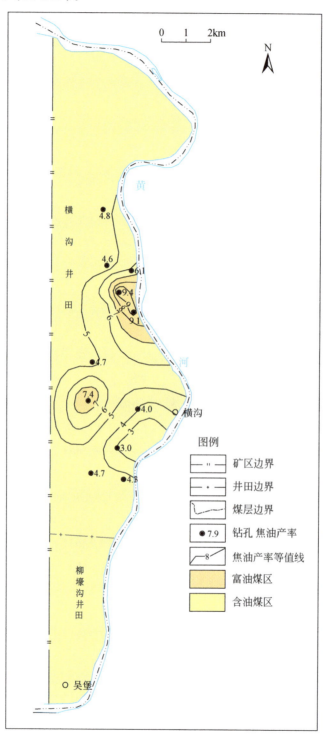

图4.29 吴堡矿区 $T_1$ 号煤层焦油产率等值线平面图

# 4.5 渭北石炭-二叠纪煤田

在渭北石炭-二叠纪煤田范围内共有 4 个矿区，由西向东呈条带状分布于铜川-韩城一带，依次为铜川矿区、蒲白矿区、澄合矿区、韩城矿区（图4.30）；韩城矿区位于渭北石炭-二叠纪煤田最东北部，面积约为 1100km²；澄合矿区位于煤田中东部，东邻韩城矿区，面积约为 932km²；蒲白矿区位于煤田中西部，面积约为 850km²；铜川矿区位于煤田西部，东与蒲白矿区相接，面积约为 1430km²。

图4.30 渭北石炭-二叠纪煤田矿区相对位置示意图

渭北石炭-二叠纪煤田主要含煤地层为二叠系下统山西组和石炭系上统太原组，区内 10 层具有对比意义的煤层从上至下依次编号为 2、3、4、5、5⁻¹、6、7、9、10、11，其中可采煤层为 3、5、10、11 号（图4.31）。

渭北石炭-二叠纪煤田主要可采煤层 3、5、10、11 号煤层的焦油产率情况如下所示。

3 号煤层焦油产率为 0.3%~4.8%，平均为 1.7%，为含油煤类。

5 号煤层焦油产率为 0.78%~4.6%，平均为 2.1%，为含油煤类。

10 号煤层焦油产率为 0.6%~3.2%，平均为 1.2%，为含油煤类。

11 号煤层焦油产率为 0.73%~2.6%，平均为 1.5%，为含油煤类。

现有资料显示渭北石炭-二叠纪煤田内各煤层焦油产率值均小于 7%（图4.32）。

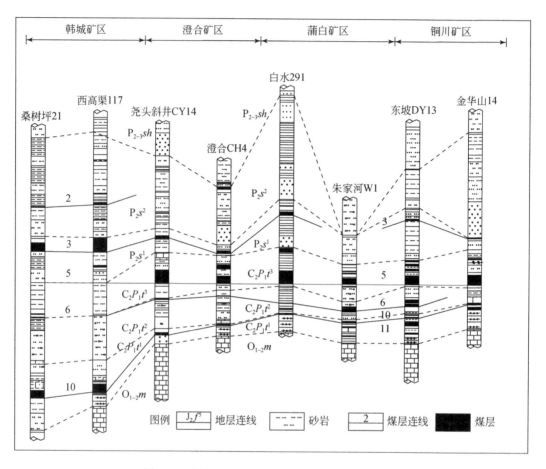

图 4.31　渭北石炭–二叠纪煤田煤岩系柱状对比图

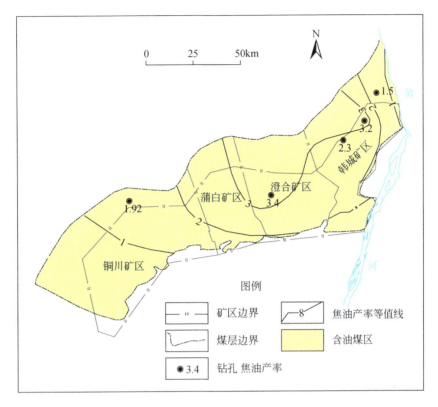

图 4.32  渭北石炭-二叠纪煤田范围焦油产率等值线平面图

# 4.6  本 章 小 结

本章以煤质数据为基础,根据陕西省五大煤田 17 个矿区焦油产率样本数及不同焦油样本占比,划分了五大煤田 17 个矿区富油煤类型:其中富油煤类矿区 6 个(庙哈孤矿区、神府新民矿区、榆神矿区、榆横矿区,黄陵矿区和府谷矿区),富油-高油煤类 1 个(子长矿区),富油-含油煤类矿区 5 个(焦坪矿区、旬耀矿区、彬长矿区、永陇矿区、吴堡矿区),含油煤类矿区 4 个(渭北石炭-二叠纪煤田韩城矿区、蒲白矿区、澄合矿区、铜川矿区),混合类矿区 1 个(古城矿区)。

按照矿区富油煤类型划分标准,对矿区各个煤层分别进行了焦油类型划分。

# 5 陕西富油煤资源量

## 5.1 富油煤资源量估算方法

### 5.1.1 资源量估算

煤炭资源量估算。依据《矿产地质勘查规范 煤》（DZ/T 0215—2020），资源量估算工业指标有以下四项：最低煤层厚度为 0.8m、最高灰分为 40%、发热量大于 17MJ/kg、硫分小于 3%。因此，在对资源量估算时对工作块段面积、平均厚度、视密度及可采边界线、压覆边界线等各类边界的确定均应与各核查单元成果资料保持一致。当煤层倾角小于 15°时，采用测定的水平投影面积直接估算资源储量，其估算公式为

$$Q = S \times M \times d \tag{5-1}$$

式中，$Q$ 为煤层块段资源储量，千 t；$S$ 为块段面积，$km^2$；$M$ 为块段煤层平均厚度，m；$d$ 为煤层平均视密度，$t/m^3$。资源储量估算结果以千 t 为单位。

当煤层倾角大于 15°，小于 60°时，则需要将平面积换算成斜面积。其估算公式为

$$S = S_1 \times 1/\cos\alpha \tag{5-2}$$

式中，$S_1$ 为斜面积，$m^2$；$S$ 为水平投影面积，$m^2$；$\alpha$ 为煤层倾角，（°）。

富油煤资源量估算以 2012 年全省煤炭矿产资源利用现状调查中储量核查成果为基础，根据近几年经评审备案的储量估算成果进行更新。本次原则上沿用核查成果，仅根据富油煤分布范围对原块段进行切割分区，利用面积占比进行储量分类统计。

富油煤资源量估算根据收集到的样品点焦油产率，分煤层绘制各矿区焦油产率等值线平面图，以焦油产率为 7% 和 12% 的等值线对原有储量核实单元进行分割，以富油煤和高油煤所占资源区块的面积比与整个资源量块段进行乘积，然后将各个区块资源量累加。其算法为

$$Q_{富n} = Q * S_富/S \tag{5-3}$$

式中，$Q$ 为煤层块段资源储量，千 t；$Q_{富n}$ 为第 $n$ 块富油煤的块段资源储量，千 t；$S_富$ 为资源量计算块段内富油煤的面积，$km^2$；$S$ 为资源量计算块段内煤的面积，$km^2$；$Q_富$ 为研究范围内某煤层富油煤的块段资源储量，千 t。

$$Q_富 = \sum_1^n Q_{富n} \tag{5-4}$$

表 5.1 统计了陕西省 17 个煤矿区富（高）油煤分布面积及资源量。

表 5.1 富油资源量统计表

| 矿区 | 高油煤资源情况 | | 富油煤资源情况 | | 含油煤资源情况 | | 富油（+高油）煤资源情况小计 | |
|---|---|---|---|---|---|---|---|---|
| | 面积/km² | 资源量/千 t | 面积/km² | 资源量/千 t | 面积/km² | 资源量/千 t | 面积/km² | 资源量/千 t |
| 庙哈孤矿区 | 0.23 | 17796 | 86.78 | 501355 | 1.97 | 7330 | 87.01 | 519151 |
| 神府新民矿区 | 7.26 | 714033 | 1996.91 | 23490224 | 61.14 | 621114 | 2004.17 | 24204257 |
| 榆神矿区 | 504.50 | 6286356 | 8031.47 | 50961632 | 12.61 | 30947 | 8535.97 | 57247988 |
| 榆横矿区 | 1268.14 | 4066021 | 8934.77 | 43933904 | 0 | 0 | 10202.91 | 47999925 |
| 黄陵矿区 | 7.30 | 62274 | 391.76 | 2259548 | 29.68 | 216147 | 399.06 | 2321822 |
| 焦坪矿区 | 0.51 | 84827 | 252.01 | 1361681 | 22.70 | 129261 | 252.52 | 1446508 |
| 旬耀矿区 | 0 | 0 | 282.72 | 450293 | 282.72 | 1046088 | 282.72 | 450293 |
| 彬长矿区 | 0 | 0 | 339.70 | 5047435 | 120.27 | 3088519 | 339.70 | 5047435 |
| 永陇矿区 | 0 | 0 | 270.00 | 2203094 | 292.89 | 620171 | 270.00 | 2203094 |
| 子长矿区 | 4586.10 | 2636924 | 2781.40 | 1036986 | 0 | 0 | 7367.50 | 3673910 |
| 古城矿区 | 6.20 | 240394 | 136.34 | 3148046 | 18.22 | 809011 | 142.54 | 3388440 |
| 府谷矿区 | 1.60 | 126642 | 201.10 | 6118990 | 24.50 | 107158 | 202.70 | 6245632 |
| 吴堡矿区 | 0 | 0 | 16.60 | 316190 | 42.78 | 1310890 | 16.60 | 316190 |
| 韩城矿区 | 0 | 0 | 0 | 0 | 1100 | 3202315 | 0 | 0 |
| 澄合矿区 | 0 | 0 | 0 | 0 | 932 | 3400262 | 0 | 0 |
| 蒲白矿区 | 0 | 0 | 0 | 0 | 850 | 803310 | 0 | 0 |
| 铜川矿区 | 0 | 0 | 0 | 0 | 1430 | 1200113 | 0 | 0 |
| 合计 | 6381.84 | 14235267 | 23721.56 | 140829378 | 5221.48 | 16592636 | 30103.40 | 155064645 |

## 5.1.2 富油煤控制程度评价

根据中华人民共和国地质矿产行业标准——《矿产地质勘查规范 煤》（DZ/T 0215—2020）中的规定，可知以下几点。

（1）煤层构造复杂程度和煤层稳定程度中探明的勘查线距为500～1000m，控制的勘查基本线距均为 1000～2000m。

（2）详查、勘探阶段增加的分析试验项目及数量表中规定，当原煤的挥发分（Vdaf>28%）时测定 50% 的低温干馏参数。

本次富油煤控制程度评价的网度级别为

Ⅰ级：控制间距≤2000m，在图上用粉色填充；

Ⅱ级：2000m<控制间距≤4000m，在图上用蓝色填充；

Ⅲ级：4000m<控制间距，在图上用浅绿色填充。

（3）富油煤煤类及煤炭资源储量控制级别的划分。

在进行富油煤类型及可靠程度划分的同时，把煤类及煤炭资源量控制级别按照富油煤的分布范围分类，并统计其资源量。

## 5.2  富油煤资源量

### 5.2.1  陕北侏罗纪煤田资源量

#### 1. 庙哈孤矿区

陕北侏罗纪煤田庙哈孤矿区共有煤炭资源5.26亿t。以$5^{-2}$号煤层为例，富油煤基本上全区分布，仅在沙梁井田北边界附近有小范围的含油煤。富油煤资源控制程度：Ⅰ级区主要分布在沙梁煤矿区域；Ⅱ级区分布在庙哈孤矿区南部区的北半部分；其他区内大部分地段为Ⅲ级。富油煤控制程度见图5.1。

庙哈孤矿区所有煤炭资源分类及控制情况如下所示。

按富油煤类型划分：高油煤为17796千t，占3.4%（均为不黏煤，均为Ⅰ级）；富油煤为501355千t，占95.2%（绝大部分为不黏煤、极少长焰煤，Ⅰ级占31%、Ⅱ级占11%、Ⅲ级占58%）；含油煤为7330千t，占1.4%（均为不黏煤，均为Ⅰ级）。

按控制程度划分：Ⅰ级为179770千t，占34.2%（其中高油煤为17796千t、富油煤为154644千t、含油煤为7330千t）；Ⅱ级为55483千t，占10.5%（均为富油煤）；Ⅲ级为291228千t，占55.3%（均为富油煤）。

按储量级别划分：探明资源量128171千t（均部为富油煤）；控制资源量及推断资源量为398310千t（其中高油煤为17796千t，占4.5%；富油煤为373184千t，占93.7%；含油煤为7330千t，占1.8%）。

按煤类划分：不黏煤为512131千t，占煤炭资源总量的97.3%（高油煤为17796千t，占3.4%；富油煤为501355千t，占95.2%；含油煤为7330千t，占1.4%）。长焰煤为14350千t，占煤炭资源总量的2.7%（均为富油煤）（表5.2）。

#### 2. 神府新民矿区

陕北侏罗纪煤田神府新民矿区共有煤炭资源248.2亿t。以$3^{-1}$号煤层为例，富油煤基本上全区分布。富油煤资源控制程度：Ⅰ级区主要分布在北部石圪台井田、西部活鸡兔井田-朱盖塔井田-孙家岔井田-张家峁井田-红柳林井田一带、中部石窑店井田-青龙寺井田-沙沟岔井田一带；Ⅱ级区分布在北部大柳塔井田、西部孙家岔井田西部-柠条塔井田西部；北部前石畔井田-袁家梁井田-三道沟井田-沙沟分岔东部一带为Ⅲ级，控制程度较差，

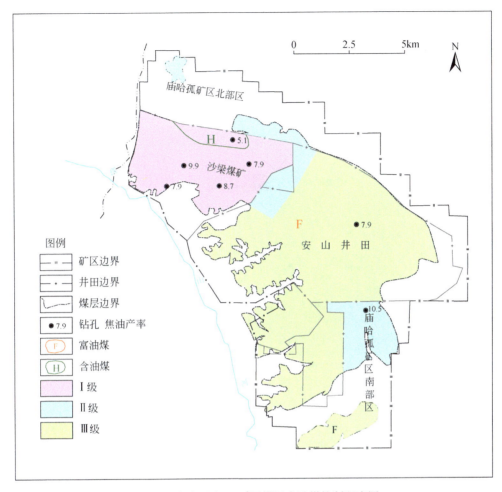

图 5.1 庙哈孤矿区 5$^{-2}$ 号煤层富油煤控制程度图

表 5.2 庙哈孤矿区富油煤资源控制表

| 划分类别 | 煤类/资源储量类型 | 资源控制级别/千 t | | | | |
|---|---|---|---|---|---|---|
| | | 高油煤 | 富油煤 | | | 含油煤 |
| | | I 级 | I 级 | II 级 | III 级 | I 级 |
| 控制程度划分 | | 17796 | 154644 | 55483 | 291228 | 7330 |
| 按煤类划分 | 不黏煤 | 17796 | 140294 | 55483 | 291228 | 7330 |
| | 长焰煤 | 0 | 14350 | 0 | 0 | 0 |
| 按储量级别划分 | 探明资源量 | 0 | 40000 | 34791 | 53380 | 0 |
| | 控制/推断资源量 | 17796 | 114644 | 20692 | 237848 | 7330 |

富油煤控制程度见图 5.2。

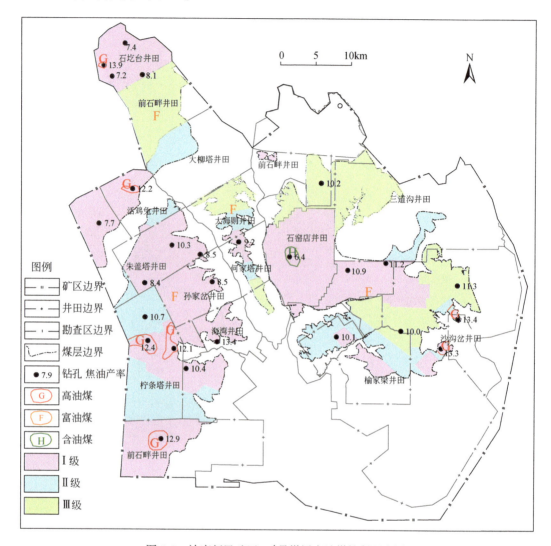

图 5.2　神府新民矿区 3$^{-1}$ 号煤层富油煤控制程度图

神府新民矿区所有煤炭资源分类及控制情况如下所示。

按富油煤类型划分：高油煤为 714033 千 t，占 2.9%（长焰煤占 80.8%、不黏煤占 18.8%、弱黏煤占 0.4%；全为Ⅰ级）；富油煤为 23490224 千 t，占 94.6%（长焰煤占 13.5%、不黏煤占 86.2%、弱黏煤占 0.3%；Ⅰ级占 62.1%、Ⅱ级占 28.3%、Ⅲ级占 9.6%）；含油煤为 621114 千 t，占 2.5%（不黏煤占 99.9%、长焰煤占 0.1%；Ⅰ级占 94.6%，Ⅱ级占 5.4%）。

按控制程度划分：Ⅰ级为 15892788 千 t，占 64%（其中高油煤占 4.4%、富油煤占 91.8%、含油煤占 3.8%）；Ⅱ级为 6668776 千 t，占 26.8%（富油煤占 99.5%、含油煤占 0.5%）；Ⅲ级为 2263807 千 t，占 9.2%（全为富油煤）。

按储量级别划分：探明资源量为 9413097 千 t，占 37.9%（其中高油煤占 2.2%、富油煤占 96.1%、含油煤占 1.7%）；控制资源量为 3415690 千 t，占 13.8%（其中高油煤占 4.3%、富油煤占 91.6%、含油煤占 4.1%）；推断资源量为 11996582 千 t，占 48.3%（其中高油煤占 3%、富油煤占 94.3%、含油煤占 2.7%）。

按煤类划分：不黏煤为 21012196 千 t，占煤炭资源总量的 84.6%（高油煤占 0.6%；富油煤占 96.4%；含油煤占 3%）；长焰煤为 3745229 千 t，占煤炭资源总量的 15.1%（高油煤占 15.4%，富油煤占 84.5%，含油煤占 0.1%）；弱黏煤为 74876 千 t，占煤炭资源总量的 0.3%（高油煤占 3.5%，富油煤占 96.5%）。

具体煤炭资源分类及控制情况如表 5.3 所示。

表 5.3　神府新民矿区富油煤资源控制表

| 划分类别 | 煤类/资源储量类型 | 资源储量/千 t | | | | | |
|---|---|---|---|---|---|---|---|
| | | 高油煤 | 富油煤 | | | 含油煤 | |
| | | Ⅰ级 | Ⅰ级 | Ⅱ级 | Ⅲ级 | Ⅰ级 | Ⅱ级 |
| 按控制程度划分 | | 714033 | 14590790 | 6635627 | 2263807 | 587965 | 33149 |
| 按煤类划分 | 不黏煤 | 134498 | 11810997 | 6260732 | 2185549 | 587965 | 32455 |
| | 弱黏煤 | 2624 | 72252 | 0 | 0 | 0 | 0 |
| | 长焰煤 | 576911 | 2707541 | 374895 | 78258 | 0 | 694 |
| 按储量级别划分 | 探明资源量 | 211421 | 6026698 | 2184098 | 832017 | 144211 | 14652 |
| | 控制资源量 | 148080 | 2577529 | 505915 | 42977 | 141191 | 0 |
| | 推断资源量 | 354532 | 5986563 | 3945614 | 1388813 | 302563 | 18497 |

3. 榆神矿区

陕北侏罗纪煤田榆神矿区煤炭资源共计 572.8 亿 t。以 $5^{-2}$ 号煤层为例，富油煤基本上全区分布。富油煤资源控制程度：Ⅰ级区主要分布在西部郑家梁勘查区-小壕兔一二号井-大保当井田-尔林兔东勘查区-东北部中鸡勘查区及东南凉水井煤矿一带；Ⅱ级区分布在西部孟家湾西勘查区；Ⅲ级区分布在整个矿区的北部边界一带，富油煤控制程度见图 5.3。

榆神矿区所有煤炭资源分类及控制情况如下所示。

按富油煤类型划分：高油煤为 6286356 千 t，占 10.97%（全为 Ⅰ级；不黏煤占 40.6%、长焰煤占 59.2%、弱黏煤占 0.2%）；富油煤为 50961632 千 t，占 88.97%（其中 Ⅰ级占 99.7%、Ⅱ级占 0.17%、Ⅲ级占 0.13%；不黏煤 54.7%、长焰煤 44.9%、其他煤类占 0.4%）；含油煤为 30947 千 t，占 0.06%（其中 Ⅰ级占 42.7%、Ⅱ级占 57.3%；不黏煤占 82.1%、长焰煤占 17.9%）。

按控制程度划分：Ⅰ级 57121150 千 t，占 99.72%（其中高油煤占 11.01%；富油煤占 88.97%；含油煤占 0.02%）；Ⅱ级为 103000 千 t，占 0.18%（富油煤占 82.8%；含油

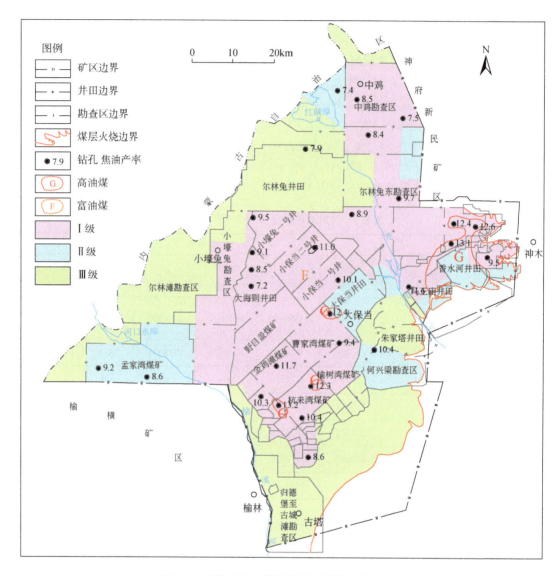

图 5.3　榆神矿区 5$^{-2}$ 号煤层富油煤控制程度图

煤占 17.2%）；Ⅲ级为 54785 千 t，占 0.1%（全为富油煤）。

按储量级别划分：探明资源量为 23746971 千 t，占 41.5%（其中高油煤占 9.6%；富油煤占 90.3%；含油煤占 0.1%）；控制资源量为 9340621 千 t，占 16.3%（其中高油煤占 7.6%；富油煤占 92.3%；含油煤占 0.1%）；推断资源量为 24191343 千 t，占 42.2%（其中高油煤占 13.6%；富油煤占 86.3%；含油煤占 0.1%）。

按煤类划分：不黏煤为 30478775 千 t，占 53.2%（其中高油煤占 8.4%；富油煤占 91.5%；含油煤占 0.1%）；长焰煤为 26632070 千 t，占 46.5%（其中高油煤占 13.9%；富油煤占 86.0%；含油煤占 0.1%）；弱黏煤为 161365 千 t，占 0.3%（其中高油煤占 6%；富油煤占 94%）；其他煤类 6724 千 t（均为富油煤）。

具体煤炭资源分类及控制情况如表5.4所示。

**表5.4　榆神矿区富油煤资源控制表**

| 划分类别 | 煤类/资源储量类型 | 资源控制/千t | | | | | |
|---|---|---|---|---|---|---|---|
| | | 高油煤 | 富油煤 | | | 含油煤 | |
| | | Ⅰ级 | Ⅰ级 | Ⅱ级 | Ⅲ级 | Ⅰ级 | Ⅱ级 |
| 按控制程度划分 | | 6286356 | 50821573 | 85274 | 54785 | 13221 | 17726 |
| 按煤类划分 | 不黏煤 | 2554434 | 27800387 | 59639 | 38911 | 13221 | 12183 |
| | 长焰煤 | 3722116 | 22862903 | 25635 | 15873 | 0 | 5543 |
| | 弱黏煤 | 9806 | 151559 | 0 | 0 | 0 | 0 |
| | 其他 | 0 | 6724 | 0 | 0 | 0 | 0 |
| 按储量级别划分 | 探明资源量 | 2285123 | 21456116 | 0 | 0 | 5732 | 0 |
| | 控制资源量 | 709879 | 8591651 | 16890 | 20646 | 1555 | 0 |
| | 推断资源量 | 3291354 | 20773806 | 68384 | 34139 | 5934 | 17726 |

4. 榆横矿区

陕北侏罗纪煤田榆神矿区煤炭资源共计480亿t。以3号煤层为例，富油煤基本上全区分布。富油煤资源控制程度：Ⅰ级区主要分布在矿区中部海则滩井田–魏墙煤矿–王家梁勘查区–红石峡井田一带；Ⅱ级区分布在南部宁条梁–桥沟湾煤炭资源预查区、西北角大海则煤矿一带；Ⅲ级区分布在整个矿区的北部边界可可盖勘查区一带及西部边界附近，富油煤控制程度见图5.4。

榆神矿区所有煤炭资源分类及控制情况如下所示。

按富油煤类型划分：高油煤为4066021千t，占8.5%（全为Ⅰ级；焰煤占64%、不黏煤占9.2%、弱黏煤占26.8%）；富油煤为43933904千t，占91.5%（Ⅰ级占22.8%、Ⅱ级占69.3%、Ⅲ级占7.9%；焰煤占73.4%、不黏煤占14.1%、弱黏煤占12.5%）；含油煤零星分布，资源量可忽略不计。

按控制程度划分：Ⅰ级为14122818千t，占29.4%（其中高油煤占28.8%；富油煤占71.2%）；Ⅱ级为30444326千t，占63.4%（全为富油煤）；Ⅲ级为3432780千t，占7.2%（全为富油煤）。

按储量级别划分：探明资源量为4043928千t，占8.4%（其中高油煤占6.5%；富油煤占93.5%）；控制资源量为6895833千t，占14.4%（其中高油煤占12.8%；富油煤占87.2%）；推断资源量为37060104千t，占77.2%（其中高油煤占7.8%；富油煤占92.2%）。

按煤类划分：不黏煤为6561158千t，占13.7%（其中高油煤占5.7%；富油煤占94.3%）；弱黏煤为6586978千t，占13.7%（其中高油煤占16.5%；富油煤占83.5%）；

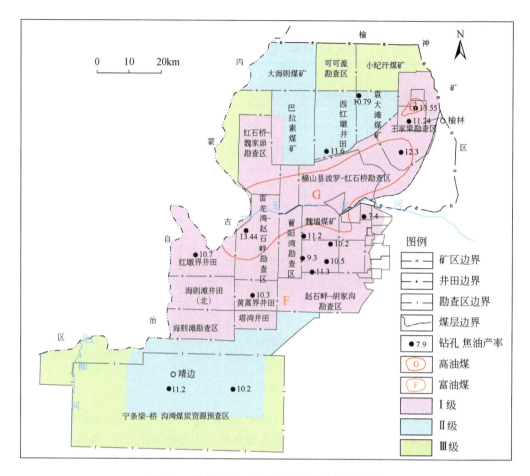

图 5.4 榆横矿区 3 号煤层富油煤控制程度图

长焰煤为 34851789 千 t，占 72.6%（其中高油煤占 7.5%；富油煤占 92.5%）。

具体煤炭资源分类及控制情况如表 5.5 所示。

综上所述，陕北侏罗纪煤田四个矿区共有高油煤 110.8 亿 t，占总煤炭资源量的 8.4%；有富油煤 1189 亿 t，占总煤炭资源量的 91.1%；含油煤 6.5 亿 t，占总煤炭资源量的 0.5%，具体见表 5.6。

表 5.5 榆横矿区富油煤资源量控制表

| 划分类别 | 煤类/资源储量类型 | 资源储量/千 t | | | |
|---|---|---|---|---|---|
| | | 高油煤 | 富油煤 | | |
| | | I 级 | I 级 | II 级 | III 级 |
| 按储量级别划分 | 探明资源量 | 264791 | 639197 | 0 | 3139940 |
| | 控制资源量 | 887951 | 2897768 | 3110115 | 0 |
| | 推断资源量 | 2913279 | 6519833 | 27334212 | 292840 |

续表

| 划分类别 | 煤类/资源储量类型 | 资源储量/千 t | | | |
|---|---|---|---|---|---|
| | | 高油煤 | 富油煤 | | |
| | | Ⅰ级 | Ⅰ级 | Ⅱ级 | Ⅲ级 |
| 按煤类划分 | 长焰煤 | 2603962 | 6080586 | 26167241 | 0 |
| | 不黏煤 | 372799 | 1333080 | 1715340 | 3139940 |
| | 弱黏煤 | 1089260 | 2643132 | 2561746 | 292840 |
| 按控制程度划分 | | | 4066021 | 10056797 | 30444327 | 3432780 |

表5.6　陕北侏罗纪煤田富油煤资源量控制表

| 矿区 | 资源控制级别/千 t | | | | | | 小计 |
|---|---|---|---|---|---|---|---|
| | 高油煤 | 富油煤 | | | 含油煤 | | |
| | Ⅰ级 | Ⅰ级 | Ⅱ级 | Ⅲ级 | Ⅰ级 | Ⅱ级 | |
| 庙哈孤矿区 | 17796 | 154644 | 55483 | 291228 | 7330 | 0 | 526481 |
| 神府新民矿区 | 714033 | 14590790 | 6635627 | 2263807 | 587965 | 33149 | 24825371 |
| 榆神矿区 | 6286356 | 50821573 | 85274 | 54785 | 13221 | 17726 | 57278935 |
| 榆横矿区 | 4066021 | 10056797 | 30444327 | 3432780 | | | 47999925 |
| 合计 | 11084206 | 75623804 | 37220711 | 6042600 | 608516 | 50875 | 130630712 |

## 5.2.2　黄陇侏罗纪煤田资源量

1. 黄陵矿区

黄陵矿区共有煤炭资源25.3亿t。2号煤层富油煤资源控制程度：Ⅰ级区主要分布在芦村一、二号煤矿南部–黄陵一、二号井中部区域一带，南部的建北煤矿和建新煤矿；Ⅱ级区分布在黄陵二号井西部至南部边界附近，黄陵一号井东部边界附近；无Ⅲ级区，富油煤控制程度见图5.5。

黄陵矿区所有煤炭资源分类及控制情况如下所示。

按富油煤类型划分：高油煤为62274千t，占2.5%（全为Ⅰ级；弱黏煤占67.4%、气煤占16.5%、中黏煤16.1%）；富油煤为2259548千t，占89%（Ⅰ级占96.3%、Ⅱ级占3.7%；弱黏煤占80.7%、气煤占8.9%、中黏煤占9%、其他煤类占1.4%）；含油煤为216147千t，占8.5%（Ⅰ级占89.4%、Ⅱ级占10.6%；弱黏煤占95.3%、气煤占2.6%、长焰煤占1.8%、其他煤类0.3%）。

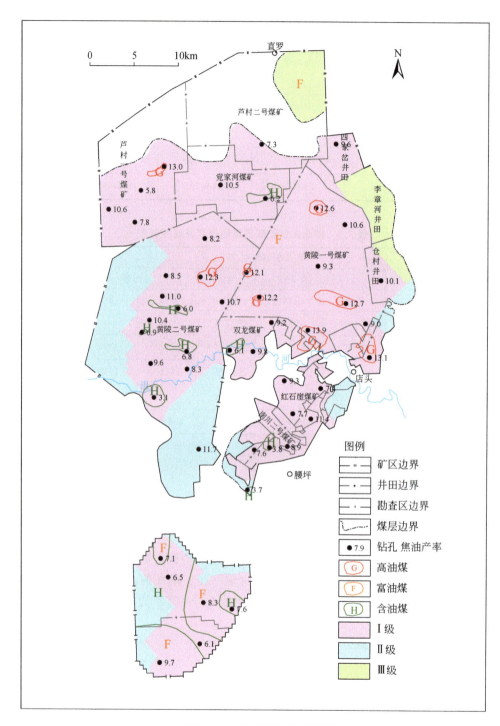

图 5.5　黄陵矿区 2 号煤层富油煤控制程度图

按控制程度划分：Ⅰ级为 2432257 千 t，占 95.8%（其中高油煤占 2.6%；富油煤占 89.5%；含油煤占 7.9%）；Ⅱ级为 105713 千 t，占 4.2%（其中富油煤占 78.3%；含油煤占 21.7%）；Ⅲ级零星分布，资源量可忽略不计。

按储量级别划分：探明资源量为 1090642 千 t，占 43%（其中高油煤占 3.7%；富油煤占 88.9%；含油煤占 7.3%）；控制资源量为 384860 千 t，占 15%（其中高油煤占 3.1%，富油煤占 91.9%，含油煤占 5%）；推断资源量为 1062469 千 t，占 42%（其中高油煤占 0.8%；富油煤占 89%；含油煤占 10.2%）。

按煤类划分：弱黏煤为 2071594 千 t，占 81.7%（高油煤占 2%，富油煤占 88%，含油煤占 10%）；气煤为 217476 千 t，占 8.6%（高油煤占 4.7%，富油煤占 92.6%，含油煤占 6.7%）；中黏煤、焦煤及长焰煤 248899 千 t，占 9.7%。

煤炭资源分类及控制情况如表 5.7 所示。

**表 5.7 黄陵矿区富油煤资源控制表**

| 划分类别 | 煤类/资源储量类型 | 资源控制级别/千 t | | | | |
|---|---|---|---|---|---|---|
| | | 高油煤 | 富油煤 | | 含油煤 | |
| | | Ⅰ级 | Ⅰ级 | Ⅱ级 | Ⅰ级 | Ⅱ级 |
| 按控制程度划分 | | 62274 | 2176807 | 82741 | 193175 | 22972 |
| 按煤类划分 | 弱黏煤 | 42002 | 1740786 | 82741 | 188788 | 17277 |
| | 气煤 | 10281 | 201500 | 0 | 0 | 5695 |
| | 长焰煤 | 0 | 10005 | 0 | 3840 | 0 |
| | 1/2 中黏煤 | 9991 | 203771 | 0 | 547 | 0 |
| | 焦煤 | 0 | 20745 | 0 | 0 | 0 |
| 按储量级别划分 | 探明资源量 | 40782 | 970079 | 0 | 79781 | 0 |
| | 控制资源量 | 12062 | 353562 | 0 | 19236 | 0 |
| | 推断资源量 | 9431 | 853166 | 82741 | 94159 | 22972 |

2. 焦坪矿区

焦坪矿区共有煤炭资源 15.8 亿 t，$4^{-2}$ 号煤层富油煤资源控制程度：Ⅰ级区主要分布在矿区东部的陈家山煤矿–崔家沟煤井田–玉华井田一带，矿区西南部转角普查区南部边界处；Ⅱ级区分布在矿区西部的转角普查区中北部；无Ⅲ级区。$4^{-2}$ 号煤层富油煤控制程度见图 5.6。

焦坪矿区所有煤炭资源分类及控制情况如下所示。

按富油煤类型划分：高油煤为 84827 千 t，占 5.4%（控制程度全为Ⅰ级；煤质全为不黏煤）；富油煤为 1361681 千 t，占 86.4%（控制程度为 90%Ⅰ级、9%Ⅱ级、1%Ⅲ级；煤质为不黏煤 76%、长焰煤 18.9%、弱黏煤 5.1%）；含油煤为 129261 千 t，占 8.2%

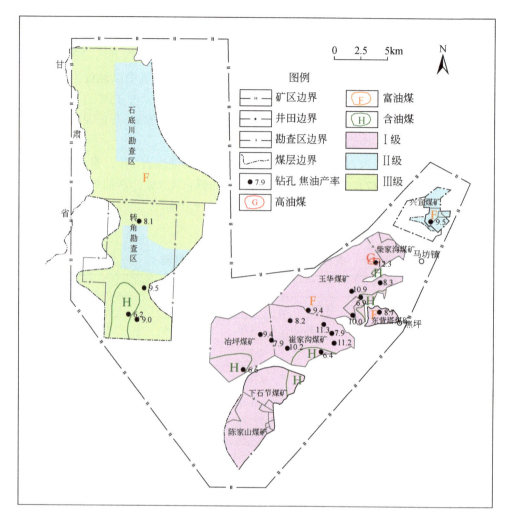

图 5.6　焦坪矿区 4$^{-2}$ 号煤层富油煤控制程度图

（控制程度全为Ⅰ级；煤质为不黏煤 62%、长焰煤 37%、弱黏煤 1%）。

按控制程度划分：Ⅰ级为 1433571 千 t，占 91%（其中高油煤为 84827 千 t、占 5.9%；富油煤为 1219482 千 t、占 85.1%；含油煤为 129261，占 9%）；Ⅱ级为 126224 千 t，占 8%（全为富油煤）；Ⅲ级为 15975 千 t，占 1%（全为富油煤）。

按储量级别划分：探明资源量为 761106 千 t，占 48.3%；控制资源量为 43248 千 t，占 2.7%；推断资源量为 771416 千 t，占 49%。

按煤类划分：不黏煤为 1199579 千 t，占 76.1%（高油煤占 7.1%，富油煤占 86.2%，含油煤占 6.7%）；长焰煤为 305314 千 t，占 19.4%（富油煤占 84.4%，含油煤占 15.6%）；弱黏煤为 70877 千 t，占 4.5%（富油煤占 98.5%，含油煤占 1.5%）。

资源量情况如表 5.8 所示。

表5.8  焦坪矿区富油煤资源控制表

| 划分类别 | 煤类/资源储量类型 | 资源储量/千t | | | | |
|---|---|---|---|---|---|---|
| | | 高油煤 | 富油煤 | | | 含油煤 |
| | | Ⅰ级 | Ⅰ级 | Ⅱ级 | Ⅲ级 | Ⅰ级 |
| 按控制程度划分 | | 84827 | 1219482 | 126224 | 15975 | 129261 |
| 按煤类划分 | 不黏煤 | 84827 | 1018343 | 0 | 15975 | 80434 |
| | 长焰煤 | 0 | 131350 | 126224 | 0 | 47740 |
| | 弱黏煤 | 0 | 69789 | 0 | 0 | 1088 |
| 按储量级别划分 | 探明资源量 | 84827 | 616377 | 5076 | 0 | 54826 |
| | 控制资源量 | 0 | 42588 | 269 | 0 | 391 |
| | 推断资源量 | 0 | 560518 | 120879 | 15975 | 74044 |

3. 旬耀矿区

旬耀矿区共有煤炭资源15.0亿t，4$^{-2}$号煤层富油煤资源控制程度：Ⅰ级区主要分布在矿区中部的小寺子井田、乔儿沟井田、青岗坪煤矿、老庄子井田南部，矿区北部的职田勘查区中段，矿区南部的秀房沟煤矿和照金煤矿；Ⅱ级区分布在矿区北部的职田勘查区南部和北部、老庄子井田北部；Ⅲ级区主要分布在矿区西部黑沟煤矿、姜家河煤矿、焦家河勘查区及南部白石崖煤矿一带，4$^{-2}$号煤层富油煤控制程度见图5.7。

旬耀矿区所有煤炭资源分类及控制情况如下所示。

按富油煤类型划分：高油煤零星分布，资源量不计；富油煤为450293千t，占30.1%（Ⅰ级占56.6%，Ⅱ级占43.4%；不黏煤占37.2%，长焰煤占49.6%，弱黏煤占13.2%）；含油煤为1046088千t，占69.9%（Ⅰ级占85.3%，Ⅱ级占11.9%，Ⅲ级占2.8；不黏煤占82.8%，长焰煤占6.1%，弱黏煤占11.1%）。

按控制程度划分：Ⅰ级为1147764千t，占76.7%（其中富油煤254966千t、占22.2%；含油煤892798，占77.8%）；Ⅱ级为319758千t，占21.4%（其中富油煤195327千t、占61.1%；含油煤124431千t、占38.9%）；Ⅲ级为28859千t，占1.9%（全为含油煤）。

按储量级别划分：探明资源量为256864千t，占17.2%；控制资源量为89350千t，占5.9%；推断资源量为1150167千t，占76.9%。

按煤类划分：弱黏煤为176479千t，占11.8%（富油煤占33.8%，含油煤占86.2%）；长焰煤为286799千t，占19.2%（富油煤占77.8%，含油煤占22.2%）；不黏煤为1033103千t，占69%（富油煤占16.2%，含油煤占83.8%）。

资源量情况如表5.9所示。

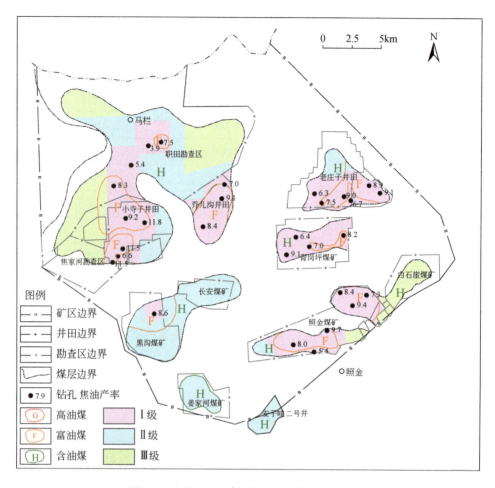

图 5.7　旬耀矿区 4$^{-2}$ 号煤层富油煤控制程度图

表 5.9　旬耀矿区富油煤资源控制表

| 划分类别 | 煤类/资源储量类型 | 资源储量/千 t | | | | |
|---|---|---|---|---|---|---|
| | | 富油煤 | | 含油煤 | | |
| | | Ⅰ级 | Ⅱ级 | Ⅰ级 | Ⅱ级 | Ⅲ级 |
| 按控制程度划分 | | 254966 | 195327 | 892798 | 124431 | 28859 |
| 按储量级别划分 | 探明资源量 | 48274 | 38974 | 124090 | 31188 | 14337 |
| | 控制资源量 | 13124 | 7666 | 60334 | 8226 | 0 |
| | 推断资源量 | 193568 | 148687 | 708373 | 85017 | 14522 |
| 按煤类划分 | 不黏煤 | 167457 | 0 | 771762 | 65024 | 28859 |
| | 长焰煤 | 27871 | 195327 | 17668 | 45933 | 0 |
| | 弱黏煤 | 59638 | 0 | 103367 | 13474 | 0 |

4. 彬长矿区

彬长矿区共有煤炭资源81.4亿t，4号煤层富油煤资源控制程度：Ⅰ级区主要分布在矿区北部边界附近的高家堡煤矿、雅店煤矿，矿区中部的孟村煤矿、小庄煤矿、亭南煤矿、大佛寺煤矿、文家坡煤矿西部一带；Ⅱ级区分布在矿区中部的文家坡北部、火石咀煤矿一带；Ⅲ级区主要分布在矿区西部杨家坪煤矿、燕家河煤矿及彬东煤矿区，4号煤层富油煤控制程度见图5.8。

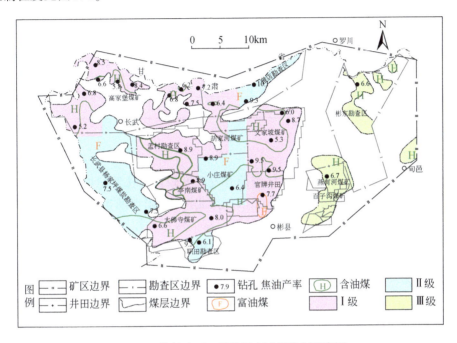

图5.8　彬长矿区4号煤层富油煤控制程度图

彬长矿区所有煤炭资源分类及控制情况如下所示。

按富油煤类型划分：富油煤为5047435千t，占62%（Ⅰ级占69.7%，Ⅱ级占19.1%，Ⅲ级占11.2%；不黏煤96.8%、弱黏煤3.2%）；含油煤为3088519千t，占38%（Ⅰ级占60.8%，Ⅱ级占17.4%，Ⅲ级占21.8%；不黏煤占92.8%，弱黏煤占7.2%）。

按控制程度划分：Ⅰ级为5393583千t，占66.3%（其中富油煤占65.2%；含油煤占34.8%）；Ⅱ级为1502647千t，占18.5%（其中富油煤占64.2%；含油煤占35.8%）；Ⅲ级为1239724千t，占15.2%（其中富油煤占45.7%；含油煤占54.3%）。

按储量级别划分：探明资源量为2868631千t，占35.3%（其中富油煤占70.4%；含油煤占29.6%）；控制资源量为1635868千t，占20.1%（其中富油煤占63.9%；含油煤占36.1%）；推断资源量为3631455千t，占44.6%（其中富油煤占54.6%；含油煤占45.4%）。

按煤类划分：弱黏煤为383730千t，占4.7%（其中富油煤占42.4%；含油煤占57.6%）；不黏煤为7752224千t，占95.3%（其中富油煤占63%；含油煤占37%）。

资源量情况如表 5.10 所示。

**表 5.10　彬长矿区富油煤资源控制表**

| 划分类别 | 煤类/资源储量类型 | 按富油煤类型划分资源储量/千 t | | | | | |
|---|---|---|---|---|---|---|---|
| | | 富油煤 | | | 含油煤 | | |
| | | Ⅰ级 | Ⅱ级 | Ⅲ级 | Ⅰ级 | Ⅱ级 | Ⅲ级 |
| 按控制程度划分 | | 3515225 | 965350 | 566860 | 1878358 | 537297 | 672864 |
| 按煤类划分 | 弱黏煤 | 0 | 0 | 162750 | 0 | 0 | 220980 |
| | 不黏煤 | 3515225 | 965350 | 404110 | 1878358 | 537297 | 451884 |
| 按储量级别划分 | 探明资源量 | 1427538 | 430371 | 162750 | 728078 | 0 | 119894 |
| | 控制资源量 | 784566 | 174510 | 86693 | 245022 | 218578 | 126499 |
| | 推断资源量 | 1303121 | 360469 | 317417 | 905258 | 318719 | 426471 |

5. 永陇矿区

永陇矿区资源总量 36.1 亿 t，矿区资源开发程度较黄陇侏罗纪煤田的其他矿区较差，富油煤研究范围涉及煤炭资源 28.2 亿 t（未包括北湾–太阳寺勘查区、凤翔县老爷岭东勘探区、麟游县河西勘查区等资源量），3 号煤层富油煤资源控制程度：Ⅰ级区主要分布在矿区西部边界附近的李家河勘查区北部、戚家坡煤矿中部，矿区中部的园子沟煤矿南部–郭家河煤矿–招贤煤矿–崔木煤矿一带；Ⅱ级区分布在矿区中北部边界处的园子沟煤矿北部和丈八井田北部一带；Ⅲ级区主要分布在矿区东部边界附近，3 号煤层富油煤控制程度见图 5.9。

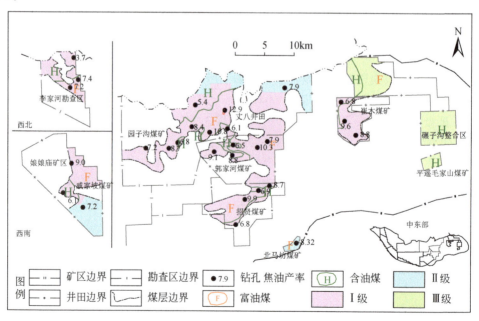

图 5.9　永陇矿区 3 号煤层富油煤控制程度图

永陇矿区所有煤炭资源分类及控制情况如下所示。

按富油煤类型划分：富油煤为 2203094 千 t，占 78%（控制程度为 I 级占 98.8%、II 级占 0.4%、III 级占 0.8%；煤质为不黏煤 68.5%、长焰煤 21.5%）；含油煤为 620171 千 t，占 22%（控制程度为 I 级占 86.6%、II 级占 3.2%、III 级占 10.1%；煤质为不黏煤 70%、长焰煤 30%）。

按控制程度划分：I 级为 2714211 千 t，占 96.1%（其中富油煤占 80.2%；含油煤占 19.8%）；II 级为 28028 千 t，占 1%（其中富油煤占 28.5%；含油煤占 71.5%）；III 级为 81026 千 t，占 2.9%（其中富油煤占 2.5%；含油煤占 77.5%）。

按储量级别划分：探明资源量为 528742 千 t，占 18.7%（其中富油煤占 67.3%；含油煤占 32.7%）；控制资源量为 991887 千 t，占 35.1%（其中富油煤占 82.5%；含油煤占 17.5%）；推断资源量为 1302636 千 t，占 46.2%（其中富油煤占 79%；含油煤占 21%）。

按煤类划分：不黏煤为 1942682 千 t，占 68.8%（其中富油煤占 77.6%；含油煤占 22.4%）；长焰煤为 880583 千 t，占 31.2%（其中富油煤占 78.8%；含油煤占 21.2%）。

资源量情况如表 5.11 所示。

**表 5.11　永陇矿区富油煤资源控制表**

| 划分类别 | 煤类/资源储量类型 | 按富油煤类型划分资源储量/千 t | | | | | |
|---|---|---|---|---|---|---|---|
| | | 富油煤 | | | 含油煤 | | |
| | | I 级 | II 级 | III 级 | I 级 | II 级 | III 级 |
| 按控制程度划分 | | 2176894 | 8007 | 18193 | 537317 | 20021 | 62833 |
| 按煤类划分 | 不黏煤 | 1483584 | 8007 | 17089 | 351148 | 20021 | 62833 |
| | 长焰煤 | 693310 | 0 | 1104 | 186169 | 0 | 0 |
| 按储量级别划分 | 探明资源量 | 354592 | 0 | 1104 | 151495 | 0 | 21551 |
| | 控制资源量 | 810455 | 8007 | 0 | 159033 | 0 | 14392 |
| | 推断资源量 | 1011847 | 0 | 17089 | 226789 | 20021 | 26890 |

综上所述，黄陇侏罗纪煤田四个矿区共有高油煤 1.47 亿 t，占总煤炭资源量的 0.9%；有富油煤 113.2 亿 t，占总煤炭资源量的 68.3%；含油煤 51.0 亿 t，占总煤炭资源量的 30.8%，见表 5.12。

**表 5.12　黄陇侏罗纪煤田富油煤资源控制统计表**

| 矿区 | 资源控制级别/千 t | | | | | | | 小计 |
|---|---|---|---|---|---|---|---|---|
| | 高油煤 | 富油煤 | | | 含油煤 | | | |
| | I 级 | I 级 | II 级 | III 级 | I 级 | II 级 | III 级 | |
| 黄陵矿区 | 62274 | 2176807 | 82741 | 0 | 193175 | 22972 | 0 | 2537969 |
| 焦坪矿区 | 84827 | 1219482 | 126224 | 15975 | 129261 | 0 | 0 | 1575769 |

| 矿区 | 资源控制级别/千t | | | | | | | 小计 |
| --- | --- | --- | --- | --- | --- | --- | --- | --- |
| | 高油煤 | 富油煤 | | | 含油煤 | | | |
| | Ⅰ级 | Ⅰ级 | Ⅱ级 | Ⅲ级 | Ⅰ级 | Ⅱ级 | Ⅲ级 | |
| 旬耀矿区 | 0 | 254966 | 195327 | 0 | 892798 | 124431 | 28859 | 1496381 |
| 彬长矿区 | 0 | 3515225 | 965350 | 566860 | 1878358 | 537297 | 672864 | 8135954 |
| 永陇矿区 | 0 | 2176894 | 8007 | 18193 | 537317 | 20021 | 62833 | 2823265 |
| 小计 | 147101 | 9343374 | 1377649 | 601028 | 3630909 | 704721 | 764556 | 16569338 |

## 5.2.3　陕北三叠纪煤田资源量

陕北三叠纪煤田仅子长矿区一个煤矿区，矿区内本次统计的煤炭资源共计 36.7 亿 t，5 号煤层富油煤资源控制程度：Ⅰ级区主要分布在矿区中部的中庄井田-余家峁设置区一带；Ⅱ级区分布在矿区南部的贯屯煤矿-禾草沟煤矿一带，中北部的安定-张家坪勘查区一带，北部王家峁-石湾勘查区-永兴煤矿一带；Ⅲ级区主要分布在矿区中北部横山韩岔-延安蟠龙预查区-涧峪岔勘查区一带，5 号煤层富油煤控制程度见图 5.10。

子长矿区所有煤炭资源分类及控制情况如下所示。

按富油煤类型划分：高油煤为 2636924 千 t，占 71.7%（其中Ⅰ级占 14.7%，Ⅱ级占 79%，Ⅲ级占 6.3%；气煤占 85.9%，长焰煤占 13.9%，气肥煤及弱黏煤共占 0.2%）；富油煤为 1036985 千 t，占 28.3%（控制程度为Ⅰ级占 52.7%、Ⅱ级占 40.3%、Ⅲ级占 7%；气煤占 61.6%，长焰煤占 35%，气肥煤、弱黏煤和不黏煤共占 3.4%）；含油煤零星分布，其资源量忽略不计。

按控制程度划分：Ⅰ级为 934574 千 t，占 25.4%（其中高油煤 41.5%，富油煤占 58.5%）；Ⅱ级为 2499493 千 t，占 68%（其中高油煤占 83.3%；富油煤占 16.7%）；Ⅲ级为 239843 千 t，占 6.6%（其中高油煤占 69.8%；富油煤占 30.2%）。

按储量级别划分：探明资源量为 673232 千 t，占 18.3%（其中高油煤占 75.1%；富油煤占 24.9%）；控制资源量为 573996 千 t，占 15.6%（其中高油煤占 71.2%；富油煤占 28.8%）；推断资源量为 2426681 千 t，占 66.1%（其中高油煤占 71%；富油煤占 29%）。

按煤类划分：气煤为 2904893 千 t，占 79%（其中高油煤占 78%；富油煤占 22%）；长焰煤为 728237 千 t，占 19.9%（其中高油煤占 50.1%；富油煤占 49.9%）；弱黏煤、气肥煤和不黏煤共 40780 千 t，占 1.1%（其中高油煤占 16%；富油煤占 84%）。

具体如表 5.13 所示。

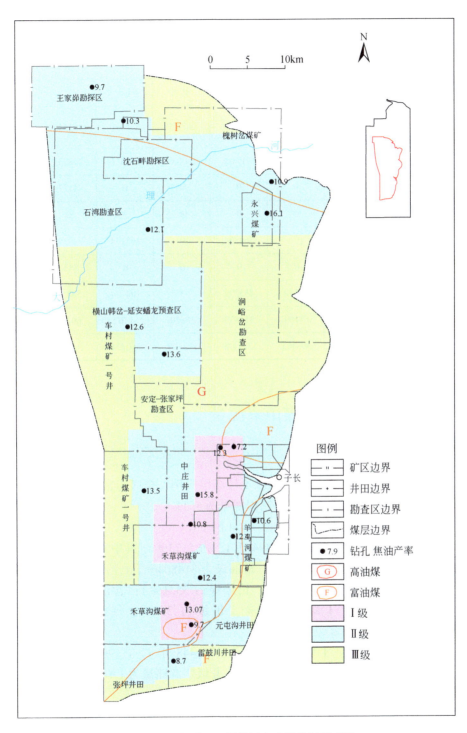

图 5.10 子长矿区 5 号煤层富油煤控制程度图

表 5.13　子长矿区富油煤资源控制表

| 划分类别 | 煤类/资源储量类型 | 按富油煤类型划分资源储量/千 t | | | | | |
|---|---|---|---|---|---|---|---|
| | | 高油煤 | | | 富油煤 | | |
| | | Ⅰ级 | Ⅱ级 | Ⅲ级 | Ⅰ级 | Ⅱ级 | Ⅲ级 |
| 按控制程度划分 | | 387604 | 2081941 | 167379 | 546970 | 417552 | 72464 |
| 按煤炭划分 | 气煤 | 387604 | 1717108 | 160837 | 383836 | 208231 | 47278 |
| | 气肥煤 | 0 | 0 | 2580 | 0 | 4132 | 4716 |
| | 弱黏煤 | 0 | 0 | 3962 | 0 | 0 | 16560 |
| | 长焰煤 | 0 | 364834 | 0 | 163134 | 196359 | 3910 |
| | 不黏煤 | 0 | 0 | 0 | 0 | 8830 | 0 |
| 按储量级别划分 | 探明资源量 | 24130 | 455399 | 26301 | 104734 | 58855 | 3813 |
| | 控制资源量 | 55169 | 314833 | 38879 | 81762 | 66404 | 16949 |
| | 推断资源量 | 308305 | 1311709 | 102199 | 360474 | 292292 | 51701 |

# 5.2.4　陕北石炭-二叠纪煤田资源量

## 1. 古城矿区

古城矿区共有煤炭资源 41.9 亿 t。以 4 号煤层为例,全区为富油煤-含油煤类,全区控制程度均为 Ⅰ 级,4 号煤层富油煤控制程度见图 5.11。

古城矿区所有煤炭资源分类及控制情况如下所示。

按富油煤类型划分:高油煤为 240394 千 t,占 5.73%(其中 Ⅰ 级占 75.4%,Ⅱ 级占 24.6%;气煤占 79%,长焰煤占 21%);富油煤为 3148046 千 t,占 75.0%(其中 Ⅰ 级占 97.8%,Ⅱ 级占 2.1%;气煤占 64.9%,长焰煤占 35.1%);含油煤为 809011 千 t,占 19.27%(其中控制程度 Ⅰ 级占 96.6%,Ⅱ 级占 3.4%;气煤占 48.1%,长焰煤占 51.9%)。

按控制可靠程度划分:Ⅰ 级资源储量为 4041448 千 t,占 96.3%(其中含油煤占 19.3%;富油煤占 76.2%;高油煤占 4.5%);Ⅱ 级资源储量为 156003 千 t,占 3.7%(其中含油煤占 17.8%;富油煤占 44.2%;高油煤占 38%)。

按储量级别划分:控制资源量为 954739 千 t,占 22.7%(其中高油煤占 2.9%,富油煤占 82.8%;含油煤占 14.3%);推断资源量为 3242712 千 t,占 77.3%(其中高油煤占 6.6%,富油煤占 72.7%;含油煤占 29.7%)。

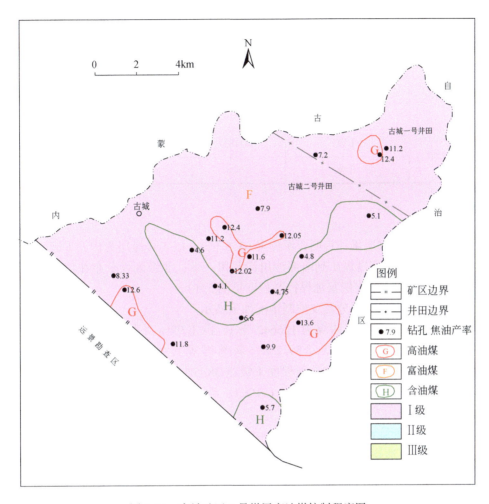

图 5.11 古城矿区 4 号煤层富油煤控制程度图

按煤类统计：气煤为 2621453 千 t，占 62.5%（其中含油煤为 389066 千 t，占 14.8%；富油煤为 2042527 千 t，占 78%；高油煤为 189860 千 t，占 7.2%）；长焰煤为 1575998 千 t，占 37.5%（其中含油煤为 419945 千 t，占 26.6%；富油煤为 1105519 千 t，占 70.1%；高油煤为 50534 千 t，占 3.3%）。

资源量情况统计见表 5.14。

表 5.14 古城矿区富油煤资源控制表

| 划分类别 | 煤类/资源储量类型 | 按富油煤类型划分/千 t | | |
| --- | --- | --- | --- | --- |
| | | 含油煤 | 富油煤 | 高油煤 |
| 按煤类统计 | 气煤 | 389066 | 2042527 | 189860 |
| | 长焰煤 | 419945 | 1105519 | 50534 |

| 划分类别 | 煤类/资源储量类型 | 按富油煤类型划分/千 t | | |
|---|---|---|---|---|
| | | 含油煤 | 富油煤 | 高油煤 |
| 按资源储量类型统计 | 控制资源量 | 136401 | 790660 | 27678 |
| | 推断资源量 | 672610 | 2357386 | 212716 |
| 按可靠程度统计 | Ⅰ级 | 781183 | 3079097 | 181168 |
| | Ⅱ级 | 27828 | 68949 | 59226 |

2. 府谷矿区

府谷矿区各可采煤层累计查明资源储量 63.5 亿 t。以 4 号煤层为例，Ⅰ级区主要分布在从北部段寨井田-冯家塔煤矿到南部沙川沟井田一带；Ⅱ级区仅分布在矿区西北角的尧峁井田；无Ⅲ级区，4 号煤层富油煤控制程度见图 5.12。

府谷矿区所有煤炭资源分类及控制情况如下所示。

按富油煤类型划分：高油煤为 126642 千 t，占 1.99%（其中Ⅰ级占 64%，Ⅱ级占 36%；气煤占 35.6%，长焰煤占 59.2%，弱黏煤等其他煤类占 15.2%）；富油煤为 6118990 千 t，占 96.32%（其中控制程度Ⅰ级占 38.5%，Ⅱ级占 61.5%；气煤占 1.8%，长焰煤占 96.8%，弱黏煤等其他煤类占 1.4%）；含油煤为 107158 千 t，占 1.69%（均为Ⅰ级；均为长焰煤）。

按资源可靠程度统计：Ⅰ级资源为 2541366 千 t，占 40%（其中含油煤占 4.2%、富油煤占 92.6%、高油煤占 3.2%）；Ⅱ级资源为 3811424 千 t，占 60%（其中富油煤占 98.8%、高油煤占 1.2%）。

按煤类统计：长焰煤为 6102503 千 t，占 96.1%（其中含油煤为 107158 千 t，富油煤为 5920391 千 t，高油煤为 74954 千 t）；气煤为 158432 千 t，占 2.5%（其中富油煤为 113326 千 t，高油煤为 45106 千 t）；弱黏煤为 65197 千 t，占 1%（其中富油煤为 58615 千 t，高油煤为 6582 千 t）；不黏煤为 15877 千 t，占 0.3%，均属富油煤；1/2 中黏煤为 10781 千 t，占 0.1%，均属富油煤。

按资源储量类型统计：探明资源量为 546336 千 t，占 8.9%（其中含油煤为 43040 千 t，占 7.6%；富油煤为 514416 千 t，占 90.7%；高油煤为 9074 千 t，占 1.7%）；控制资源量为 1076789 千 t，占 16.9%（其中含油煤为 41058 千 t，占 3.8%；富油煤为 1017625 千 t，占 94.5%；高油煤为 18106 千 t，占 1.7%）；推断资源量为 4708602 千 t，占 74.2%（其中含油煤为 23060 千 t，占 0.5%；富油煤为 4586949 千 t，占 97.4%；高油煤为 98593 千 t，占 20.9%）。

矿区富油煤资源量如表 5.15 所示。

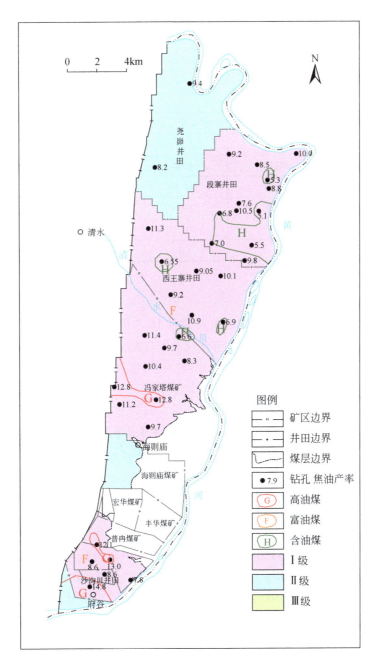

图 5.12 府谷矿区 4 号煤层富油煤控制程度图

表 5.15　府谷矿区富油煤资源控制表

| 划分类别 | 煤类/资源储量类型 | 按富油煤类型划分/千 t | | |
|---|---|---|---|---|
| | | 含油煤 | 富油煤 | 高油煤 |
| 按煤类统计 | 长焰煤 | 107158 | 5920391 | 74954 |
| | 气煤 | 0 | 113326 | 45106 |
| | 弱黏煤 | 0 | 58615 | 6582 |
| | 不黏煤 | 0 | 15877 | 0 |
| | 1/2 中黏煤 | 0 | 10781 | 0 |
| 按资源储量类型统计 | 探明资源量 | 43040 | 514416 | 9943 |
| | 控制资源量 | 41058 | 1017625 | 18106 |
| | 推断资源量 | 23060 | 4586949 | 98593 |
| 按可靠程度统计 | Ⅰ级 | 107158 | 2353163 | 81045 |
| | Ⅱ级 | 0 | 3765827 | 45597 |

3. 吴堡矿区

吴堡矿区各可采煤层累计查明保有资源储量 16.3 亿 t，以 S₁ 号煤层为例，Ⅰ级区主要分布在矿区中东部的横沟井田东部；Ⅱ级区分布在矿区横沟井田的西部和南部，矿区南部柳壕沟井田；无Ⅲ级区。S₁ 号煤层富油煤控制程度见图 5.13。

吴堡矿区所有煤炭资源分类及控制情况如下所示。

按富油煤类型：富油煤为 316190 千 t，占矿区资源的 19.43%（其中Ⅰ级占 27%，Ⅱ级占 73%；焦煤占 95%，瘦煤占 0.3%，肥煤占 4.7%）。含油煤为 1310890 千 t，占 80.57%（其中Ⅰ级占 20.6%，Ⅱ级占 79.4%；焦煤占 66.7%，瘦煤占 28.8%，肥煤占 4.5%）。

按资源可靠程度：Ⅰ级资源为 355450 千 t，占 21.8%（其中含油煤为 270030 千 t，占 76%；富油煤为 85420 千 t，占 24%）；Ⅱ级资源为 1271630 千 t，占 78.2%（其中含油煤为 1040860 千 t，占 81.9%；富油煤为 230770 千 t，占 18.1%）。

按煤类统计：焦煤为 1175170 千 t，占 72.2%（其中含油煤为 874840 千 t，占 74.4%；富油煤为 300330 千 t，占 25.6%）；瘦煤为 378650 千 t，占 23.3%（其中含油煤为 377570 千 t，占 99.7%；富油煤为 1080 千 t，占 0.3%）；肥煤为 73260 千 t，占 4.5%（其中含油煤为 58480 千 t，占 79.8%；富油煤为 14780 千 t，占 20.2%）。

按资源储量类型：探明资源量为 166020 千 t，占 10.2%（其中含油煤为 128910 千 t，占 77.6%；富油煤为 37110 千 t，占 22.4%）；控制资源量为 433200 千 t，占 26.6%（其中含油煤为 383240 千 t，占 88.5%；富油煤为 49960 千 t，占 11.5%）；推断资源量为 1027860 千 t，占 63.2%（其中含油煤为 798740 千 t，占 77.7%；富油煤为 229120 千 t，占 22.3%）。

富油煤资源统计如表 5.16 所示。

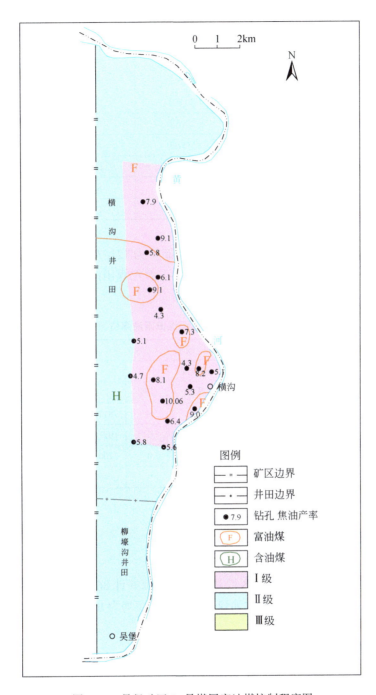

图 5.13 吴堡矿区 $S_1$ 号煤层富油煤控制程度图

**表 5.16　吴堡矿区富油煤资源控制表**

| 划分类别 | 煤类/资源储量类型 | 按富油煤类型划分/千 t | | |
|---|---|---|---|---|
| | | 含油煤 | 富油煤 | 高油煤 |
| 按煤类统计 | 焦煤 | 874840 | 300330 | 0 |
| | 瘦煤 | 377570 | 1080 | 0 |
| | 肥煤 | 58480 | 14780 | 0 |
| 按资源储量类型统计 | 探明资源量 | 128910 | 37110 | 0 |
| | 控制资源量 | 383240 | 49960 | 0 |
| | 推断资源量 | 798740 | 229120 | 0 |
| 按可靠程度统计 | Ⅰ级 | 270030 | 85420 | 0 |
| | Ⅱ级 | 1040860 | 230770 | 0 |

综上所述，陕北石炭-二叠纪煤田查明资源储量为 121.78 亿 t，其中高油煤占 3.0%，富油煤占 78.7%，含油煤占 18.3%。陕北石炭-二叠纪煤田内古城、府谷、吴堡矿区各井田、各可采煤层的富油煤资源储量详见表 5.17。

**表 5.17　陕北石炭-二叠纪煤田富油煤资源控制表**

| 矿区 | 资源控制级别/千 t | | | | | | | | | 小计 |
|---|---|---|---|---|---|---|---|---|---|---|
| | 高油煤 | | | 富油煤 | | | 含油煤 | | | |
| | Ⅰ级 | Ⅱ级 | Ⅲ级 | Ⅰ级 | Ⅱ级 | Ⅲ级 | Ⅰ级 | Ⅱ级 | Ⅲ级 | |
| 古城矿区 | 181168 | 59226 | 0 | 3079097 | 68949 | 0 | 781183 | 27828 | 0 | 4197451 |
| 府谷矿区 | 81045 | 45597 | 0 | 2353163 | 3765827 | 0 | 107158 | 0 | 0 | 6352790 |
| 吴堡矿区 | 0 | 0 | 0 | 85420 | 230770 | 0 | 270030 | 1040860 | 0 | 1627080 |
| 小计 | 262213 | 104823 | 0 | 5517680 | 4065546 | 0 | 1158371 | 1068688 | 0 | 12177321 |

## 5.2.5　渭北石炭-二叠纪煤田资源量

渭北石炭-二叠纪煤田 4 个矿区，共有煤炭资源共计 86.06 亿 t，以 10 号煤层为例，全煤田焦油产率小于等于 7%，为含油煤，其控制程度均为 Ⅱ级。

## 5.2.6　全省富油煤资源量

全省探明煤炭资源中有富油煤和高油煤资源共计 1150.6 亿 t。其中高油煤资源为 142.3 亿 t，占所有煤炭资源的 8.7%，主要分布在陕北侏罗纪煤田、陕北三叠纪煤田，较少量的高油煤分布在黄陇侏罗纪煤田东北部和陕北石炭-二叠纪煤田，其中陕北侏罗纪煤田占 77.9%，黄陇侏罗纪煤田占 1%，陕北石炭-二叠纪煤田占 2.7%，陕北三叠纪煤田占 18.4%。

富油煤资源共计 1408.3 亿 t，主要分布在陕北侏罗纪煤田、黄陇侏罗纪煤田、陕北石炭–二叠纪煤田。其中陕北侏罗纪煤田占 84.4%，黄陇侏罗纪煤田占 8.0%，陕北石炭–二叠纪煤田占 6.8%，陕北三叠纪煤田占 0.8%。

全省煤炭资源富油煤类型及富油煤资源量详见表 5.18。各煤田富油煤资源量占比见图 5.14、资源量控制程度图见图 5.15。

表 5.18 陕西省富油煤资源量统计简表

| 煤田 | 资源控制级别/千 t | | | | | | | | |
| --- | --- | --- | --- | --- | --- | --- | --- | --- | --- |
| | 高油煤 | | | 富油煤 | | | 含油煤 | | |
| | Ⅰ级 | Ⅱ级 | Ⅲ级 | Ⅰ级 | Ⅱ级 | Ⅲ级 | Ⅰ级 | Ⅱ级 | Ⅲ级 |
| 陕北侏罗纪煤田 | 11084206 | 0 | 0 | 75623804 | 37220711 | 6042600 | 608516 | 50875 | 0 |
| 黄陇侏罗纪煤田 | 147101 | 0 | 0 | 9343374 | 1377649 | 601028 | 3630909 | 704721 | 764556 |
| 陕北三叠纪煤田 | 387604 | 2081941 | 167379 | 546970 | 417552 | 72464 | 0 | 0 | 0 |
| 陕北石炭–二叠纪煤田 | 262213 | 104823 | 0 | 5517680 | 4065546 | 0 | 1158371 | 1068688 | 0 |
| 渭北石炭–二叠纪煤田 | 0 | 0 | 0 | 0 | 0 | 0 | 860638 | 0 | 0 |
| 小计 | 11881124 | 2186764 | 167379 | 91031828 | 43081458 | 6716092 | 5397796 | 2684922 | 764556 |

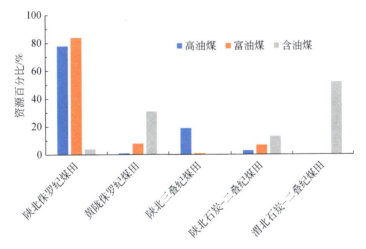

图 5.14 陕西省各煤田富油煤资源量占比情况图

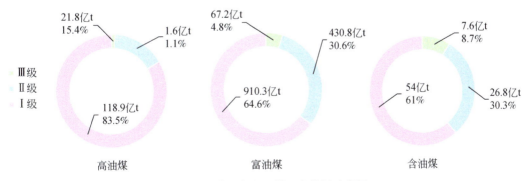

图 5.15 陕西省富油煤程度分析示意图

高油煤资源中，控制程度Ⅰ级资源共118.8亿t，占所有富油煤资源的83.5%；控制程度Ⅱ级资源21.9亿t，占比为15.4%；Ⅲ级资源仅占1.1%。

富油煤资源中，控制程度Ⅰ级资源共910.3亿t，占所有富油煤资源的64.6%；控制程度Ⅱ级资源430.8亿t，占比为30.6%；Ⅲ级资源占4.8%。

含油煤资源中，控制程度Ⅰ级资源共54.0亿t，占所有含油煤资源的61%；控制程度Ⅱ级资源26.8亿t，占比为30.3%；Ⅲ级资源仅占8.7%。

## 5.3　焦油资源量

根据富油煤及高油煤的分布范围，分煤层统计各煤层富油煤及高油煤的平均焦油产率，用资源量与平均焦油产率的乘积计算焦油资源量。

$$Q_{焦富} = \sum_{1}^{n} Q_{富n} \times Tar_d$$

$$Q_{焦高} = \sum_{1}^{n} Q_{高n} \times Tar_d$$

式中，$Q_{富n}$为第$n$块资源量计算块段富油煤资源量，千t；$Q_{高n}$为第$n$块资源量计算块段高油煤资源量，千t；$Q_{焦富}$为第$n$块资源量计算块段内焦油资源量，千t；$Q_{焦高}$为资源量计算块段内富油煤炭资源量，千t；$Tar_d$为该块段焦油产率平均值，%。

矿区焦油资源（$Q_{焦}$）= 各煤层富油煤焦油资源+高油煤焦油资源

$$Q_{焦} = \sum_{1}^{n} Q_{焦富} + \sum_{1}^{n} Q_{焦高}$$

对陕北侏罗纪煤田、黄陇侏罗纪煤田、陕北三叠纪煤田、陕北石炭–二叠纪煤田各矿区各煤层分别计算焦油资源，焦油资源见表5.19。

表5.19　焦油资源量统计表

| 煤田 | 矿区 | 煤层 | 高油煤资源量/千t | 平均焦油产率/% | 焦油资源量/亿t | 富油煤资源量/千t | 平均焦油产率/% | 焦油资源量/亿t |
|---|---|---|---|---|---|---|---|---|
| 陕北侏罗纪煤田 | 庙哈孤矿区 | 2⁻² | 17796 | 12.3 | 0.02 | 38184 | 9.2 | 0.04 |
| | | 3⁻¹ | 0 | — | 0 | 45390 | 7.8 | 0.04 |
| | | 4⁻² | 0 | — | 0 | 46974 | 9 | 0.04 |
| | | 5⁻¹ | 0 | — | 0 | 72153 | 8.8 | 0.06 |
| | | 5⁻² | 0 | — | 0 | 298654 | 7.9 | 0.24 |
| | 神府新民矿区 | 1⁻² | 0 | — | 0 | 1217050 | 8.4 | 1.02 |
| | | 2⁻² | 100308 | 12.6 | 0.13 | 2480550.4 | 9.2 | 2.28 |
| | | 3⁻¹ | 27044.7 | 12.6 | 0.03 | 2133816.2 | 9.1 | 1.94 |
| | | 3⁻² | 0 | — | 0 | 272380 | 8.5 | 0.23 |
| | | 3⁻³ | 0 | — | 0 | 183592 | 8.5 | 0.16 |

| 煤田 | 矿区 | 煤层 | 高油煤资源量/千t | 平均焦油产率/% | 焦油资源量/亿t | 富油煤资源量/千t | 平均焦油产率/% | 焦油资源量/亿t |
|---|---|---|---|---|---|---|---|---|
| 陕北侏罗纪煤田 | 神府新民矿区 | $4^{-2}$ | 104790 | 12.4 | 0.13 | 1383753.1 | 9.1 | 1.26 |
| | | $4^{-3}$ | 2104.4 | 12.1 | 0 | 1183146.3 | 8.5 | 1.01 |
| | | $4^{-4}$ | 0 | — | 0 | 652412.4 | 8.2 | 0.53 |
| | | $5^{-1}$ | 0 | — | 0 | 1442356.3 | 8.3 | 1.2 |
| | | $5^{-2}$ | 99698.7 | 12.2 | 0.12 | 7977627.3 | 8.4 | 6.7 |
| | | $5^{-3}$ | 0 | — | 0 | 36605 | 10.1 | 0.04 |
| | | $5^{-4}$ | 116703 | 12.4 | 0.14 | 499182.5 | 8 | 0.4 |
| | | 其他 | 263384.2 | 12.1 | 0.32 | 4027752.5 | 7.5 | 3.02 |
| | 榆神矿区 | $1^{-2}$ | 0 | — | 0 | 121317 | 8.5 | 0.1 |
| | | $2^{-2}$ | 3203884 | 12.8 | 4.1 | 14559218 | 10 | 14.56 |
| | | $2^{-2下}$ | 12020 | 12.6 | 0.02 | 111176 | 8 | 0.09 |
| | | $3^{-1}$ | 1087448 | 12.7 | 1.38 | 9535745 | 9.7 | 9.25 |
| | | $4^{-2}$ | 23173 | 13.1 | 0.03 | 2119864.7 | 8.9 | 1.89 |
| | | $4^{-3}$ | 597208 | 12.6 | 0.75 | 3514062 | 9.2 | 3.23 |
| | | $4^{-4}$ | 6002 | 12 | 0.01 | 260715 | 8.5 | 0.22 |
| | | $5^{-1}$ | 0 | — | 0 | 5449286 | 8.3 | 4.52 |
| | | $5^{-2}$ | 228102 | 12.5 | 0.29 | 5902654 | 9 | 5.31 |
| | | $5^{-2下}$ | 3744 | 12.5 | 0 | 61293 | 9.2 | 0.06 |
| | | $5^{-3}$ | 839693 | 12.1 | 1.02 | 5963429 | 9.4 | 5.61 |
| | | $5^{-4}$ | 158916 | 12.1 | 0.19 | 1335599 | 9.4 | 1.26 |
| | | $2^{-2上}$ | 61101 | 12.3 | 0.08 | 986418 | 8.3 | 0.82 |
| | | 其他 | 65065 | 12.1 | 0.08 | 1040855.3 | 8.3 | 0.86 |
| | 榆横矿区 | 2 | 9906 | 13 | 0.01 | 1046014 | 8.4 | 0.88 |
| | | 3 | 3719945.4 | 12.35 | 4.59 | 26075443.2 | 10 | 26.08 |
| | | 4 | 131176.5 | 13 | 0.17 | 1228919.5 | 8.3 | 1.02 |
| | | $4^{-2}$ | 0 | 13.5 | 0 | 344950 | 8.8 | 0.3 |
| | | 5 | 113373 | 12.8 | 0.15 | 379504 | 9.3 | 0.35 |
| | | 6 | 3684 | 13 | 0 | 33156 | 8.5 | 0.03 |
| | | 7 | 0 | — | 0 | 12801192 | 8 | 10.24 |
| | | 8 | 52641 | 12 | 0.06 | 810979 | 8 | 0.65 |
| | | 其他 | 35295.1 | 12.1 | 0.04 | 1213746.3 | 8 | 0.97 |
| | 小计 | | 11084206 | 0 | 13.86 | 118887115 | 0 | 108.51 |

续表

| 煤田 | 矿区 | 煤层 | 高油煤资源量/千t | 平均焦油产率/% | 焦油资源量/亿t | 富油煤资源量/千t | 平均焦油产率/% | 焦油资源量/亿t |
|---|---|---|---|---|---|---|---|---|
| 黄陇侏罗纪煤田 | 黄陵矿区 | 1 | 0 | — | 0 | 5088.9 | 9.5 | 0 |
| | | 2 | 60284 | 12.6 | 0.08 | 2219521.1 | 8.8 | 1.95 |
| | | 3 | 1990 | 12.1 | 0 | 7346 | 8.1 | 0.01 |
| | | 4 | 0 | — | 0 | 27592 | 8.3 | 0.02 |
| | 焦坪矿区 | 2 | 0 | — | 0 | 299.4 | 8.6 | 0 |
| | | 3 | 0 | — | 0 | 28809.1 | 8.3 | 0.02 |
| | | $3^{-2}$ | 0 | — | 0 | 4078 | 7.3 | 0 |
| | | $4^{-1}$ | 0 | — | 0 | 3045.9 | 7.5 | 0 |
| | | $4^{-2}$ | 84827 | 12.2 | 0.1 | 1027004.1 | 8.8 | 0.9 |
| | | 其他 | 0 | — | 0 | 298444.5 | 7.5 | 0.22 |
| | 旬耀矿区 | 3 | 0 | — | 0 | 1838 | 7.8 | 0 |
| | | $4^{-1}$ | 0 | — | 0 | 66814 | 7.8 | 0.05 |
| | | $4^{-2}$ | 0 | — | 0 | 362413.4 | 8.5 | 0.31 |
| | | 其他 | 0 | — | 0 | 19227.6 | 7.2 | 0.01 |
| | 彬长矿区 | 4 | 0 | — | 0 | 2185143.1 | 8.5 | 1.86 |
| | | 其他 | 0 | — | 0 | 2862291.9 | 7.4 | 2.12 |
| | 永陇矿区 | 3 | 0 | — | 0 | 2185143.1 | 8.3 | 1.81 |
| | | 其他 | 0 | — | 0 | 17950.9 | 7.3 | 0.01 |
| | 小计 | | 147101 | 0 | 0.18 | 11322051 | 0 | 9.29 |
| 陕北三叠纪煤田 | 子长矿区 | 1 | 113027 | 12.2 | 0.14 | 187712 | 9.4 | 0.18 |
| | | 2 | 0 | — | 0 | 70456 | 8.6 | 0.06 |
| | | 3 | 1504693 | 13.2 | 1.99 | 201829.2 | 9.8 | 0.2 |
| | | 4 | 0 | — | 0 | 328191.9 | 10.1 | 0.33 |
| | | 5 | 985310.3 | 13.5 | 1.33 | 182281.7 | 9.3 | 0.17 |
| | | 其他 | 33893.7 | 25.1 | 0.04 | 66515.2 | 16 | 0.05 |
| | 小计 | | 2636924 | 0 | 3.5 | 1036986 | 0 | 0.99 |

续表

| 煤田 | 矿区 | 煤层 | 高油煤资源量/千t | 平均焦油产率/% | 焦油资源量/亿t | 富油煤资源量/千t | 平均焦油产率/% | 焦油资源量/亿t |
|---|---|---|---|---|---|---|---|---|
| 陕北石炭-二叠纪煤田 | 古城矿区 | 4 | 71333 | 12.4 | 0.09 | 1233088 | 8.6 | 1.06 |
| | | 8 | 109835 | 12.3 | 0.14 | 1846009 | 7.5 | 1.38 |
| | | $9^{-1}$ | 59226 | 12.3 | 0.07 | 68949 | 7.5 | 0.05 |
| | 府谷矿区 | 2 | 0 | 13.9 | 0 | 248154 | 7.7 | 0.19 |
| | | 3 | 0 | 13.2 | 0 | 373774 | 8.4 | 0.31 |
| | | 4 | 36407 | 12.5 | 0.05 | 1484945 | 9 | 1.34 |
| | | 5 | 44638 | 12.4 | 0.06 | 84497 | 8.2 | 0.07 |
| | | 6 | 25844 | 12.6 | 0.03 | 365894 | 7.5 | 0.27 |
| | | 7 | 19753 | 12.5 | 0.02 | 593054 | 8.1 | 0.48 |
| | | $8^{-1}$ | 0 | — | 0 | 12642 | 8 | 0.01 |
| | | 8 | 0 | — | 0 | 922891 | 8 | 0.74 |
| | | $9^{-1}$ | 0 | — | 0 | 218696 | 7.8 | 0.17 |
| | | $9^{-2}$ | 0 | — | 0 | 544393 | 7.9 | 0.43 |
| | | $10^{-1}$ | 0 | — | 0 | 814120 | 7.8 | 0.64 |
| | | $10^{-2}$ | 0 | — | 0 | 94838 | 7.8 | 0.07 |
| | | 11 | 0 | — | 0 | 361092 | 7.8 | 0.28 |
| | 吴堡矿区 | $S_3$ | 0 | — | 0 | 28660 | 7.5 | 0.02 |
| | | $S_2$ | 0 | — | 0 | 55500 | 7.3 | 0.04 |
| | | $S_1$ | 0 | — | 0 | 211010 | 7.2 | 0.15 |
| | | $T_3$ | 0 | — | 0 | 2810 | 7.3 | 0 |
| | | $T_1^{上}$ | 0 | — | 0 | 1770 | 7.5 | 0 |
| | | $T_1$ | 0 | — | 0 | 16440 | 7.3 | 0.01 |
| | 小计 | | 367036 | | 0.46 | 9583226 | | 7.71 |
| 合计 | | | 14235267 | | 18 | 140829378 | 0 | 126.5 |

按照焦油资源量计算方法，计算并获得全省富油煤+高油煤中共蕴含焦油资源 144.5亿 t。其中：陕北侏罗纪煤田焦油资源 122.37 亿 t，占总焦油资源量的 84.7%；黄陇侏罗纪煤田焦油资源 9.47 亿 t，占总焦油资源量的 6.6%；陕北三叠纪煤田焦油资源 4.49 亿 t，占总焦油资源量的 3.1%；陕北石炭-二叠纪煤田焦油资源 8.17 亿 t，占总焦油资源量的 5.6%。

各煤田焦油资源量及资源占比见图 5.16。

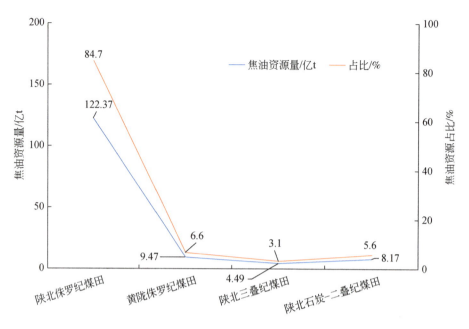

图 5.16　焦油资源量分布示意图

# 5.4　本 章 小 结

本章计算了陕西省五大煤田富油煤+高油煤资源量，全省共有富油煤+高油煤 1550.6 亿 t，其中 83.8% 分布在陕北侏罗纪煤田。

根据资源控制点密度对全省富油煤资源控制程度进行了划分，共分为Ⅰ级、Ⅱ级和Ⅲ级三类；其中Ⅰ级+Ⅱ级资源共占 95.5%。

分煤层对富油煤+高油煤资源中的焦油资源进行了计算，全省查明煤炭资源中共蕴含焦油资源 144.5 亿 t，其中 84.7% 分布在陕北侏罗纪煤田。

# 6 富油煤影响因素及成因机理

陕西省境内不同成煤时期煤的焦油产率变化规律较为清晰：石炭–二叠纪煤田焦油产率值偏低、侏罗纪煤田焦油产率中等且较稳定、三叠纪煤田焦油产率较高。石炭–二叠纪煤田（陕北石炭–二叠纪煤田、渭北石炭–二叠纪煤田）的焦油产率差异较大，其中陕北二叠纪煤田焦油产率由北往南焦油产率逐渐降低，从北部富油煤–含油煤矿区到南部的含油煤矿区；渭北煤田焦油产率整体为含油煤矿区。侏罗纪煤田（陕北侏罗纪煤田、黄陇侏罗纪煤田）煤层焦油产率总体比较稳定，陕北侏罗纪煤田焦油产率总体高于南部黄陇侏罗纪煤田，整体为富油煤；黄陇侏罗纪煤田则为富油煤–含油煤区。陕北三叠纪煤田子长矿区的煤层焦油产率最高，总体为富油煤–高油煤区。

## 6.1 关键物质结构

王双明等[5]指出，富氢结构是影响富油煤中潜在油气属性特点的关键物质结构，主要由煤中具有脂肪结构的侧链及桥键构成，是附着在煤缩合芳香核周缘的弱键结构（图 6.1）[38,39]。煤中桥键多以脂肪结构（如-$CH_2$-、-$CH_2$-$CH_2$-、-$CH_2$-O-等）为主，部分

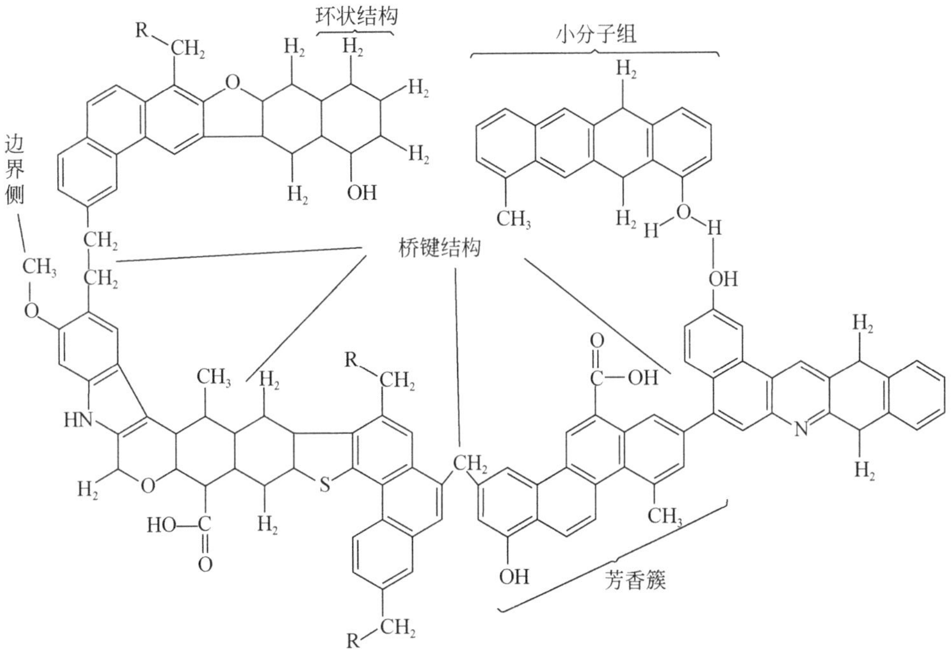

图 6.1 煤大分子经典模型[41]

以氧、硫等杂原子基团（如-O-、-S-等）或联芳键（Ar-Ar）形式存在，侧链主要由烷基和杂原子基团组成[40]。

由于煤分子结构的复杂性[41]，对煤热解反应过程的认识仍存在局限。刘振宇[42]认为，在煤热解过程中，一部分煤中弱共价键受热并解离产生自由基碎片，自由基反应生成挥发产物和固体产物；另一部分结构会在共价键裂解前发生重组，直接形成焦炭和气态小分子。Fletcher[43]将煤看作由脂肪结构桥键连接的芳环网络，不稳定桥键裂解既可形成边基侧链，也可缩合形成稳定桥键并释放气态分子，边基侧链是形成煤焦油的主要基团，随着热解温度的升高，脱离煤大分子的侧链最终会裂解形成气态分子。总体而言，煤热解过程中芳香簇间的桥键、脂肪侧链、脂肪小分子相和芳香杂原子等不稳定化学键发生裂解，并形成自由基碎片是形成油气及半焦的关键[39,44]。

从富氢结构表征角度，CPD 模型主要关注原始煤的 4 个参数，分别为完整桥键数量占比（p0）、平均分子簇摩尔质量（MWcl）、平均边基侧链摩尔质量（MWδ）、配位数 σ+1（即桥键和边基侧链数量），这些参数均可通过 $^{13}$C NMR 实验检测获取[45,46,47]。Liu 等[48]通过实验发现热解焦油产率随着煤分子结构中的 $CH_2/CH_3$ 比的增大而显著升高，而含氧官能团的增加则不利于焦油产生。实质上，$CH_2/CH_3$ 比值的增加意味着煤分子结构中的脂肪桥键和侧链的增加，也就具有更多的能够形成焦油组分的分子侧链，同时，这类基团有助于使形成的自由基与活跃氢或甲基结合，并抑制交联反应进行，能够促进焦油的形成；而含氧桥键由于其解离能较小，会促进煤分子快速裂解形成气态小分子，进而降低焦油产率。

富氢结构类型及丰度在不同煤阶存在明显差异，低阶煤脂肪结构相对偏低、含氧基团相对偏高，导致褐煤虽然具有较高的挥发分产率，但焦油产率并非处于高峰值点，主要与含氧基团大量脱落造成富氢基团向 $H_2O$ 和 $CO_2$ 转化，相应的褐煤热解产生的含氧气体产率占比最高将近30%（图 6.2）。说明高挥发分煤并非代表高焦油产率煤，富氢且低氧结构特点才是其最为关键的因素，这也是长焰煤–气煤的焦油产率相对较高的根本原因[49,50,51]。

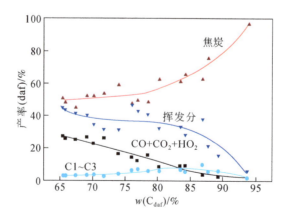

图 6.2　煤快速热解产物随煤阶变化规律

由此，可得以下几点启示：①富油煤资源潜力调查应当更加关注煤中富氢结构这一关键物质结构，为富油煤生油产率及生油类型提供关键依据；②以脂肪结构为主的不稳定桥键和边基侧链在富油煤热解中占有重要地位，脂肪桥键可采用 $CH_2/CH_3$ 物质的量比进行表征，以体现脂肪结构的键能分布状态；③含氧桥键有助于提高热解反应速率，但由此造成含氧气体分子形成，会消耗大量可形成油、气的 H 元素和 C 元素，尤其在低阶煤资源潜力认识中需重点考虑；④在煤变质程度的广域尺度上，可将挥发分产率作为粗略分析富油煤赋存规律的基本依据，但针对某变质阶段煤而言，需重点考查煤中关键物质结构特点，结合地质条件、岩石学特征、化学结构特征寻找高品质富油煤有利聚集区。

## 6.2 煤的显微组分

陕西省五大煤田成煤期主要集中晚生代—中生代；古生代的主要成煤期为石炭-二叠纪，成煤植物以蕨类植物为主；中生代的主要成煤期以侏罗纪为主，成煤植物以裸子植物为主；中生代的三叠纪成煤期介于二叠纪和侏罗纪之间，成煤植物以裸子植物为主（表6.1）。

表 6.1 陕西省主要成煤时代及成煤植物有机族组成

| 代（界） | 纪（系） | 主要成煤期 | 主要生物（植物） | 煤种 | 成煤植物的有机族组成及成煤性质 |
|---|---|---|---|---|---|
| 新生代（界） | 第四纪（系） | | 被子植物 | | 主要成分：纤维素、半纤维素和木质素。其根、茎、叶、孢子和花粉均可煤化成煤。植物的有机族组分：①糖类及衍生物：需氧菌分解成单糖-厌氧菌还原腐殖酸-参与成煤；厌氧菌发酵成-$CO_2+H_2O$；②木质素：多氧条件经微生物氧化成芳香酸、脂肪酸；③蛋白质：氧化条件生成 $NH_3$、$CO_2$ 等气态产物；泥炭沼泽中水解成氨基酸，参与成煤；④脂类化合物：性质稳定，保存于煤中。成煤物质组分决定煤的性质差异。若成煤组分以根、茎等纤维为主，则煤的 H 含量较低；若成煤组分以脂类化合物为主，则 H 含量较高 |
| | 第三纪（系） | | | 褐煤、烟煤为主 | |
| 中生代（界） | 白垩纪（系） | | 裸子植物 | | |
| | 侏罗纪（系） | √ | | | |
| | 三叠纪（系） | √ | | | |
| 古生代（界） | 晚古生代 二叠纪（系） | √ | 蕨类植物 | 烟煤、无烟煤 | |
| | 石炭纪（系） | √ | | | |
| | 泥盆纪（系） | | 裸蕨植物 | | |

在显微镜下能够识别出煤的基本组成成分，相对于无机显微组分而言，有机显微组分更值得关注。通过对煤中由植物有机质组分的识别判定煤的成因、特征等要素，《烟煤显微组分分类》（GB/T 1558—2013）将煤的有机显微组分划分为镜质组、惰质组和壳质组。镜质组是由成煤植物的木质纤维组织经凝胶化作用形成的，是煤最主要的显微组分，镜质组根据凝胶化程度不同，又可分为结构镜质体、无结构镜质体和碎屑体等，镜质组在透射镜下呈橙红色，在反射光下呈灰色，油浸反射光下呈深灰色。惰质组是由成煤植物的木质纤维组织经过丝炭化作用形成的，由于丝炭化程度不同，又可分为丝炭、半丝质体粗粒体等，在透射光下呈现黑色、不透明，在反射光下突起高、呈白色，在油浸反射光下呈亮白

色。壳质组是植物有机组分中的角质层、孢粉、树脂等化学性质稳定的物质经煤化作用形成的，也可分为木栓体、角质体、孢子体等，在透射镜下呈透明-半透明，呈黄色-橙红色，在反射光下有突起、呈深灰色，在油浸反射光下呈灰黑或黑灰色（图6.3）。煤的焦油产率受煤中活性组分和矿物质含量影响[52,19]，镜质组和壳质组挥发分和氢含量都较高，加热后易软化分解，是产生煤焦油的主要物质组成[53]，而且壳质组的挥发分产率和焦油产率高于镜质组和惰质组。

以陕北侏罗纪西湾煤矿 2$^{-2}$号煤层为例，依据国家标准《煤的显微组分组和矿物测定方法》（GB/T 8899—2013）和《烟煤显微组分分类》（GB/T 15588—2013）进行显微组分测定，结果显示煤的显微组分镜质组含量最多，壳质组含量最少，呈现为镜质组-惰质组的组合为特征。镜质组含量为 37.2%~78.5%，其中基质镜质体含量为 22.2%~56.2%，结构镜质体含量为 3.3%~48.8%，均质镜质体含量为 2.3%~23.8%，团块镜质体含量为 0~4.6%，碎屑镜质体含量为 0~2.8%，基质镜质体含量最多；惰质组含量为 19.9%~58.5%，其中丝质体含量为 9.6%~32.7%，微粒体含量为 0.0~1.8%，粗粒体含量为 2.8%~17.0%，碎屑惰质体含量为 2.2%~9.3%，丝质体含量最多；壳质组含量为 0.1%~3.8%，以小孢子体为主，个别见角质体和木栓质体，含有少量黄铁矿。

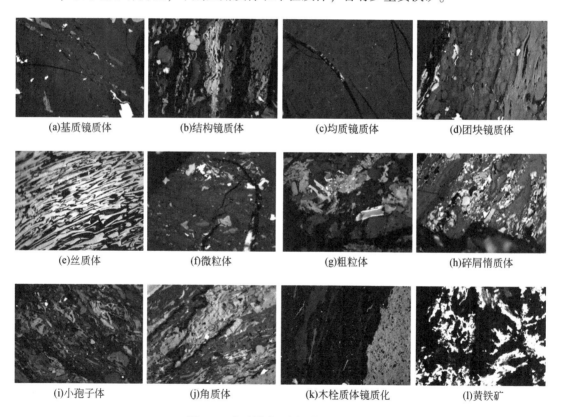

      (a)基质镜质体          (b)结构镜质体          (c)均质镜质体          (d)团块镜质体

        (e)丝质体             (f)微粒体            (g)粗粒体          (h)碎屑惰质体

        (i)小孢子体           (j)角质体       (k)木栓质体镜质化       (l)黄铁矿

图 6.3　富油煤中不同显微组分照片

对西湾煤矿 2$^{-2}$号煤层显微组分与焦油产率进行线性关系分析，结果显示镜质组含量与焦油产率呈正相关，$R = 0.70$［图6.4（a）］；惰质组含量与焦油产率呈负相关，$R =$

0.64［图6.4（b）］；壳质组含量与焦油产率相关性不明显［图6.4（c）］；基质镜质组在镜质组中所占比重较大，且与焦油产率也成正相关关系，$R=0.61$［图6.4（d）］。图6.5为西湾煤矿$2^{-2}$号煤层焦油产率与镜质组微组分相关性分析图，与图6.4的相关性结论一致，反映出镜质组尤其是基质镜质组对煤中焦油产率的贡献占主导地位。

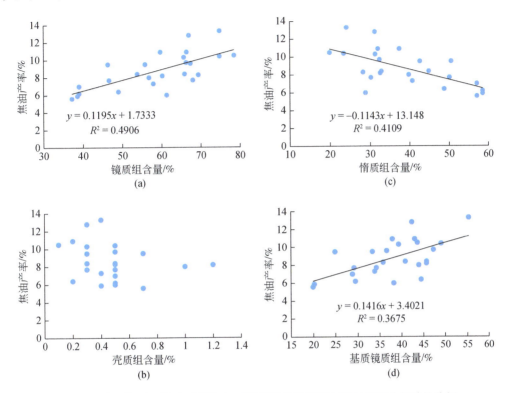

图6.4 陕北侏罗纪煤田西湾煤矿$2^{-2}$号煤层焦油产率与煤显微组分相关性分析

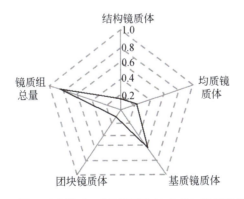

图6.5 陕北侏罗纪煤田西湾煤矿$2^{-2}$号煤层焦油产率与镜质组微组分相关性分析

煤岩显微组分中壳质组的挥发分最高，镜质组次之，惰质组最低[39]，西湾煤矿$2^{-2}$号煤层以镜质组为主，惰质组次之，壳质组最少，且不同变质程度的煤随着镜质组含量的增加挥发分总体呈增加趋势[54]，成为镜质组含量和焦油产率呈正相关的主要原因。

对黄陇侏罗纪煤田大佛寺井田 4 号煤层进行显微组分相关性分析（图 6.6），发现焦油产率随煤中活性组分（镜质组与壳质组之和）[55]、镜质组含量增大而增大，而与半镜质组分、壳质组、惰质组及矿物含量之间的相关性较差。焦油产率与煤中活性组分、镜质组的 R 分别为 0.50、0.46，与陕北侏罗纪煤田相关性基本一致。但是，壳质组与焦油产率之间甚至显示出轻微的负相关性，说明显微组分并不是唯一的影响因素。

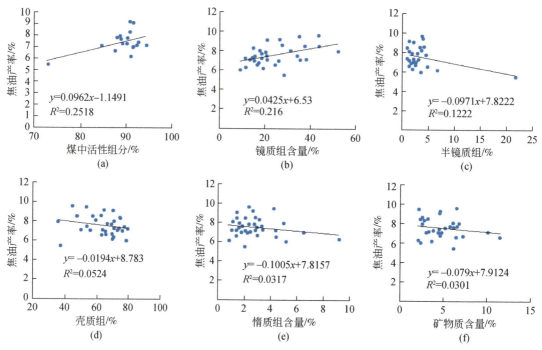

图 6.6　黄陇侏罗纪煤田大佛寺井田焦油产率与煤显微组分相关性分析

为研究不同成煤时代煤焦油产率与显微组分的关系，以陕北三叠纪煤田永胜煤矿 5 号煤层、陕北侏罗纪煤田西湾煤矿 2 号煤层和陕北石二叠纪煤田吴堡矿区 $T_1$ 煤层为例，永胜煤矿 5 号煤层的镜质组占比为 70.25%，壳质组占比为 6.08%，惰质组占比为 23.67%，镜惰比为 2.96；西湾煤矿 2 号煤层的镜质组占比为 61.33%，壳质组占比为 0.26%，惰质组占比为 36.7%，镜惰比为 1.67；吴堡矿区 $T_1$ 煤层的镜质组占比为 50.01%，壳质组占比为 0.34%、惰质组占比为 38.58%，镜惰比为 1.29。综合分析（图 6.7），焦油产率与

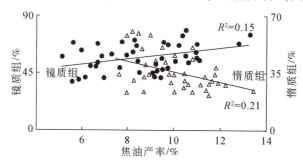

图 6.7　显微组分与焦油产率相关性分析

镜质组含量呈现正相关关系，$R=0.387$；与惰质组占比呈现负相关关系，$R=0.458$。受地质条件影响，各区相关系数差异较大，以西湾煤矿为例，焦油产率与镜质组正相关性最好，$R=0.826$，且基质镜质组相关性较其他亚显微组分略好，$R=0.565$。

# 6.3 变质程度

通过煤的挥发分、镜质体反射率、碳元素含量和氢元素含量、水分含量、发热量、密度、固定碳含量等煤级指标可以反映煤的变质程度。表6.2统计了全省五大煤田及各矿区主要可采煤层的镜质体最大反射率、煤化程度和煤类。三叠纪煤变质程度为Ⅰ-Ⅱ级；陕北侏罗纪煤变质程度Ⅰ级；黄陇侏罗纪煤变质程度以Ⅰ级为主，仅在黄陵矿区和彬长矿区变质程度为Ⅰ-Ⅱ级；陕北石炭-二叠纪煤田，北部古城及府谷矿区变质程度为Ⅰ-Ⅱ级，南部吴堡矿区变质程度为Ⅲ-Ⅳ级；渭北石炭-二叠纪煤田变质程度为Ⅵ-Ⅶ级。

表6.2 陕西省各煤矿区煤变质程度指标参数

| 煤田/矿区名称 | | 镜质体最大反射率 $R_{max}/\%$ | 煤化程度分级 | 煤类 |
|---|---|---|---|---|
| 黄陇侏罗纪煤田 | 永陇矿区 | 0.53~0.59 | Ⅰ | 不黏煤、长焰煤 |
| | 彬长矿区 | 0.58~0.79 | Ⅰ-Ⅱ | 不黏煤、弱黏煤 |
| | 旬耀矿区 | 0.51~0.60 | Ⅰ | 不黏煤、长焰煤、弱黏煤 |
| | 焦坪矿区 | 0.63~0.64 | Ⅰ | 不黏煤、长焰煤、弱黏煤 |
| | 黄陵矿区 | 0.63~0.83 | Ⅰ-Ⅱ | 弱黏煤、气煤、长焰煤 |
| 陕北侏罗纪煤田 | 庙哈孤矿区 | 0.51~0.68 | Ⅰ | 不黏煤、长焰煤 |
| | 神府新民矿区 | 0.50~0.65 | Ⅰ | 不黏煤、长焰煤、弱黏煤 |
| | 榆神矿区 | 0.53~0.72 | Ⅰ | 不黏煤、长焰煤、弱黏煤 |
| | 榆横矿区 | 0.55~0.64 | Ⅰ | 长焰煤、不黏煤、弱黏煤 |
| 陕北三叠纪煤田 | 子长矿区 | 0.61~0.78 | Ⅰ-Ⅱ | 气煤、长焰煤、气肥煤 |
| 陕北石炭-二叠纪煤田 | 古城矿区 | 0.57~0.82 | Ⅰ-Ⅱ | 气煤、长焰煤 |
| | 府谷矿区 | 0.60~0.66 | Ⅰ-Ⅱ | 长焰煤、气煤、不黏煤、弱黏煤 |
| | 吴堡矿区 | 1.13~1.50 | Ⅲ-Ⅳ | 焦煤、瘦煤、肥煤 |
| 渭北石炭-二叠纪煤田 | | 1.83~2.12 | Ⅵ-Ⅶ | 瘦煤、贫瘦煤、贫煤 |

## 6.3.1 镜质组反射率

煤的反射率是在反射光下，显微组分表面的反射光强度占入射光强度的百分数，以 $Ro(\%)$ 表示。受煤化作用的影响，各煤岩显微组分的反射率变化各不相同，其中镜质组反射率的变化幅度大、规律明显，因此，常以镜质组的反射率作为变质程度的标准，镜质组反射率随煤的变质程度增高而增大。从表6.2中可以看出，侏罗纪煤田（陕北侏罗纪煤田和黄陇侏罗纪煤田）的镜质组反射率范围相当，为0.50%~0.83%，陕北侏罗煤田镜质组反射率值较为稳定，黄陇侏罗纪煤田镜质组反射率变化较大，最大值在黄陵矿区，该矿区有零星高油煤分布；陕北三叠纪煤田镜质组反射率相对较稳定，最低值大于0.61%，该区煤的焦油产率总体较高；石炭–二叠纪煤田（陕北石炭–二叠纪煤田和渭北石炭–二叠纪煤田）镜质组反射率变化幅度很大，在陕北石炭–二叠纪北部的古城矿区和府谷矿区，镜质组反射率为0.57%~0.82%，煤的焦油产率也从含油煤到高油煤相间分布，到南部的吴堡矿区、渭北石炭–二叠纪煤田，镜质组反射率急增至1%以上，煤的焦油产率均下降到7%以下，是典型的含油煤矿区。

通过煤岩镜质组反射率（$Ro$）与焦油产率的相关关系（图6.8），从图6.8中可以看出，随着镜质组反射率（$Ro$）的增加煤中焦油产率呈现先增加后减小的趋势，焦油产率的最高值位于0.7%~1%，受样品测试值的限制未找到确切的拐点位置，但其规律已经明了，且此规律与煤系地层的$Ro$在0.9%附近时液态生烃曲线达到最大值的认识一致[56]。

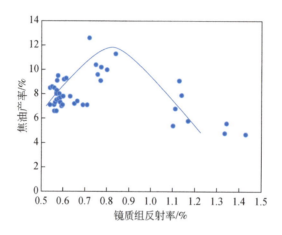

图6.8　镜质组反射率（$Ro$）和焦油产率（$Tar_d$）关系图

地质历史热演化过程对煤中焦油产率存在重要影响。研究显示，煤中不同显微生油组分的生油窗温度具有差异性，部分富氢镜质体的生油高峰$Ro$为0.50%~0.95%[57]，对应的最大热解峰温（$T_{max}$）为430~445℃[58]。本次测试的煤样最大热解峰温（$T_{max}$）为421~434℃，最大热解峰温（$T_{max}$）和产率指数（PI）值均较低，在相应图版[59]中落入未成熟区间（图6.9），表明煤岩成熟度较低，具有一定的生油潜力。

## 6.3.2　分子标志物

分子标志物中的奇偶优势指数（OEP）、碳优势指数（CPI）、藿烷、甾烷、芳烃系列、金刚烷等诸多参数均可以用来指示有机质的成熟度。

陕北侏罗纪煤田以富油煤为主，在对其进行有机地球化学特征（图6.10）研究时发现，$C_{31}\alpha\beta(22S)/(22S+22R)$的值均小于或接近异构化终点值0.6，$C_{29}20R\alpha\beta\beta/(\alpha\beta\beta+\alpha\alpha\alpha)$的值均小于0.7，未达到异构化平衡状态，$\alpha\alpha\alpha C_{29}20S/(20S+20R)$的分布范围在0.28~0.49，均小于0.55，指示煤层处于低成熟–成熟阶段。

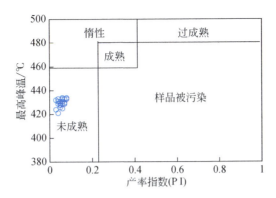

图6.9　岩石热解 $T_{max}$ 和产率指数（PI）关系图

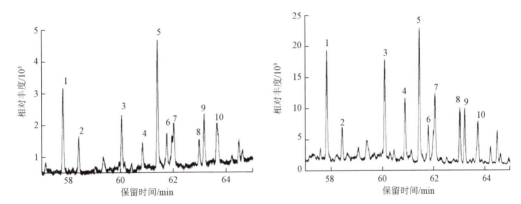

1. 18α(H)22,29,30-三降藿烷(Ts)；2. 17α(H)22,29,30-三降藿烷(Tm)；3. 17α(H),21β(H)-30-降藿烷；4. 17β(H)，21α(H)-30-降藿烷；5. 17α(H),21β(H)-藿烷；6. 17β(H),21β(H)-降藿烷；7. 17β(H),21α(H)-藿烷；8. 22S-17α(H),21β(H)-升藿烷；9. 22R-17α(H),21β(H)-升藿烷；10. 22(S+R)17β(H),21α(H)-升藿烷；11. 22S-17α(H)，21β(H)-二升藿烷；12. 22R-17α(H),21β(H)-二升藿烷

（a）各煤层中藿烷（m/z=191）的质量色谱图（左为 2⁻²号煤层；右为 5⁻²号煤层）

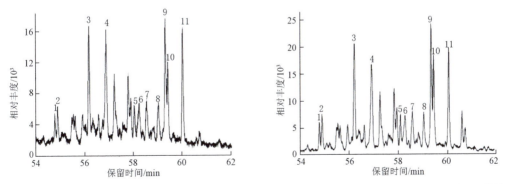

1. C28βα20S 重排胆甾烷；2. C28βα20R 重排胆甾烷；3. C29βα20R 重排胆甾烷；4. C29αβ20S 重排胆甾烷；5. C28αββ20R 胆甾烷；6. C28αββ20S 胆甾烷；7. C28ααα20R 胆甾烷；8. C29ααα20S 胆甾烷；9. C29αββ20R 胆甾烷；10. C29αββ20S 胆甾烷；11. C29ααα20R 胆甾烷

（b）各煤层中甾烷（m/z=217）的质量色谱图（左为 2⁻²号煤层；右为 5⁻²号煤层）

图6.10　侏罗纪煤田主采煤层有机化学特征[60]

黄陇侏罗纪煤田属于富油煤–含油煤，经过对该煤田彬长矿区胡家河煤矿煤样的有机地球化学特征分析发现，其 OEP 为 0.64 ~ 2.02，均值为 1.42；CPI 为 1.10 ~ 1.59，均值为 1.26，具有轻微的奇碳优势，说明有机质已进入成熟阶段。而在对霍烷及甾烷的相关参数分析中发现，其 Ts 相对含量较少，Tm 具有明显优势，且 Ts/（Ts+Tm）的值为 0 ~ 0.133，均值为 0.035，均小于 0.5，说明有机质的热演化程度较低；$C_{30}\alpha\beta(\alpha\beta+\beta\alpha)$ 的藿烷值为 0.017 ~ 0.078，$C_{31}\alpha\beta22S/(22S+22R)$ 升藿烷指数为 0.006 ~ 0.021，两者都小于 0.4，同样显示出热演化程度较低。

渭北石炭–二叠纪煤田整体为含油煤，对韩城矿区桑树坪煤矿有机地球化学特征分析研究发现，Ts/Tm 比值为 0.83 ~ 1.21，Ts/（Ts+Tm）比值为 0.45 ~ 0.55，说明煤样热演化程度较高，在对芳烃中的萘系化合物组成表现出甲基萘>二甲基萘>萘>三甲基萘>乙基萘的特征，三甲基萘相对含量不高，这也同样与热演化程度较高有关；此外，芳烃中的甲基菲指数同样显示出较高热演化程度的特征。

根据周光甲[61]对生油岩成熟度的划分标准，主采煤层的热演化程度较低，处于低成熟–成熟状态，有利于富氢基质镜质体和壳质组的生烃，而随着热演化程度的升高，其生烃能力逐渐变差。基于此，对比三大煤田的分子标志物反应出的热演化程度特征，结合不同煤田不同矿区的焦油产率特征，说明煤的变质程度对煤的焦油产率存在重要的影响。

## 6.3.3　煤类

煤类能够直接反映煤化程度的高低，煤化程度由低到高依次为褐煤、烟煤（长烟煤、气煤、肥煤、焦煤、瘦煤、贫煤）、无烟煤。图 6.11 为陕西省富油煤分布与煤类套合平面图，结合全省各大煤田焦油产率分布情况综合分析：陕北三叠纪煤田焦油产率最高，煤类为中变质程度的气煤；侏罗纪煤田焦油产率居中，其中，陕北侏罗纪煤田 2⁻² 号煤层焦油产率较高，为 1.6% ~ 18.3%，平均为 10.25%；煤类为低变质长焰煤、弱黏煤和不黏煤；黄陇侏罗纪煤田 4⁻² 号煤层焦油产率偏低，为 1.00% ~ 15.15%，平均为 8.37%；煤类为低变质弱黏煤、长焰煤和不黏煤；石炭–二叠纪煤田焦油产率最低，其中陕北石炭–二叠纪煤田焦油产率略高，4 号煤层焦油产率为 4.1% ~ 14.8%，平均为 9.08%；焦油产率由长焰煤–肥煤–焦煤、瘦煤逐渐降低，渭北石炭–二叠纪煤田焦油产率最低，5 号煤层焦油产率为 0.3% ~ 4.8%，平均为 1.7%；高变质阶段的贫煤、瘦煤、无烟煤焦油产率都较低。中低变质程度的煤焦油产率随煤化程度的升高而增高，气煤、长焰煤、不黏煤等中低变质阶段烟煤为富油煤，随着煤化程度进一步加大，煤的焦油产率降低，焦煤、瘦煤、贫煤等高变质阶段烟煤及无烟煤为含油煤。

## 6.3.4　挥发分产率

煤的挥发分是煤的主要工业分析参数之一，是由煤的有机质热解产生，其组成物质包括 $CH_4$、$C_2H_6$、$H_2$、$CO$、$H_2S$、$NH_3$、$H_2O$、$C_nH_{2n}$、$C_nH_{2n-2}$ 和苯、萘、酚等芳香族化合物

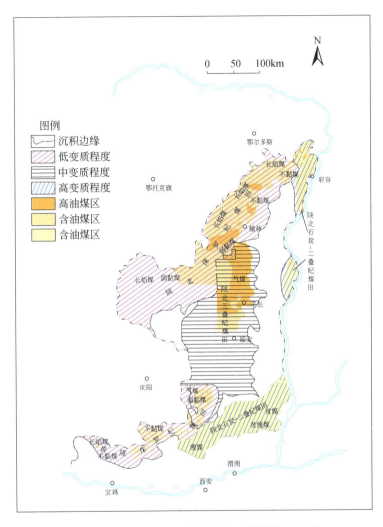

图 6.11　全省煤炭资源煤类与富油煤分类对比图

以及 $C_5 \sim C_{16}$ 的烃类、吡啶、吡咯、噻吩等化合物。煤的挥发分主要是煤分子分解和解聚反应的产物，其中不稳定的脂肪侧链、含氧官能团以及以脂肪结构为主的小分子化合物在受热后会发生热分解或热裂解成为挥发分[62]。烟煤中随着变质程度的增加，煤的挥发分产率先减少后增加再减少，在气肥煤和气煤（$Ro$ 约为 0.9%）阶段挥发分产率最大[63]，焦油产率最大。随着煤的挥发分产率减少相应的煤热分解或热裂解产物减少，表现在煤的焦油产率逐渐减少。

　　研究认为挥发分产率与煤焦油产率呈正相关[64]，陕西各大煤田挥发分产率与焦油产率的关系图（图 6.12）显示，煤中焦油产率都是随着挥发分产率的增大而增大，但因不同成煤环境、煤组分等因素影响，相关系数存在一定差异，其中三叠纪煤田和陕北侏罗纪煤田焦油产率与挥发分产率的相关性更好。采用不同煤类的煤样也能得出类似结论：图 6.13 为不同煤类的挥发分与焦油产率的相关性分析图，图中分别采用了黄陇侏罗系煤田大佛寺煤矿 4 号煤层，煤类为长焰煤（编号 DFS），双龙煤矿 2 号煤层，煤类为弱黏煤（编号 SL）以及陕北三叠系煤田贯屯煤矿 5 号煤层，煤类为气煤（编号 GT）的不同煤类挥发分与焦油产率数值，可以看出，挥发分与焦油产率正相关，大佛寺-双龙-贯屯的焦油产率与挥发分的相关性逐渐增大，相关性最大的是贯屯煤矿的 5 号煤层，$R=0.81$。

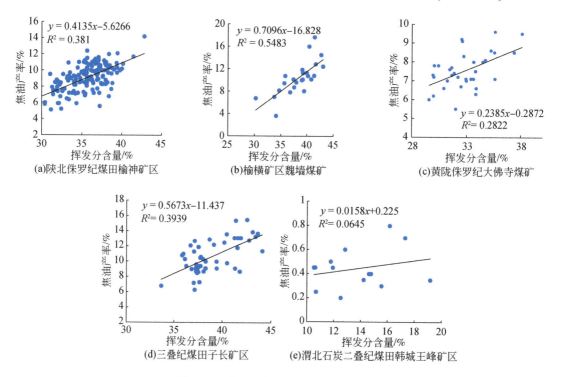

图 6.12　焦油产率与挥发分相关性分析

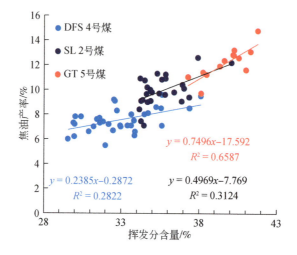

图 6.13　挥发分含量（$V_{daf}$）与焦油产率（$Tar_d$）相关关系

煤化程度与煤分子结构之间密切相关（图6.14），进而会影响到煤的挥发分产率。低煤化程度的煤含有较多的非芳香结构和含氧基团，芳香核心较小，化学交联发达、分子间氢键作用较大，结构间方向性差；中等煤化程度的烟煤含氧基团和烷基侧链减少，结构单元间的平行定向性变好，分子间交联最少，附在芳香结构上的环烷多，供氢能力强，挥发分含量较高；高等煤化程度的煤向高度缩合的石墨化结构发展芳香碳−碳键增强，惰性增强。

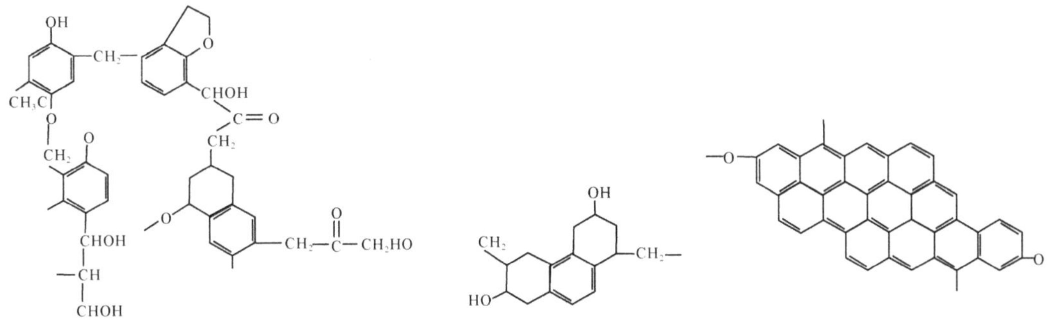

(a)褐煤炭     (b)烟煤炭     (c)无烟煤

图6.14 不同煤的基本结构单元模型

因此，煤类与挥发分之间也存在一定的联系。从低阶煤向中阶煤至高阶煤转化过程中，煤的挥发分先增高再降低。陕西省五大煤田中三叠纪煤田的煤类以气煤为主，煤的变质程度中等，挥发分产率最大，焦油产率最大；渭北石炭−二叠纪煤田煤类以瘦煤、贫瘦煤和贫煤为主，煤的变质程度较高，挥发分产率较低，相应的焦油产率较低。

# 6.4 煤中化学元素组成

## 6.4.1 有机元素组成

煤的有机质主要是由C、H、O、N、S等元素组成，前三者之和一般占煤中有机质含量的95%以上，元素组成与煤的成因类型、变质程度等有关。通常所说的"煤的元素分析"指上述五种元素分析的总称。针对全省各大煤田煤进行元素分析并与焦油产率进行相关性分析发现，H元素与焦油产率呈正相关关系，榆神矿区、榆横矿区魏墙煤矿、黄陇侏罗纪煤田、三叠纪煤田子长矿区、渭北石炭−二叠纪王峰煤矿H元素与焦油产率的相关因子$R$分别为0.67、0.42、0.34、0.55、0.49，总体相关性良好，但成煤时期、煤化程度不同，相关系数尚有一定差异；C元素与焦油产率总体呈负相关（渭北石炭−二叠纪煤田除外，该煤田两者相关性不甚明晰），相关系数一般低于0.3。

C元素含量是影响煤焦油产率一个关键有机元素。图6.15中，各个煤田代表性样品的C含量与焦油产率之间的相关性并不明显，总体上显示为轻微的负相关性，这与煤大分子结构组成密切相关，前文已有相关论述。我们进一步分析了工业分析中固定碳与焦油产率之间的关系，以魏强煤矿为例（图6.16），我们发现，焦油产率在固定碳含量约为52%时具有明显的优势，而在固定碳高于或低于这一临界值时，焦油产率均较低，表明在该区域，固定碳含量52%是最优的炼制焦油煤。这一临界值的存在，可能与煤中H/C原子比存在一定的关联。

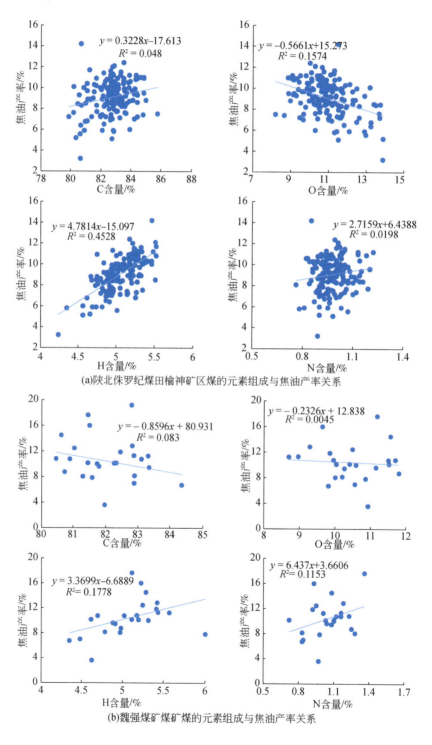

(a)陕北侏罗纪煤田榆神矿区煤的元素组成与焦油产率关系

(b)魏强煤矿煤矿煤的元素组成与焦油产率关系

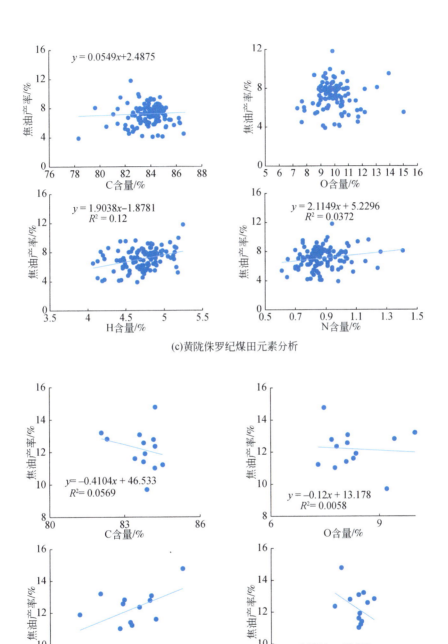

(c)黄陇侏罗纪煤田元素分析

(d)三叠纪煤田元素分析

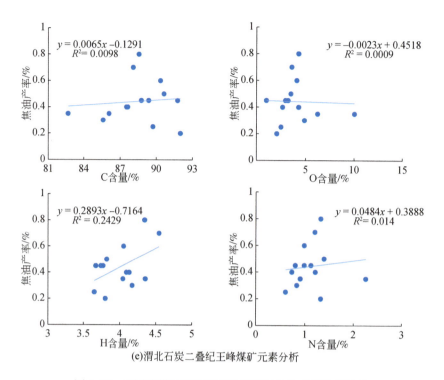

(e)渭北石炭二叠纪王峰煤矿元素分析

图 6.15　不同成煤时期煤的有机元素与焦油产率的相关性

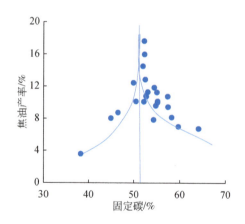

图 6.16　魏强煤矿固定碳含量与焦油产率关系

对魏强煤矿 H/C 原子比与焦油产率的相关性分析研究发现，H/C 与焦油产率呈正相关关系（图 6.17），$R = 0.44$，这与汪寅人等[64]认为我国褐煤、长焰煤和一般黏结性烟煤的挥发分产率、氢含量、氢碳原子比都与焦油产率呈正比关系的认识一致。如果进一步的分析固定碳与 H 含量之间的关系（图 6.18），我们发现 H 含量与固定碳之间的关系与焦油产率和固定碳含量之间的关系具有很高的一致性，煤中焦油产率大小的核心再次回到了 H 元素。

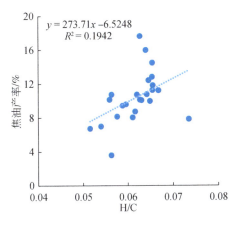

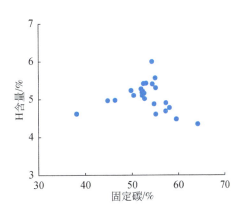

图 6.17  H/C 与焦油产率相关性分析        图 6.18  H 含量与固定碳相关性分析

## 6.4.2  无机元素组成

煤灰成分是反应煤中无机元素的有效指标。表 6.3 列出了小保当煤矿样品的煤灰成分分析结果，从表 6.3 中数据可以看出，小保当煤矿煤灰成分以 $Fe_2O_3$、$SiO_2$、$Al_2O_3$ 等为主，三者之和占据煤灰总量的 64.14% ~ 91.96%，此外，还含有一定量的 CaO 和 MgO、$TiO_2$ 等。图 6.19 给出了小保当井田煤灰成分与焦油产率相关性，从中可以看出，$Fe_2O_3$ 的含量与焦油产率之间存在先促进后抑制的变化关系，随着 $Fe_2O_3$ 含量的升高，煤的焦油产率逐渐增大，但是到 $Fe_2O_3$ 含量高于 40% 时，其焦油产率开始迅速降低，这可能反应出 $Fe_2O_3$ 含量变化时在煤焦油产生过程中所扮演角色发生的变化，$Fe_2O_3$ 低于 40% 时，主要起到催化剂的作用，在一定程度上促进了煤大分子向焦油的转变，但是当 $Fe_2O_3$ 高于 40% 时，则主要起到氧化剂的作用，导致煤大分子在受热裂解过程中更多的向水以及碳氧化物转变。$Al_2O_3$ 和 $SiO_2$ 的含量均与焦油产率呈一定的正相关性，$Al_2O_3$ 作为黏土矿物含量的重要指标，反映出黏土矿物对煤制焦油产率的影响在一定程度上是促进性的，前人研究发现，$Al_2O_3$ 在温度高于 450℃时对煤的热解促进效果显著增强[65]。而 CaO、MgO 以及 $MnO_2$ 等均与焦油产率成负相关关系，其中深层次的原因和机理尚需要进一步的实验探索和研究。

表 6.3  小保当煤矿 1 号煤层和 2$^{-2}$ 号煤层煤样品煤灰成分分析结果

| 样品号 | 煤灰成分结果/% | | | | | | | | | |
|---|---|---|---|---|---|---|---|---|---|---|
| | $Fe_2O_3$ | $Al_2O_3$ | CaO | MgO | $SiO_2$ | $TiO_2$ | $SO_3$ | $K_2O$ | $Na_2O$ | $MnO_2$ |
| F2-1-1 | 51.97 | 11.56 | 5.37 | 0.71 | 23.66 | 0.50 | 2.68 | 0.20 | 2.27 | 0.10 |
| F2-1-2 | 28.93 | 18.50 | 5.59 | 0.86 | 38.59 | 1.12 | 3.35 | 0.08 | 2.02 | 0.13 |
| F2-1-3 | 13.95 | 21.65 | 6.44 | 1.08 | 43.85 | 0.91 | 6.34 | 0.07 | 2.89 | 0.17 |
| F2-1-4 | 21.72 | 11.41 | 13.34 | 0.55 | 39.51 | 1.15 | 6.41 | 0.52 | 0.82 | 0.47 |

| 样品号 | 煤灰成分结果/% | | | | | | | | | |
|---|---|---|---|---|---|---|---|---|---|---|
| | $Fe_2O_3$ | $Al_2O_3$ | CaO | MgO | $SiO_2$ | $TiO_2$ | $SO_3$ | $K_2O$ | $Na_2O$ | $MnO_2$ |
| F2-1-5 | 5.96 | 7.05 | 3.84 | 0.54 | 72.95 | 2.34 | 2.54 | 0.02 | 1.49 | 0.11 |
| F2-2-1 | 17.20 | 18.45 | 3.96 | 1.37 | 51.53 | 1.00 | 2.22 | 0.28 | 2.72 | 0.07 |
| F2-2-2 | 60.57 | 1.34 | 25.38 | 1.61 | 2.23 | 0.19 | 3.88 | <0.01 | <0.01 | 1.43 |
| F2-2-3 | 45.43 | 8.69 | 4.58 | 1.30 | 33.42 | 0.70 | 3.56 | 0.06 | 0.67 | 0.74 |
| F2-2-4 | 59.38 | 2.04 | 17.80 | 1.25 | 6.15 | 0.36 | 5.64 | 0.04 | 0.21 | 1.46 |
| F2-2-5 | 12.67 | 24.77 | 1.41 | 0.75 | 54.52 | 0.92 | 0.98 | 1.20 | 1.25 | 0.15 |
| F2-2-6 | 12.34 | 23.52 | 2.37 | 0.75 | 54.48 | 1.01 | 1.34 | 0.91 | 1.60 | 0.08 |
| F2-2-7 | 19.17 | 15.96 | 2.31 | 0.84 | 56.51 | 1.25 | 1.66 | 0.44 | 1.17 | 0.36 |
| F2-2-8 | 64.11 | 1.92 | 15.94 | 2.71 | 3.18 | 0.33 | 5.94 | <0.01 | 0.24 | 0.93 |

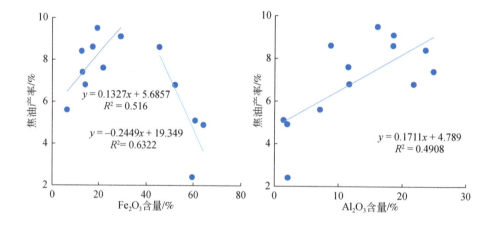

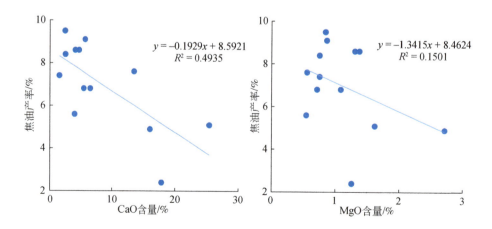

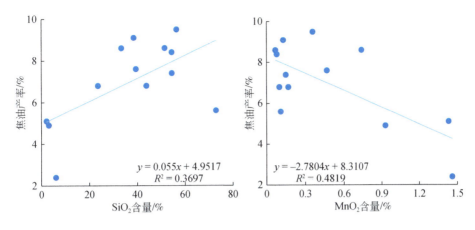

图 6.19 小保当井田煤灰成分与焦油产率的相关性分析

魏强煤矿 3 号煤层的煤灰成分分析结果（表 6.4，图 6.20）与焦油产率之间的关系显示该地区煤灰 $Fe_2O_3$ 含量均低于 40%，并且 $Fe_2O_3$ 与焦油产率之间具有一定的正相关性，这与前述小保当矿区的特征较为类似；$Al_2O_3$、CaO、MgO 以及 $MnO_2$ 与焦油产率之间的相关性较差；而 $SiO_2$ 与焦油产率之间的负相关性却与小保当矿区的特征相反，在横向上在两个煤矿煤灰成分变化特征和范围相差不大的情况下出现这样截然相反的规律特征，值得就此进一步研究。

表 6.4 魏强煤矿 3 号煤层样品煤灰成分分析结果

| 样品号 | 煤灰成分结果/% | | | | | | | | | |
| --- | --- | --- | --- | --- | --- | --- | --- | --- | --- | --- |
| | $Fe_2O_3$ | $Al_2O_3$ | CaO | MgO | $SiO_2$ | $TiO_2$ | $SO_3$ | $K_2O$ | $Na_2O$ | $MnO_2$ |
| K-02 | 3.37 | 6.65 | 2.88 | 3.10 | 80.38 | 0.41 | 0.48 | 0.18 | 0.90 | 1.15 |
| K-01-1 | 21.40 | 8.69 | 37.93 | 2.88 | 10.54 | 0.32 | 12.75 | 0.06 | 1.17 | 0.57 |
| K-01-2 | 14.94 | 9.81 | 36.01 | 3.10 | 18.62 | 0.34 | 12.48 | 0.06 | 1.40 | 0.60 |
| K-01-3 | 21.23 | 13.35 | 20.80 | 2.82 | 22.49 | 0.99 | 16.80 | 0.07 | 0.85 | 0.49 |
| K-01-4 | 36.58 | 4.88 | 23.12 | 1.42 | 13.58 | 0.43 | 16.01 | 0.06 | 0.54 | 0.60 |
| K-01-5 | 27.53 | 20.51 | 6.10 | 1.41 | 40.31 | 0.73 | 3.26 | 0.30 | 0.53 | 0.64 |
| K-01-6 | 10.29 | 11.00 | 31.82 | 0.97 | 25.17 | 0.68 | 14.92 | 0.14 | 0.59 | 0.64 |
| K-01-7 | 6.37 | 20.51 | 5.54 | 2.46 | 59.60 | 1.28 | 1.85 | 0.24 | 1.37 | 0.71 |
| K-01-8 | 5.68 | 8.01 | 4.30 | 2.48 | 72.53 | 2.27 | 1.58 | 0.06 | 1.47 | 0.71 |
| K-01-9 | 4.85 | 25.00 | 7.35 | 3.56 | 52.47 | 0.88 | 1.84 | 0.86 | 1.38 | 0.75 |
| K-01-10 | 22.38 | 15.49 | 21.70 | 2.64 | 23.92 | 0.51 | 10.04 | 0.01 | 1.18 | 0.97 |
| K-01-11 | 4.57 | 1.79 | 4.46 | 2.74 | 83.41 | 0.07 | 0.88 | 0.01 | 0.75 | 0.97 |
| K-01-12 | 16.95 | 17.83 | 8.82 | 4.82 | 43.77 | 1.05 | 4.98 | 0.18 | 1.07 | 1.01 |
| K-01-13 | 20.53 | 7.80 | 15.77 | 3.80 | 24.89 | 0.50 | 19.61 | 0.01 | 0.86 | 0.97 |
| K-01-14 | 22.30 | 21.32 | 13.45 | 4.34 | 27.52 | 0.45 | 7.04 | 0.14 | 0.98 | 1.04 |

| 样品号 | 煤灰成分结果/% | | | | | | | | | |
|---|---|---|---|---|---|---|---|---|---|---|
| | $Fe_2O_3$ | $Al_2O_3$ | CaO | MgO | $SiO_2$ | $TiO_2$ | $SO_3$ | $K_2O$ | $Na_2O$ | $MnO_2$ |
| K-05 | 21.72 | 17.00 | 10.74 | 3.05 | 37.05 | 0.91 | 8.98 | 0.20 | 1.30 | 1.23 |
| K-10 | 19.95 | 13.54 | 17.52 | 0.97 | 39.49 | 0.69 | 3.22 | 0.23 | 0.62 | 1.23 |
| K-08 | 21.35 | 8.39 | 15.60 | 3.35 | 26.12 | 0.56 | 19.48 | 0.50 | 0.80 | 1.27 |

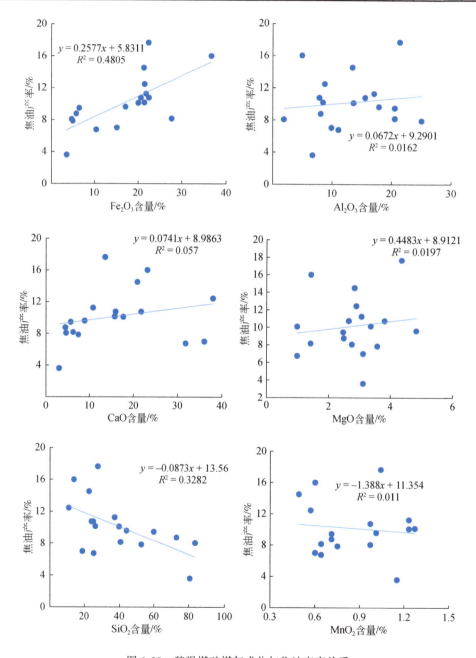

图 6.20　魏强煤矿煤灰成分与焦油产率关系

# 6.5  沉 积 环 境

沉积环境决定了煤的物质组成和元素特征，进而影响煤的焦油产率。成煤环境的研究对预测煤中微量元素、焦油产率特征以及探讨古气候具有重要意义。判别成煤环境的方法较多，主要有灰成分端元图解法[66]、微量元素比值法[67]、同位素示踪法、显微组分分析法[68]。有研究认为煤的显微组分中镜质组形成于强覆水还原条件，惰质组形成于氧化条件，而壳质组的形成则主要取决于成煤植物特征及沼泽水位状况[69]。本次通过测试煤心样品的显微组分判别沉积环境的判别标准[70]，以此研究成煤过程的水体流动性、氧化-还原性及煤相特征，集合煤的焦油产率、氢指数等参数，综合分析煤的生油潜力。结果显示，煤中焦油产率高低取决于宏观煤岩组成、水体流动性、氧化-还原性及煤相特征，水体流动性为微流动、氧化还原性为强还原、浅覆水-微流动的泥炭沼泽相条件下煤的焦油产率值越高（图6.21）。

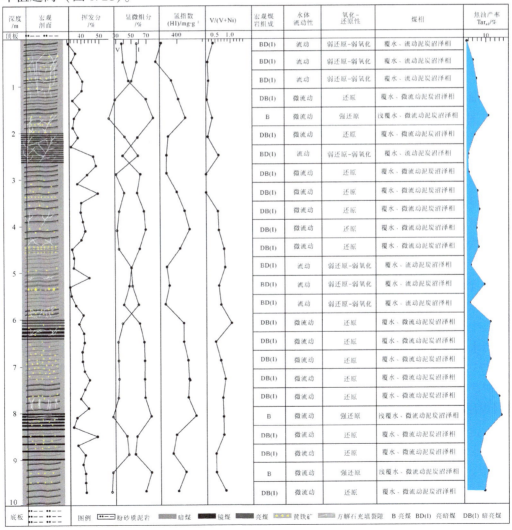

图 6.21　榆神矿区西湾煤矿沉积环境与焦油产率相关分析

　　燕山运动初期,鄂尔多斯盆地持续稳定下降,形成有利于有机质堆积、保存、转化的古构造环境[71]。以侏罗纪成煤期为例,成煤期均为温暖、潮湿的古气候条件。镜惰比可指示成煤时期覆水程度,从图6.22中可以看出全省主要煤矿富油煤的镜惰比值主要为1~4,成煤时期以潮湿-弱覆水-弱还原环境为主,焦油产率随镜惰比增大而增大,$R$ 为0.4。

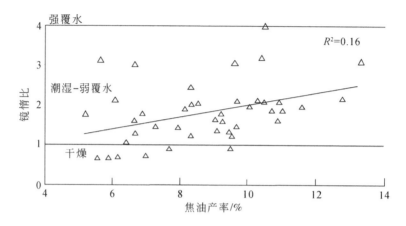

图6.22　西湾煤矿镜惰比与焦油产率相关性分析

　　平面上看陕西省富油煤的分布和聚集与古地理环境关系表现明显,侏罗纪延安组沉积环境(图6.23)可以看到盆地北部三角洲平原成煤环境下所聚积的煤层焦油产率值要高于南部曲流河沉积环境下聚积的煤层的焦油产率值,且由盆缘向盆中逐渐增高,说明泥炭聚集时处于贫氧-还原环境,更有利于煤中热解焦油的大分子结构的富集或稳定保存,同一种沉积环境下,相对于沉积物源方向处——即盆地中间焦油产率高。从图6.24侏罗纪各矿区显微组分及镜惰比来看,陕北侏罗纪煤田由东北向西南,镜惰比明显增高,尤其是到了榆横矿区有明显增高趋势,而榆横矿区总体上焦油产率高于其他矿区,所在区域正好对应的为次深湖相,也是从不同方面说明了成煤环境及物质组成对焦油产率的影响。在剖面上也表现出相似的分布特征,图6.25为陕北侏罗纪煤田的连井剖面,可以看出三角洲平原成煤环境相对稳定,曲流河相水动力相对较强,三角洲平原相煤的焦油产率略高于曲流河相煤。

　　煤中的硫含量特征在一定程度上也可以反映成煤环境,湖泊成煤环境一般含有少量硫,海水参与的成煤环境含硫往往较高[72]。榆神矿区 $2^{-2}$ 号煤层和 $5^{-2}$ 号煤层全硫含量分别为0.773%和0.55%,以低硫、低灰分为主要特征,说明其成煤期主要发育滨浅湖环境。榆神矿区 $2^{-2}$ 号煤层和 $5^{-2}$ 号煤层成煤环境均为湖泊-三角洲相,两者焦油产率也十分接近,$2^{-2}$ 号煤层的焦油产率为5.3%~15.3%,平均为10.1%,$5^{-2}$ 号煤层的焦油产率为5.1%~14.6%,平均为9.9%。

　　当水淹没沉积物或少量的沉积物暴露在空气中时,沉积物所处的环境属于较强的还原环境[73]。因此,还原性的强弱又可以揭示成煤期的覆水深度,还原性越强则表明水越深。榆神矿区 $2^{-2}$ 号煤层和 $5^{-2}$ 号煤层成煤环境属于较强还原环境,说明其成煤环境覆水较深,$2^{-2}$ 号煤层的覆水深度大于 $5^{-2}$ 号煤层,说明成煤期覆水深度逐渐加深。还原性强的成煤环

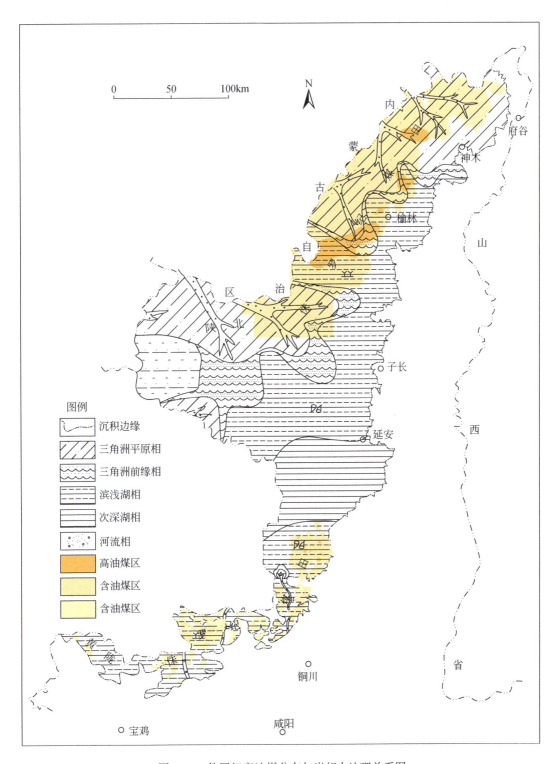

图例

| | |
|---|---|
| | 沉积边缘 |
| | 三角洲平原相 |
| | 三角洲前缘相 |
| | 滨浅湖相 |
| | 次深湖相 |
| | 河流相 |
| | 高油煤区 |
| | 含油煤区 |
| | 含油煤区 |

图6.23 侏罗纪富油煤分布与岩相古地理关系图

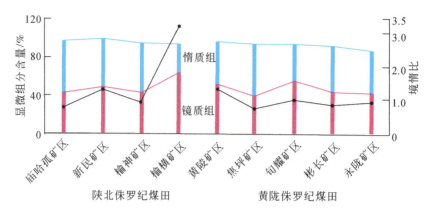

图 6.24 侏罗纪煤田镜质组分及镜惰比

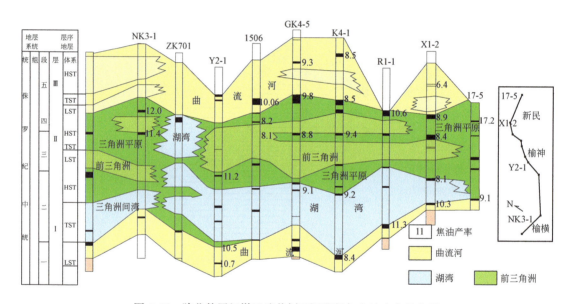

图 6.25 陕北侏罗纪煤田连井剖面沉积相与焦油产率叠合图

境有利于富油煤的富集。成煤环境的覆水深度越大，还原性越强，煤层的焦油产率越大，$2^{-2}$ 号煤层的高油煤分布在榆神矿区西南部和北部，$5^{-2}$ 号煤层的高油煤分布在榆神矿区的东北部，是各煤层还原性最强和覆水深度最深的区域。$2^{-2}$ 号煤层和 $5^{-2}$ 号煤层的焦油产率分布与沉积环境的对比见图 6.26 和图 6.27。

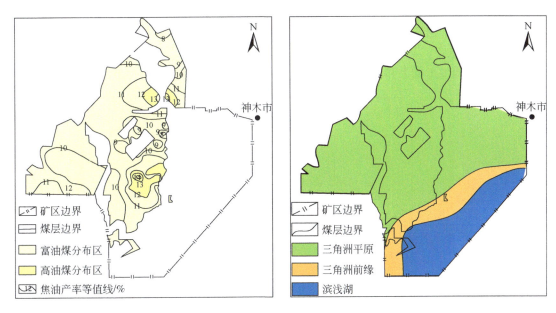

图 6.26　榆神矿区 $2^{-2}$ 号煤层富油煤分布情况及成煤期古地理

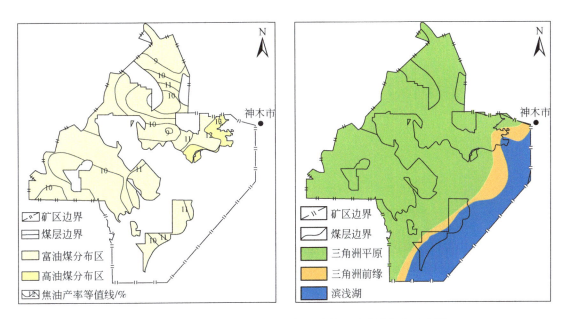

图 6.27　榆神矿区 $5^{-2}$ 号煤层富油煤分布情况及成煤期古地理[74]

陕北三叠纪煤田焦油产率与沉积相也呈现出相应的关系（图6.28），在三角洲、滨湖、浅湖相及洪泛平原相多为高油煤，在河道相以富油煤为主。在沉积中心–子长县北侧以高油煤为主，在南部和西部沉积边缘以富油煤为主。垂向上5号煤层焦油产率较3号煤层焦油产率略高[75]，从图6.29上可以看出，5号煤层沉积相为滨浅湖，3号煤层对应沉积相为分流河道，平面上和剖面上表现出的沉积相与焦油产率的关系一致。

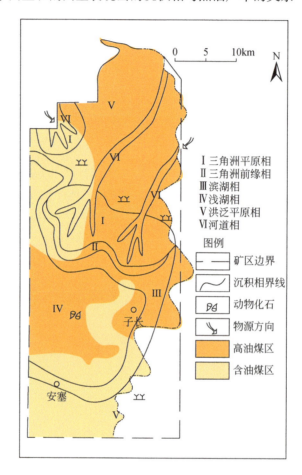

图6.28　陕北三叠富油煤分布与沉积相的相互关系图

煤灰组分也可以反映沉积环境氧化还原性（图6.30），灰分中的CaO等成分指示成煤环境的酸碱度，$Fe_2O_3$和硫化物指示氧化还原条件。

有研究指出还原条件是煤中有机质保存及其成油的主要条件[77]，$W(Fe_2O_3+CaO+MgO)/W(SiO_2+Al_2O_3)$是灰成分指数$K$，指示成煤期氧化还原条件，还原性越好越有利于焦油产出。根据表6.3数据计算榆神矿区灰成分指数得到：$K_2 = 0.997\%$、$K_5 = 0.441\%$，表明$2^{-2}$号煤层和$5^{-2}$号煤层的成煤环境还原性较强，且$2^{-2}$号煤层的还原性大于$5^{-2}$号煤层，表明榆神矿区成煤期沉积环境的还原性在逐渐增强。

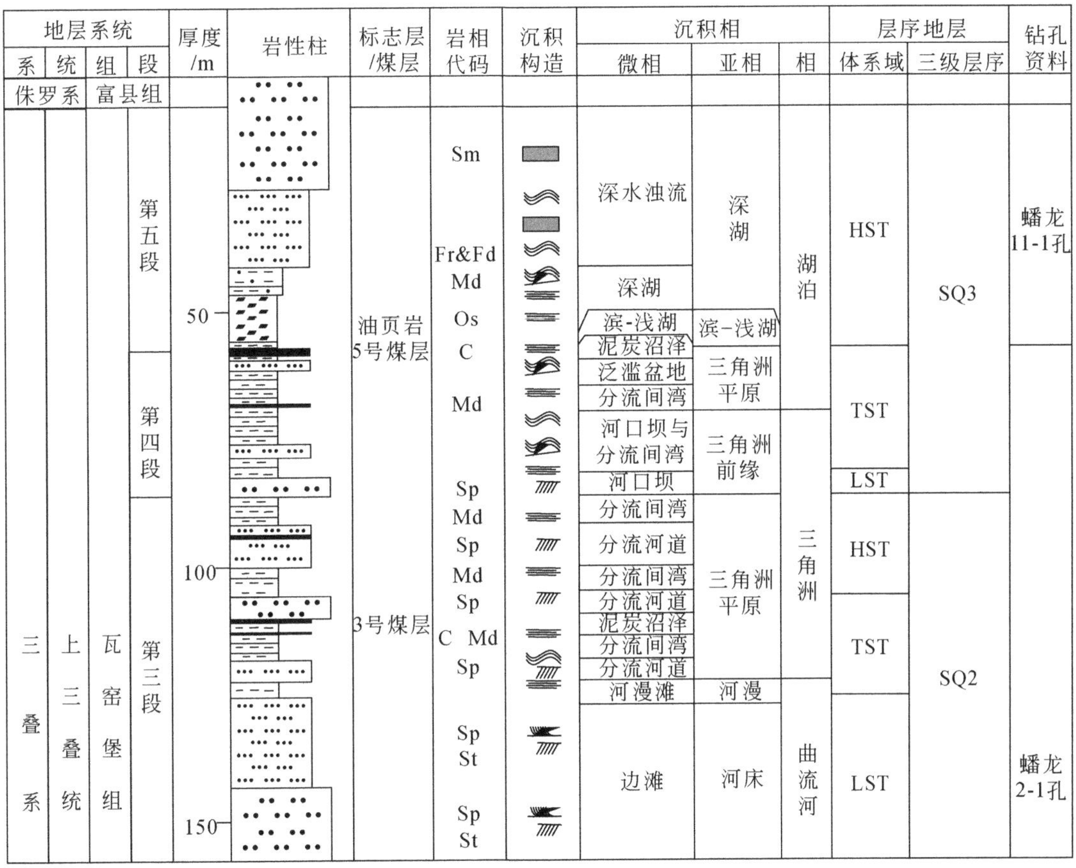

| 地层系统 | | | | 厚度/m | 岩性柱 | 标志层/煤层 | 岩相代码 | 沉积构造 | 沉积相 | | | 层序地层 | | | 钻孔资料 |
|---|---|---|---|---|---|---|---|---|---|---|---|---|---|---|---|
| 系 | 统 | 组 | 段 | | | | | | 微相 | 亚相 | 相 | 体系域 | 三级层序 | | |
| 侏罗系 | 富县组 | | | | | | Sm | | 深水浊流 | 深湖 | 湖泊 | HST | SQ3 | | 蟠龙11-1孔 |
| 三叠系 | 上三叠统 | 瓦窑堡组 | 第五段 | 50 | | 油页岩5号煤层 | Fr&Fd Md | | 深湖 | | | | | | |
| | | | | | | | Os | | 滨-浅湖 | 滨-浅湖 | | | | | |
| | | | | | | | C | | 泥炭沼泽 | | | TST | | | |
| | | | 第四段 | | | | Md | | 泛滥盆地 | 三角洲平原 | | | | | |
| | | | | | | | | | 分流间湾 | | | | | | |
| | | | | | | | | | 河口坝与分流间湾 | 三角洲前缘 | | | | | |
| | | | | | | | Sp | | 河口坝 | | | LST | | | |
| | | | | | | 3号煤层 | Md | | 分流间湾 | | 三角洲 | | | | |
| | | | | 100 | | | Sp | | 分流河道 | | | HST | | | |
| | | | | | | | Md | | 分流间湾 | 三角洲平原 | | | | | |
| | | | 第三段 | | | | Sp | | 分流河道 | | | | | | |
| | | | | | | | C Md | | 泥炭沼泽 | | | | SQ2 | | |
| | | | | | | | | | 分流间湾 | | | TST | | |
| | | | | | | | Sp | | 分流河道 | | | | | | |
| | | | | | | | | | 河漫滩 | 河漫 | 曲流河 | | | | |
| | | | | | | | Sp St | | 边滩 | 河床 | | LST | | | 蟠龙2-1孔 |
| | | | | 150 | | | Sp St | | | | | | | | |

图 6.29　子长矿区煤层沉积相图[76]

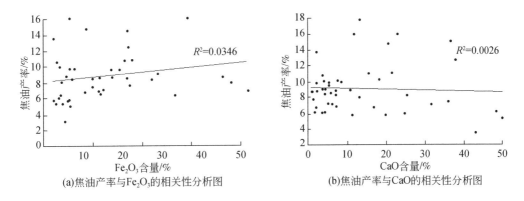

(a)焦油产率与$Fe_2O_3$的相关性分析图　　　　(b)焦油产率与CaO的相关性分析图

图 6.30　煤灰成分与焦油产率的相关性分析

表 6.5　榆神矿区煤层灰成分参数

| 煤层 | 煤灰成分/% | | | | | $W(Fe_2O_3+CaO+MgO)$ | $W(SiO_2+Al_2O_3)$ | $K$ |
| | $SiO_2$ | $Fe_2O_3$ | $Al_2O_3$ | $CaO$ | $MgO$ | | | |
| --- | --- | --- | --- | --- | --- | --- | --- | --- |
| 2⁻²号 | 11.52–64.71<br>30.73（58） | 3.31–44.37<br>16.53（61） | 3.88–30.03<br>11.44（61） | 0.97–44.21<br>22.74（61） | 0.77–6.60<br>2.78（61） | 42.05% | 42.17% | 0.997 |
| 5⁻²号 | 27.60–72.99<br>45.21（54） | 2.14–30.38<br>11.31（54） | 3.97–26.23<br>17.22（54） | 0.26–48.52<br>14.75（54） | 0.42–6.42<br>1.47（54） | 27.53% | 62.43% | 0.441 |

# 6.6　煤层赋存条件

　　石炭–二叠纪煤田（分为陕北石炭–二叠纪煤田、渭北石炭–二叠纪煤田）的焦油产率变化较大，总体趋势表现为由南至北逐渐增高。陕北二叠纪煤田焦油产率变化较大，南部吴堡矿区各主要可采煤层平均焦油产率为 5.62%～7.13%，属富油–含油煤矿区，以含油煤为主；至府谷矿区各主要可采煤层平均焦油产率为 8.10%～10.87%，属富油–含油煤矿区，以富油煤为主；古城矿区为 9.08%～11.43%，煤层焦油产率呈由南向北增高的趋势，属富油–含油煤矿区，以富油煤为主，含少量含油煤和高油煤。以府谷矿区冯家塔煤矿为例（图 6.31），在较小的沉积范围，同一沉积条件下，由西至东，煤层埋藏深度逐渐变浅，焦油产率逐渐变小。从区域上看，从古城–府谷–吴堡，煤层埋深变大，焦油产率减小。

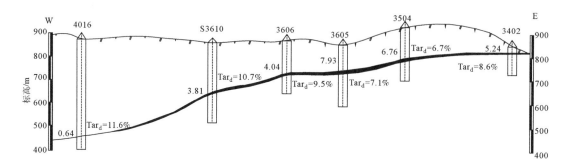

图 6.31　冯家塔煤矿 W–E 向地质剖面图

　　侏罗纪煤田（陕北侏罗纪煤田、黄陇侏罗纪煤田）煤层焦油产率总体比较稳定，变化不大。以侏罗纪煤田郭家河煤矿 I 盘区为例（图 6.32），由河漫湖泊相–河漫沼泽相–冲积带，焦油产率逐渐降低；沉积低注且煤层厚度较大处焦油产率较高，沉积边缘且煤层厚度较小、水流动力强处，焦油产率值略小，由沉积边缘向沉积中心焦油产率有变大的趋势（图 6.33）。

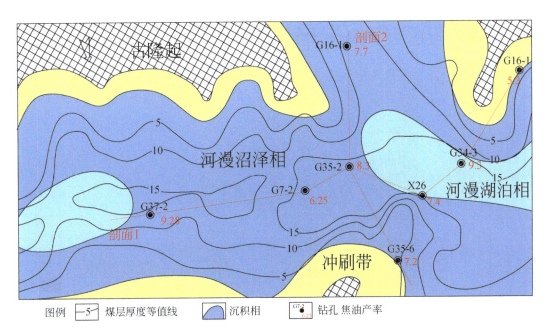

图 6.32 郭家河煤矿 I 盘区沉积相平面图及焦油产率剖面线位置

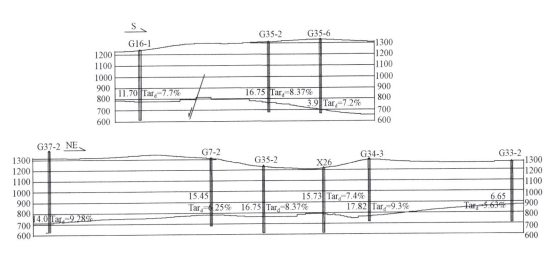

图 6.33 郭家河煤矿 I 盘区地质剖面

陕北侏罗纪煤田焦油产率总体高于南部黄陇侏罗纪煤田，陕北侏罗纪煤田由北至南各矿区煤层焦油产率有所增高，榆横矿区略高，由陕北侏罗纪煤田向南至黄陇侏罗纪煤田，沉积相及煤层埋深均发生变化（图 6.34），在榆神矿区以三角洲平原沉积为主，煤层稳定；到黄陵-焦坪矿区，沉积相变化显著，煤层特征也有较大变化，煤层埋藏深度等特征变化较为明显，焦油产率明显变低。

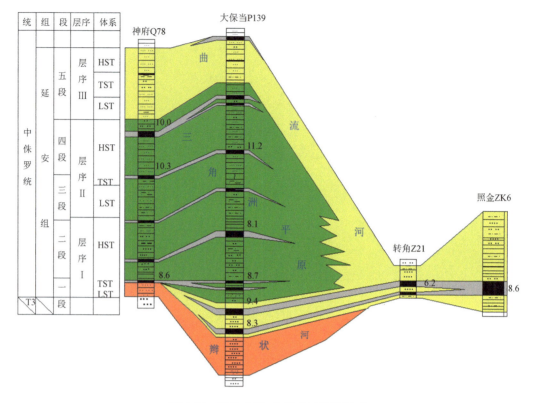

图 6.34 榆神矿区–焦坪矿区地质剖面

# 6.7 关键地质科学问题

王双明指出，富油煤的形成具有特定的地质历史演化过程和地质聚集条件。富油煤不同时代、相同时代不同区域、相同时代不同层位焦油产率均存在显著差异。陕北侏罗纪长焰煤焦油产率普遍为 8.7%～11.0%，平均焦油产率为 8.4%～10.3%；陕北三叠纪气煤焦油产率集中在 8%～16.39%，平均值大于 11%；黄陇侏罗纪弱黏煤和不黏煤焦油产率普遍为 6%～11.0%，平均焦油产率为 7.2%～9.7%；陕北石炭–二叠纪煤田气煤与长焰煤平均焦油产率平均值为 9.04%～9.12%，平均焦油产率为 6.45%；渭北石炭–二叠纪煤田焦油–无烟煤的平均焦油产率为 2% 左右。因此，富油煤的演化和聚集既与宏观层次的地质控制条件有关，又与其关键物质结构（富氢结构）的微观多样性密切相关。富油煤开发过程需要剖析富油煤关键物质结构（富氢结构）多样性原因，探究富氢结构的岩石学、沉积、生物学特征，在此基础上阐释富油煤潜在油气资源的来源、演化及聚集的地质–地球化学机制。为此，富油煤地质工作需要开展以下关键科学问题的研究（图 6.35）。

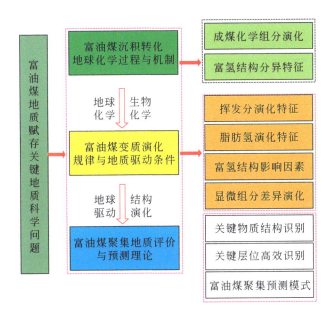

图 6.35 富油煤关键地质科学问题研究路线

## 6.7.1 富油煤沉积转化地球化学过程与机制

1. 富油煤化学组分地质化学演化特征

就成煤植物而言，低等植物形成的沉积有机质具有更好的生油能力已形成广泛共识，其中以烛煤、藻烛煤等为典型代表。然而，富油煤普遍由高等植物沉积转化而来，不同高等植物群落的生烃差异对富油煤形成的贡献并未得到深入探讨。植物的组成成分包括纤维素、半纤维素、木质素、树脂、油脂、蜡、蛋白质、矿物质和水分，低等植物树脂等类脂化合物占比较高，但高等植物主要由纤维素、半纤维素和木质素 3 部分组成，其在草本植物与木本植物之间的含量差异及对沉积转化的贡献差异值得关注。半纤维素热分解温度最低，较高 CO 丰度使热解产物中 $CO_2$ 产率更高；纤维素分解温度次之，较高的—OH 和 C—O 丰度使热解产物中 CO 产率偏高；而木质素最难分解，其中丰度更高的甲氧基（—O—$CH_3$）使热解产物 $H_2$ 和 $CH_4$ 产率相对较高。

2. 富油煤富氢结构分异特征

在泥炭化作用过程中，大量纤维素、半纤维素发生分解，木质素相对富集。然而，不同类型的泥炭沼泽环境（木本沼泽、草本沼泽、藓类沼泽）存在明显差异，各种类型植物的降解程度受控于真菌、水体环境等条件，虽然总体规律表现为强还原环境形成的煤富氢结构多于弱还原环境，具有更高的焦油产率特征，但富氢结构在植物类型-泥炭转化这一复杂阶段的演化路径及其分异性并未形成系统的认识。沉积转化过程中成煤植被甲氧基等含氧官能团大量脱落，脂类化合物呈现相对富集的过程。但这一过程受到诸多因素影响，就富油煤关键物质结构演化而言，需要充分认识不同植被对富油煤富氢结构类型及丰度的约束作用，在此基础上理解泥炭化作用不同作用形式下富氢结构富集、贫化的地质–地球化学过程（图 6.36）。

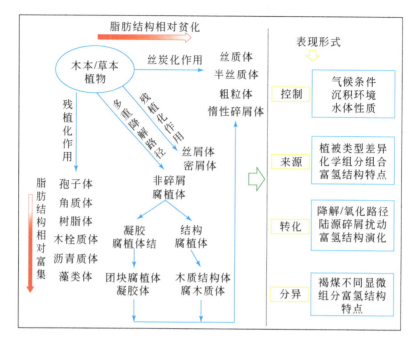

图 6.36　富油煤关键物质结构沉积转化路径及控制因素

## 6.7.2　富油煤变质演化规律及地质驱动条件

### 1. 富油煤挥发分地质演化特征

煤变质演化过程总体呈富碳、脱氢、脱杂原子的演化趋势，伴随着煤的生烃以及水分、挥发分大量减少，但以不同基准度量煤成分指标的演化规律存在一定差异。Speight[41] 将工业分析分为水分、挥发分和残余物（固定碳+灰分）进行质量分数对比，发现水分总体呈先大幅减少后缓慢增加的趋势，挥发分则呈先缓慢增加后大幅减少的特点。挥发分产率相对较高的煤类主要集中于次烟煤 A～高挥发分烟煤 A，相当于我国分类体系中的年老褐煤～肥煤阶段（图 6.37），挥发分产率高值区与煤热解焦油产率高值区存在一定吻合。

煤大量生烃是造成挥发分减少的根本原因，烃类物质的运移、聚集以及在有利地质条件下得以保存是形成油气藏的关键。人工热解实验表明，烃类物质的生成和运移过程不仅影响煤的生烃量和生烃类型，同时影响残余煤炭的微观物质结构。因此，富油煤在热变质条件下具有怎样的生烃过程及运、聚特点，对煤中残余油气潜力具有怎样的影响，这有待进一步深化认识。

### 2. 富油煤脂肪氢地质演化特征

富油煤潜在油气资源体现在以脂肪结构为主的富氢结构类型及丰度特点，随着煤化程

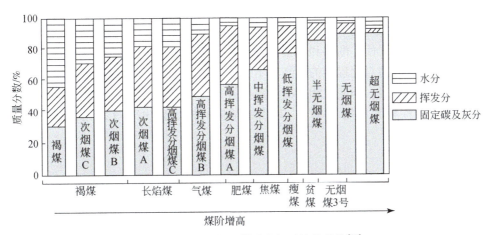

图 6.37　工业指标随煤阶的相对演化趋势[40]

度的提高，煤中氢质量分数整体呈先缓慢降低、后快速减少的特点，其中芳香氢在低阶煤中占有一定比例但对热解油气产率贡献较小。相对应的煤中脂肪氢随煤阶总体呈先增后减的趋势，与煤热解焦油产率趋势一致（图 6.38）。前期富氢结构相对富集，这与煤中含氧官能团大量脱落存在密切联系。

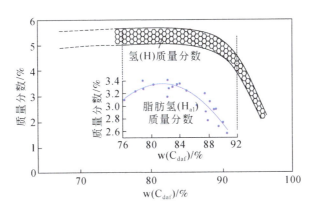

图 6.38　煤中氢和脂肪氢质量分数随煤阶演化[78]

### 3. 富油煤富氢结构地质控制因素

煤变质演化是温度、时间、压力耦合作用的结果，其中温度效应占主导地位。不同热变质方式（深成变质作用或异常热变质作用）由于所受温度、时间、压力有所不同，煤中富氢结构演化及生烃类型存在一定差异，静应力和构造应力虽然作用机理有所区别，但均会改变煤结构特征及生烃类型。不仅如此，多期构造应力叠加下，煤普遍发生多期热演化阶段和二次生烃过程，不同热演化路径或热演化类型对煤中富氢结构的影响有待考量。

### 4. 富油煤显微组分差异演化规律

尽管不同显微组分随煤化程度的分子演化趋势相似，但其内部结构存在较大差异。稳定组的芳香性最低，而惰质组芳香性最高且拥有相对更高的分子量。稳定组生烃能力最强，含有较多的长链脂肪结构、硫元素和较少的氧、氮元素；惰质组在泥炭化阶段发生丝炭化作用，烷基侧链最短且氧、氮、硫等杂原子团含量最少，含有较为复杂的交联结构。镜质组往往介于两者之间，酚类和烷基芳香类物质相对较多，其脂肪结构高于原煤，含氧官能团和烷基侧链随着煤化程度的提高而不断减少。官能团类型的差异造成不同显微组分具有各自的热演化路径，即使在相同的油浸反射率（$R_o$）时，不同显微组分所具有官能团类型及丰度差异性较大（图 6.39），其脂肪结构同样表现出阶段性相似或不同的演化规律。

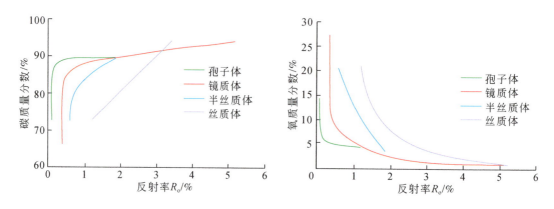

图 6.39　不同显微组分碳和氧质量分数热演化规律[79]

# 6.8　本 章 小 结

本章主要从富油煤的物质结构、显微组分、变质程度、元素特征、沉积环境、赋存条件等角度研究了富油煤的焦油产率影响因素及其影响机理，并在此基础上分析了富油煤赋存的关键地质科学问题。

富油煤大分子结构当中的富氢组分，尤其是桥键（如—$CH_2$—等）和脂肪侧链受热断裂程度是影响其焦油产率的核心因素，而含氧官能团虽然有助于提高富油煤热解反应速率，但是会造成热解产物中水及 $CO_2$ 含量的升高，对此需要重点考虑。

煤中镜质组是热解产生焦油的主要成分，而惰质组对焦油的贡献相对有限，镜质组热解产生煤焦油对应的 Ro 有利区间为 0.5%~0.95%。

煤的变质程度同样可以反应富油煤焦油产率特征，通常高变质阶段的贫煤、瘦煤、无烟煤焦油产率都较低，一般都为含油煤；中低变质程度的气煤、长焰煤、不黏煤焦油产率高，一般都是富油煤，且焦油产率随煤化程度的升高而增高。中低变质程度的煤焦油产率与挥发分之间有良好的正相关关系，三叠纪煤田的煤类以气煤为主，煤的变质程度中等，挥发分产率最大，焦油产率最大；渭北石炭-二叠纪煤田煤类以瘦煤、贫瘦煤和贫煤为主，煤的变质程度较高，挥发分产率较低，焦油产率低。

元素组成的有机组分 H 元素与焦油产率呈正相关关系，而 C 元素与焦油产率总体呈负相关；无机组分中 Fe 元素是影响焦油产率的关键，煤灰成分中 $Fe_2O_3$ 含量低于 40% 时，煤的焦油产率在其催化作用下表现为正相关性，但是到 $Fe_2O_3$ 含量高于40%时，其焦油产率会受到 $Fe_2O_3$ 的氧化作用而表现为负相关性。

沉积环境是从根本上控制富油煤聚集规律的关键所在，在三角洲、滨湖、浅湖相及洪泛平原相多为高油煤，在河道相以富油煤为主。煤中焦油产率高低还取决于宏观煤岩组成、水体流动性、氧化-还原性及煤相特征，水体流动性为微流动、氧化还原性为强还原、浅覆水-微流动的泥炭沼泽相条件下煤的焦油产率值越高。

在未来陕西富油煤的研究中，应充分结合现有富油煤资源赋存规律及资源量预测成果，加大对富油煤沉积转化地球化学过程与机制、富油煤变质演化规律与地质驱动条件等关键科学问题的研究力度。具体是在于研究富油煤的物质来源及其转化保存过程中的分子演化过程，明确富油煤形成过程中的地球化学演化机理；从地球演化为富油煤形成过程中起到的关键动力过程入手，明确富油煤资源内部组成在地球内部温度、压力、流体、矿物等多因素影响下，其形成演化的内部机制；从基础地质角度，结合区域沉积、构造、古地理等方面的研究和认识，认识富油煤资源的聚集规律，提出相应的地质预测理论和方法。

# 7 富油煤判识

## 7.1 煤类的测井响应

目前，煤的焦油产率值是通过采样、在实验室进行低温干馏实验测得，这种方式比较准确，但是对煤样采取依赖大、成本高，不能快速简便地在现场解决问题。依据《矿产地质勘查规范 煤》（DZ/T 0215—2020）中关于详查、勘探阶段增加分析试验项目及数量表中规定，当原煤的挥发分（Vdaf）>28%时，测定50%的低温干馏参数。目前已有的钻孔数据中，焦油数据不足50%，远不满足将富油煤作为资源的勘查程度。

从第6章的阐述中可以了解到，煤的焦油产率与煤的变质程度呈正相关关系，具体表现为与煤的密度、氢元素含量、灰分含量、固定碳含量、挥发分、镜质体反射率等具有较好的相关性。国内有学者研究指出测井数据可以对煤阶进行有效识别，毛志强等[80]利用测井资料交汇图法实现了对不同煤阶的测井识别；王宏杰等[81]通过统计学方法统计镜质体反射率数据与测井值的曲线拟合，建立了线性回归方程，实现了对吐哈盆地煤阶的测井预测；赵毅等[82]基于煤层气储层评价的角度，在井眼条件好、煤层厚度较大的情况下，根据不同煤阶类型的测井响应值建立几种识别煤阶的图版，如图7.1所示。

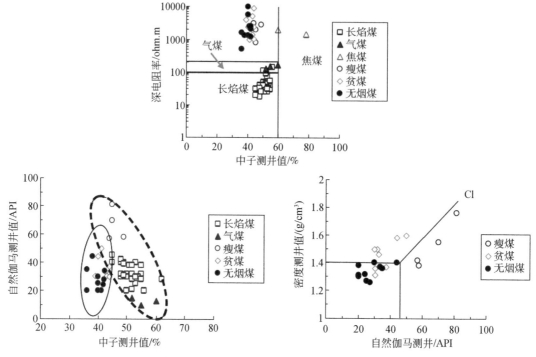

图 7.1　不能同煤阶类型的测井识别图版

除煤的镜质体反射率可衡量煤岩变质程度（表7.1）外，煤的变质程度的物理特征也较突出，低阶煤变质程度低，受压实作用小，孔隙度大，镜质体反射率小，水分高、氢元素含量高、碳元素含量低；随着变质程度的逐渐增高，压实作用和热演化作用加大，孔隙度变小，密度增大，镜质体反射率变高，水分减少、氢元素含量逐渐降低、碳元素含量增高。

表7.1 $R_o$ 与煤阶

| $R_o/\%$ | <0.5 | 0.5~0.65 | 0.64~0.9 | 0.91~1.2 | 1.20~1.7 | 1.70~1.9 | 1.9~2.5 | >2.5 |
|---|---|---|---|---|---|---|---|---|
| 煤阶类型 | 褐煤 | 长焰煤 | 气煤 | 焦煤 | 瘦煤 | 贫煤 | 无烟煤 | 肥煤 |

图7.2为不同变质程度煤阶类型的地球物理测井曲线特征，从图7.2可知，从低阶煤到高阶煤的测井曲线特征有明显的变化。褐煤为低阶煤，其测井响应特征为三低二中等，低自然伽马（30~50API），低密度值（1.5~1.8g/cm³），极低的电阻率（小于40Ω·m），中等声波时差（300~400μs/m）和中等中子测井值（40%~52%）；气煤变质程度较褐煤高，也是低阶煤，其测井响应特征为三低二中等，低自然伽马（小于30API），低密度值（1.4~1.7g/cm³），中-低电阻率（100~300Ω·m），中等声波时差（420~450μs/m），中等中子测井值（40%~60%），与褐煤相比电阻率变化较为明显；肥煤变质程度更高些，属于中阶煤，测井响应特征为二低二中一高，低自然伽马（35~80API），低密度值（小于1.4g/cm³），中-高的声波时差（400~550μs/m），中-低电阻率（100~500Ω·m），高

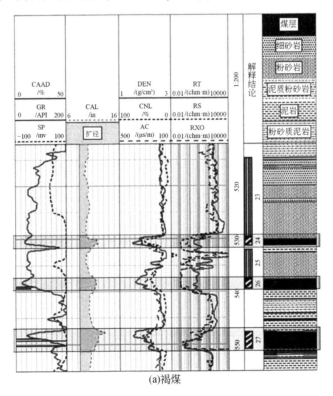

(a)褐煤

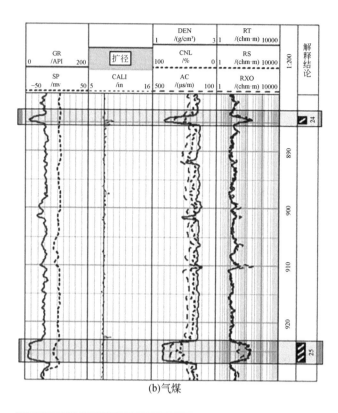

(b)气煤

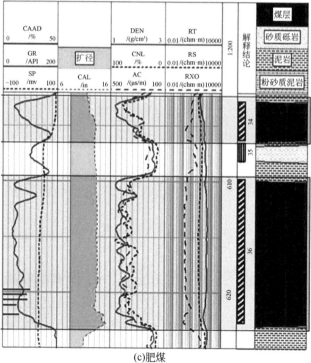

(c)肥煤

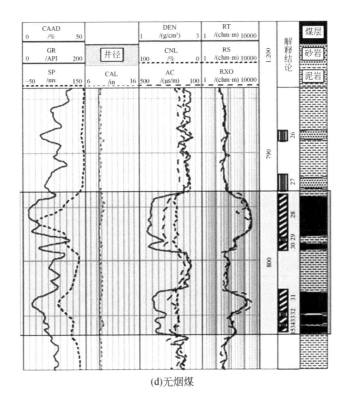

(d)无烟煤

图 7.2  不同变质程度煤阶类型的地球物理测井曲线特征

中子测井值（大于 60%）；无烟煤是高变质程度的高贫煤一类，属于高阶煤，其测井响应特征为一低三中一高，低密度值（1.2～1.5g/cm），中-低自然伽马（20～80API），中等声波时差（350～425μs/m），中等中子测井值（30%～45%），高电阻率（300～10000Ω·m）。可以看出，煤的变质程度具有地球物理测井识别的前提，而变质程度又与焦油产率具有良好的相关性，因此煤的焦油产率具有地球物理识别前提。

## 7.2  富油煤测井参数相关性

煤的焦油产率与煤的变质程度有正相关关系，表现在煤的物理性质上就是与煤的密度、H 元素含量、灰分含量、固定碳含量等具有较好的相关性。而测井曲线与煤的物理性质之间具有良好的相关性，基于以测井曲线来识别富油煤的理念，从煤焦油产率与测井曲线相关性分析入手，寻求探索煤的焦油产率的地球物理测井勘查技术方法，尽可能在不增加现有工作量的基础上，有效提高富油煤的控制程度。

### 7.2.1  煤田测井特征

依据《煤炭地球物理测井规范》[83]（DZ/T 0080—2010），煤田地球物理测井是以地层、煤、煤层气为主要研究对象，主要工作任务有：①确定煤层深度、厚度、结构，计算煤层碳、灰、水含量，推断煤层变质程度，煤层煤种；②划分钻孔岩性剖面，提供煤岩层物性数据，计算岩层的砂、泥、水含量，推断地层时代；③进行煤岩层物性对比，建立地层地质剖面；④测量地层产状，研究煤、岩变化规律、地质构造及沉积环境；⑤测量地温；⑥测算地层孔隙度和地层含水饱和度；⑦测算煤岩层力学参数；⑧估算煤层气含量、煤层孔隙度和渗透率……

传统煤田地球物理测井的曲线包括自然电位测井、自然伽马测井、井径测井、补偿密度测井、侧向电阻率测井、声波时差测井、视电阻率测井等，图7.3为黄陇侏罗纪煤田雅店煤矿1-01钻孔测井曲线剖面图。

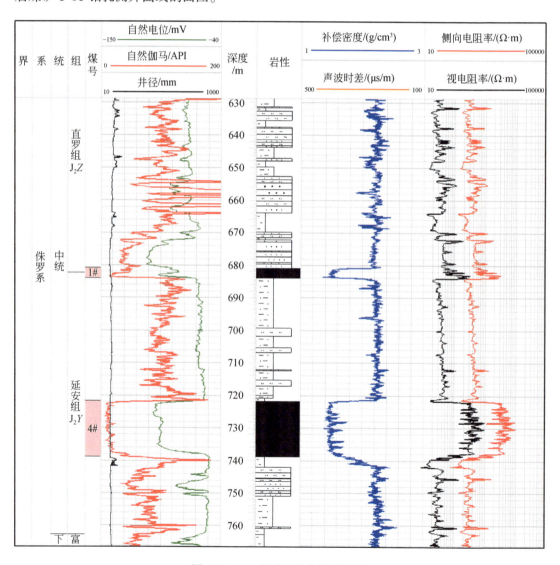

图7.3　1-01钻孔测井曲线剖面图

研究常规测井曲线与焦油产率之间的相关性的主要过程如下所示。

1. 测井曲线预处理

测井数据预处理主要包括模拟曲线数字化、测井曲线深度校正、环境影响校正和测井曲线标准化等，尽可能消除各种随机干扰和非地层因素影响，使校正后的同一口井的测井曲线均有准确的深度值与深度对应，尽可能真实反映地层性质。

测井曲线深度校正：消除测井过程中各条曲线之间不同程度的深度错动，主要包括同一井多条曲线的深度校正与对齐、井的垂直深度校正，可利用深度控制曲线或相关函数等方法进行深度校正；利用自然伽马测井曲线与地面岩心自然伽马曲线进行深度对比，找出两者存在的深度误差；对于孔隙度、渗透率等物性测试数据，用岩心分析孔隙度与孔隙度测井曲线作对比，找出两者深度误差。本次基于煤岩的显著测井响应特征是低密度，而且一般地，煤岩含固定碳越多、灰分越少，其体积密度越小、声波时差越大、自然伽马越小，据此开展研究区煤储层岩心深度归位。图7.4为岩心深度归位前后对比图。

测井曲线环境影响校正包括自然伽马测井曲线 GR 的校正、密度测井曲线校正、声波测井曲线校正等。一般采用解释图版法和专用校正程序自动校正，主要去除井眼、井液、围岩、泥浆密度、温度、矿化度、泥饼、间隙距离等的影响。

自然伽马测井曲线 GR 的一般校正公式和井内泥浆中掺有 KCL 时的校正公式分别为

$$GR_C = A \times GR - e^{0.026B \times \rho m}(d - d_i) - 0.3958 \tag{7-1}$$

$$GR_C = a(GR - KCL) \tag{7-2}$$

GR、$GR_C$ 分别为校正前后 GR 测井值；$A$、$B$、$d$、$d_i$、KCL 分别为校正中所用参数。

密度测井曲线校正：一般采用校正方程 $\rho_{bc} = \rho_b + \Delta\rho$ 校正，$\Delta\rho$ 与仪器类型、井内流体的性质及井径有关。

声波测井曲线的编辑与校正：一般可采用公式 $\Delta t_c = \Delta t - V_{sh}[(C + D\Delta t) - \Delta t]$ 来进行地层蚀变校正，也可以运用几何因子理论及数值逼近迭代法进行泥浆侵入影响校正。

2. 测井曲线转换算

收集到的研究区测井资料为常规煤田测井资料，包括自然电位、自然伽马、长短源距伽马、三侧向电阻率测井曲线等。开展本课题研究，长短源距伽马测井曲线必须换算为补偿密度测井曲线。

1）密度计算方法

密度测井值是用现场测得长、短源距计数率通过仪器的刻度系数计算。计算采用式(7-3)：

$$\rho = A(\lg J_{rr})^2 + B\lg J_{rr} + C \tag{7-3}$$

式中，$\rho$ 为体积密度；$J_{rr}$ 为长（或短）源距伽马测井数值；$A$、$B$、$C$ 分别为待定系数，可通过刻度得到。

当用两个模块刻度仪器时，式中 $A = 0$。计算公式变为

$$\rho = B\lg J_{rr} + C \tag{7-4}$$

$B$、$C$ 已知后可以利用该公式计算密度。

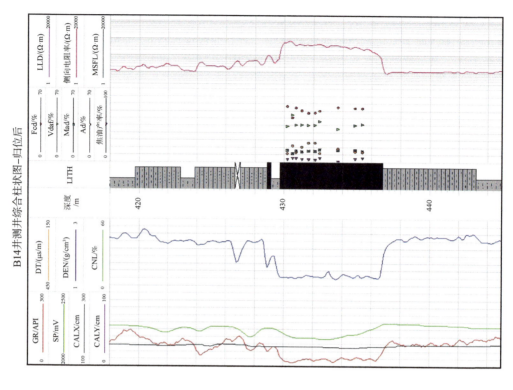

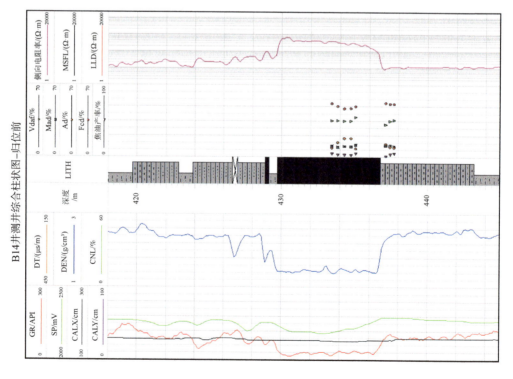

图7.4　B14井岩心深度归位前后对比图

2）刻度系数获取方法

密度刻度的目的就是要得到式（7-4）中的 $B$、$C$ 值。确定刻度系数 $B$、$C$ 有两种方法：模块刻度法、计算方法。

方法一：刻度时，首先将装有伽马源的探管分别放置到铝模块及有机玻璃上，得到两组长短源距数据（长源距 $J_{rr}1^{长}$、$J_{rr}2^{长}$；短源距 $J_{rr}1^{短}$、$J_{rr}2^{短}$），将得到的长源距测井数值代入此公式得到联立方程：

$$\rho_1 = B\lg J_{rr}1^{长}+C \tag{7-5}$$
$$\rho_2 = B\lg J_{rr}2^{长}+C \tag{7-6}$$

解该方程组，得到长源距所对应的刻度系数 $B$、$C$；对于短源距可依照同样的方法得到刻度系数 $B$、$C$。

方法二：由于收集资料中并无模块刻度系数，只能估算。统计目的层段典型岩石煤、砂岩的密度值，$\rho_1$、$\rho_2$ 分别为 1.40、2.65，将得到的长源距测井数值代入式（7-5）和式（7-6）中，解该方程组，得到长源距所对应的刻度系数 $B$、$C$；短源距刻度系数 $B$、$C$ 同理计算。

## 7.2.2 测井曲线与焦油产率相关性

针对同一成煤时期的煤，在前期数据预处理的基础上，分煤田对陕北侏罗纪煤田、黄陇侏罗纪煤田、陕北三叠纪煤田、陕北石炭–二叠纪煤田和渭北石炭–二叠纪煤田进行焦油产率与测井特征曲线相关性进行分析，主要研究曲线包括自然伽马、电阻率和补偿密度测井曲线。

研究采用数据为均来自钻孔实测数据，如表 7.2 所示。

表 7.2 研究用钻孔数据

| 煤田 | 井号 | $R_o$ | 煤层编号 | $Tar_d$/% | 深度/m | 工业分析/% | | | |
|---|---|---|---|---|---|---|---|---|---|
| | | | | | | 固定碳 | 水分 | 灰分 | 挥发分 |
| 陕北侏罗纪煤田 | YK1-8 | 0.55 | 3-1 | 6.37 | 480 | 60.18 | 5.69 | 4.20 | 33.39 |
| | F2 | 0.53 | 2 | 9.1 | 355 | 57.89 | 6.44 | 3.70 | 35.75 |
| 陕北三叠纪煤田 | ZK113 | 0.73 | 15.9 | 15.9 | 57.66 | 46.81 | 1.97 | 9.17 | 47.43 |
| 渭北石炭–二叠纪煤田 | WFSK-01 | 2.05 | 3 | 0.4 | 1013.2 | 74.96 | 3.14 | 13.51 | 10.52 |
| | WFSK-02 | 1.89 | 3 | 0.5 | 903.3 | 65.86 | 0.83 | 20.79 | 16.16 |
| 黄陇侏罗纪煤田 | BK4-2 | 0.55 | 4 | 2 | 856 | 51.14 | 5.88 | 20.50 | 31.67 |
| | B14 | 0.47 | 3.6 | 2 | 440 | 53.63 | 11.21 | 8.36 | 34.09 |
| 陕北石炭–二叠纪煤田 | SK2 | | 2 | 9.5 | | 4.18 | 25.93 | 27.06 | 39.63 |

图 7.5 为陕北侏罗纪煤田焦油产率与测井曲线值的相关性分析图，从图 7.5 中可以看出，焦油产率与自然伽马、电阻率和补偿密度都呈现负相关，与自然伽马、电阻率相关性较弱，与补偿密度相关性好，$R^2 = 0.4667$。

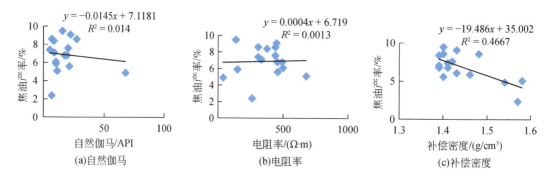

图 7.5　陕北侏罗纪煤田焦油产率与测井曲线相关性分析图

　　图 7.6 为黄陇侏罗纪煤田焦油产率与测井曲线值的相关性分析图，从图 7.6 中可以看到焦油产率与自然伽马、电阻率、补偿密度均呈负相关关系，相关性由好变差依次为补偿密度–电阻率–自然伽马，补偿密度相关性较好，$R^2 = 0.4896$。

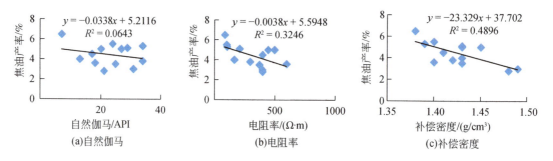

图 7.6　黄陇侏罗纪煤田焦油产率与测井曲线值的相关性分析图

　　图 7.7 为三叠纪煤田焦油产率与测井曲线值的相关性分析图，从图 7.7 中可以看到焦油产率与自然伽马、补偿密度均呈负相关关系，与电阻率呈弱正相关性，与补偿密度相关性较好，$R^2 = 0.687$。

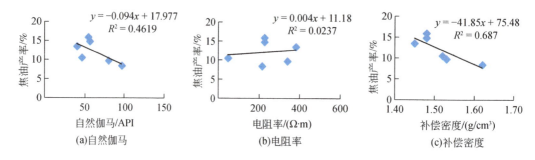

图 7.7　三叠纪煤田焦油产率与测井曲线值的相关性分析图

　　图 7.8 为渭北石炭–二叠纪煤田焦油产率与测井曲线值的相关性分析图，从图 7.8 中可以看到焦油产率与自然伽马、补偿密度、电阻率均呈负相关关系，与补偿密度相关性较

好，$R^2 = 0.9944$。

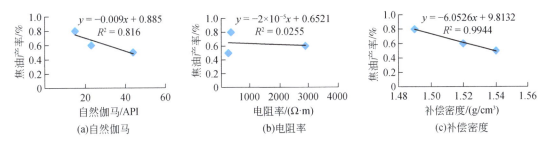

图7.8　渭北石炭–二叠纪煤田焦油产率与测井曲线值的相关性分析图

图7.9为陕北石炭–二叠纪煤田焦油产率与测井曲线值的相关性分析图，从图7.9中可以看到焦油产率与自然伽马、补偿密度、电阻率均呈负相关关系，与电阻率和补偿密度相关性都较好，$R^2$分别为0.741、0.9143。

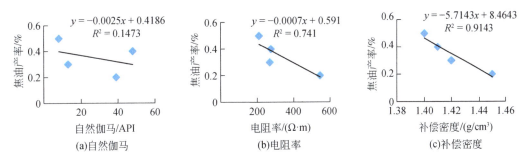

图7.9　陕北石炭–二叠纪煤田焦油产率与测井曲线值的相关性分析图

综合分析，认为利用煤田测井、煤层气测井中的补偿密度测井与煤焦油产率的良好相关性，可以用于焦油产率预测。

## 7.3　焦油产率测井预测模型

### 7.3.1　预测模型及主要步骤

遵循"地质约束测井、岩心刻度测井"的原则，以关键井为基础，识别煤层、判断煤层煤化程度、计算煤层工业组分、预测焦油产率、判断煤层"富油"级别，分别建立不同煤田的焦油产率精准预测模型。

1. 富油煤测井判识技术主要步骤

（1）根据测井曲线识别煤层；

（2）根据煤层深度，预测煤层的镜质体反射率，判断煤层的煤阶；

（3）对于低阶煤，根据测井资料预测煤层工业组分，进而计算得到煤层的焦油产率值，从而判断煤层是含油煤，还是富油煤或高油煤。

（4）对于煤阶处于低阶煤向高阶煤过度的煤层，利用特定煤焦油产率计算模型计算其焦油产率，进而做出煤层含油性的判断。

2. 煤层焦油产率测井计算模型

煤层焦油产率计算模型以补偿密度曲线为主要参考依据。

$$Tar_d = (A \times DEN + B) \times 100\%$$

其中 $A$ 为调节系数，$B$ 为区域常数，其数值由各研究区富油煤与密度值的相关性分析获得。

预测流程见图 7.10。

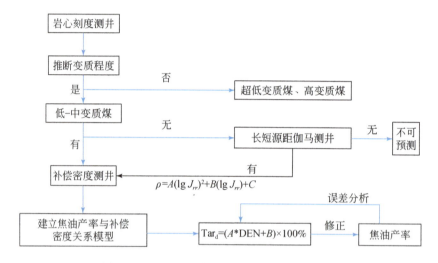

图 7.10　基于测井曲线的焦油产率预测流程图

## 7.3.2　案例分析

1. 陕北侏罗纪煤田大保当井田

2021 年，在陕北侏罗纪煤田大保当井田施工钻孔，根据其测井曲线进行校正后，采用焦油产率计算模型预测焦油产率并与实测值进行比较（图 7.11），其中调节系数和区域常数分别为 –84.18、125.5。从图 7.11 中可以看出，该钻孔处煤层以富油煤为主，图 7.11 中预测焦油产率与实测焦油产率变化趋势一致。

对照实测焦油产率与预测焦油产率（表 7.3），焦油产率预测值除个别点误差较大外，一般预测误差为 10% ~ 30%，平均误差为 17.29%，且预测的焦油产率值与实际测得的焦油产率变化趋势一致，能反映该区焦油产率变化情况。

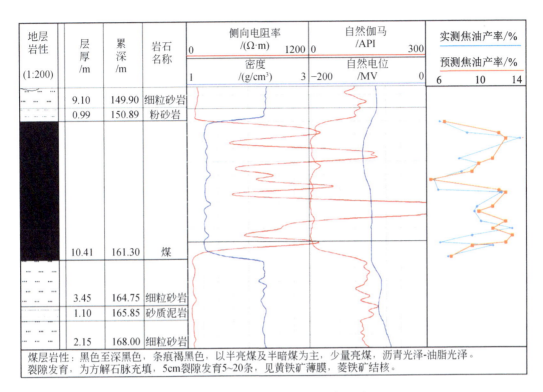

| 地层岩性 (1:200) | 层厚/m | 累深/m | 岩石名称 | 侧向电阻率 /(Ω·m) 0 1200 密度 /(g/cm³) 1 3 | 自然伽马 /API 0 300 自然电位 /MV −200 0 | 实测焦油产率/% 预测焦油产率/% 6 10 14 |
|---|---|---|---|---|---|---|
| | 9.10 | 149.90 | 细粒砂岩 | | | |
| | 0.99 | 150.89 | 粉砂岩 | | | |
| | 10.41 | 161.30 | 煤 | | | |
| | 3.45 | 164.75 | 细粒砂岩 | | | |
| | 1.10 | 165.85 | 砂质泥岩 | | | |
| | 2.15 | 168.00 | 细粒砂岩 | | | |

煤层岩性：黑色至深黑色，条痕褐黑色，以半亮煤及半暗煤为主，少量亮煤，沥青光泽-油脂光泽。裂隙发育，为方解石脉充填，5cm裂隙发育5~20条，见黄铁矿薄膜，菱铁矿结核。

图 7.11　大保当钻孔焦油产率预测

**表 7.3　焦油产率预测精度分析表**

| 样品 | 实测焦油产率/% | 补偿密度/(g/cm³) | 预测焦油产率/% | 相对误差/% | 样品 | 实测焦油产率/% | 补偿密度/(g/cm³) | 预测焦油产率/% | 相对误差/% |
|---|---|---|---|---|---|---|---|---|---|
| M1-1 | 6 | 1.42 | 5.96 | −0.59 | M1-10 | 10.5 | 1.35 | 11.85 | 12.92 |
| M1-2 | 9.4 | 1.34 | 12.69 | 35.09 | M1-11 | 10.2 | 1.37 | 10.17 | −0.26 |
| M1-3 | 15.9 | 1.33 | 13.54 | −14.84 | M1-12 | 11 | 1.35 | 11.85 | 7.79 |
| M1-4 | 8.4 | 1.35 | 11.85 | 41.15 | M1-13 | 14.9 | 1.37 | 10.17 | −31.72 |
| M1-5 | 10.7 | 1.37 | 10.17 | −4.92 | M1-14 | 9.9 | 1.32 | 14.38 | 45.28 |
| M1-6 | 8.7 | 1.38 | 9.33 | 7.26 | M1-15 | 6 | 1.33 | 13.54 | 125.68 |
| M1-7 | 5.3 | 1.44 | 4.28 | −19.23 | M1-16 | 12.5 | 1.38 | 9.33 | −25.35 |
| M1-8 | 5.8 | 1.34 | 12.68 | 118.94 | M1-17 | 7 | 1.41 | 6.80 | −2.77 |
| M1-9 | 13.6 | 1.33 | 13.54 | −0.44 | | | | | |
| 平均误差 | | | | | 17.29% | | | | |

**2. 黄陇侏罗纪煤田千阳预查区**

以黄陇侏罗纪煤田千阳预查区 QY1-1 井测井曲线为例，按照上述预测模型，采用永陇矿区焦油产率与补偿密度的相关性参数，A、B 分别赋值−23.38、47.2，获得该钻孔不同深度煤层的焦油产率值（图 7.12），从图 7.12 中可以看出，该钻孔各处焦油产率值分布在 7% 左右，以略大于 7% 为主，但总体焦油产率值偏低，焦油产率特征与整个黄陇侏罗纪焦油产率特征吻合。

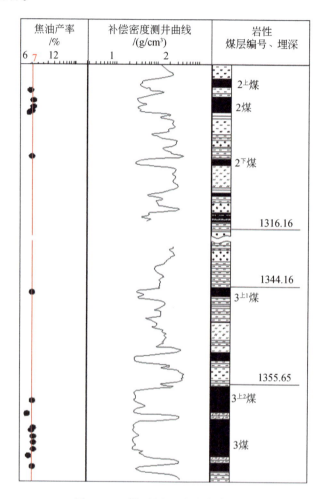

图 7.12　千阳预查区焦油产率预测

# 7.4　富油煤多源判识研究

富油煤成因复杂、焦油产率影响因素较多，采用单一指标预测富油煤误差相对较大，单一指标局限性较明显。师庆民等[84]以神府南部矿区为例，通过探讨富油煤相关性特点及宏-微观控制规律，说明煤层厚度与煤焦油产率分布稳定性间呈正相关性，但与焦油产率高低之间相关性较弱；在有限的煤阶范围内，挥发分与焦油产率间规律不甚显著，反而对产气率、产水率约束性更为明显。这一现象同样体现在 H/C 原子比，高 H/C 原子比并未指示高焦油产率，但对较低的产气率和较高的产水率具有清晰指示意义，这与煤中含氧官能团裂解并获取氢自由基的过程存在密切相关性。宏观煤岩类型对焦油产率具有较好的控制性，这与煤体显微煤岩组成密切相关，总体表现为镜质组、矿物双重控制性，其中光亮煤、半亮–半暗煤焦油产率主要受控于镜质组含量；暗淡煤、夹矸主要受控于煤中矿物含量；灰分与焦油产率间总体呈单调递减规律，但不同煤灰成分表现有所不同。指示内源沉积作用的 CaO+MgO 质量分数增加，有助于富油煤热解催化并一定程度提高煤焦油产率。指示陆源碎屑沉积的 $SiO_2+Al_2O_3$ 质量分数增加则会降低煤焦油产率，与灰分指示规律一致。指示闭塞、滞留环境的 $Fe_2O_3$（黄铁矿）虽然对煤热解具有催化裂解作用，但在格金干馏试验条件下并未明显促进焦油产率升高，反而对产水率的促进作用更为明显；真密度与焦油产率间呈负相关性，低密度煤样表现为 Aar/Aal、B、C、$CH_2/CH_3$ 值相对较小，指示煤中脂肪结构较为丰富、烷基侧链丰富，有利于热解过程中不稳定化学键裂解形成分子量较小的烷基自由基，进而提高煤焦油产出。

郭晨等[85]研究了神府南部矿区低阶煤化学组成与工艺性质。以神府南部矿区主要生产矿井低阶煤样品为研究对象，开展煤的化学组成与工艺性质测试，化学组成包括工业组分、主量元素、全硫与形态硫、有害元素 P 及煤灰成分等，工艺性质包括发热量、低温干馏、热稳定性与煤灰熔融性等方面。煤的工艺性质与化学组成之间存在密切成因联系，发热量与固定碳含量呈正相关，低温干馏焦油产率与挥发分产率、氢元素含量呈正相关，水分含量决定低温干馏总水分产率，且在特定煤类条件下，灰分产率是控制煤诸多工艺性质的关键因素，包括发热量、黏结性、焦油产率等，均与灰分产率呈负相关性；基于数量化分析方法揭示煤的化学组成与工艺性质特征及其内在关系，构建基于化学组成的工艺性质预测低温干馏工艺参数的数学模型（表 7.4），为煤炭分级分质利用提供基础依据。

表 7.4 神府南部矿区低阶煤关键工艺性质预测数学模型

| 工艺性质 | 预测模型 | 复相关系数 R |
|---|---|---|
| 低温干馏 | $Tar_{ad}=31.108-0.155\omega(A_d)+0.492\omega(V_{daf})+0.029\omega(SiO_2)+0.260\omega(C_{daf})-0.548\omega(N_{daf})$ | 0.800 |
| | $GX=4.591-0.077\omega(A_d)+0.111\omega(SO_3)+0.855\omega(H_{daf})$ | 0.790 |
| | $Water_{ad}=2.706+1.068\omega(M_{ad})-0.04\omega(A_d)+0.909\omega(H_{daf})+0.050\omega(Fe_2O_3)$ | 0.949 |
| | $Coke_{ad}=50.438+0.618\omega(A_d)+0.5\omega(FC_{ad})+0.074\omega(C_aO)-0.169\omega(SO_3)-0.49\omega(M_{ad})-0.248\omega(V_{daf})$ | 0.918 |

郭晨等[85]利用所建焦油产率预测模型，预测了张家峁井田 5$^{-2}$ 号煤层的焦油产率，绘制了 5$^{-2}$ 号煤层焦油产率等值线平面图（图 7.13）。

图 7.13 中蓝色标注为该张家峁井田钻孔实测的焦油产率值，对其预测结果进行精度分析（表 7.5），预测焦油产率值总体较实测值偏低，相对误差范围为（-22.47%、-14.94%），平均相对误差为-17.32%。与单一预测因子相比，两者平均误差绝对值相当，多源判识预测结果相对较为稳定，更符合实际焦油值，预测模型更可靠。

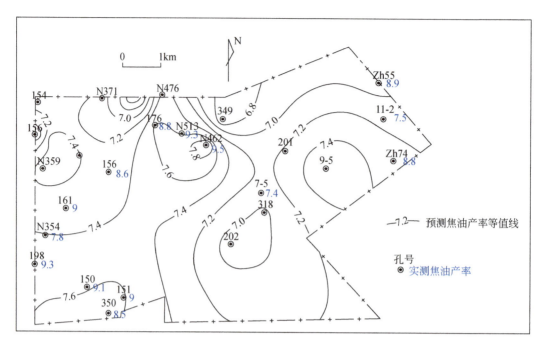

图 7.13　张家峁井田多源预测焦油产率等值线平面图

表 7.5　神府南部矿区低阶煤关键工艺性性质预测数学模型

| 钻孔 | 实测焦油产率/% | 预测焦油产率/% | 相对误差/% |
|---|---|---|---|
| zh74 | 8.8 | 7.3 | −17.05 |
| zh55 | 8.9 | 6.9 | −22.47 |
| 150 | 9.1 | 7.6 | −16.48 |
| 151 | 9 | 7.6 | −15.56 |
| 161 | 9 | 7.3 | −18.89 |
| 168 | 8.6 | 7.3 | −15.12 |
| 169 | 8.7 | 7.4 | −14.94 |
| 176 | 8.8 | 7.6 | −13.64 |
| 198 | 9.31 | 7.5 | −19.44 |
| 350 | 9.4 | 7.7 | −18.09 |
| n462 | 9.5 | 7.8 | −17.89 |
| n513 | 9.3 | 7.6 | −18.28 |
| 平均误差 | | −17.32% | |

# 7.5　本 章 小 结

本章基于测井曲线对岩石物理性质的反映，研究了陕西省五大煤田煤层测井曲线与焦油产率相关性，提出采用补偿密度测井曲线作为煤层焦油产率的预测因子，建立了基于补偿密度测井曲线的焦油产率预测模型，形成标准化的预测流程。

以侏罗纪煤田为例，分析了以补偿密度测井曲线预测煤中焦油产率的单因子预测模型对煤中焦油产率预测的精度。该种基于测井曲线预测模型的提出有利于利用以往地质勘查资料提高富油煤的勘查程度。

在单因子预测的基础上，分析了国内学者提出的多源判识方法对煤层焦油产率预测的精度，指出多因子预测煤层焦油产率是较为理想的量化预测模型。

测井曲线预测和化学组成多源预测方法分别适用于不同工作场景对煤中焦油产率的判识。综合分析，陕西省探明和潜在煤炭资源中约有3000亿t富油煤资源，主要分布在陕北侏罗纪煤田（含靖定矿区）、陕北石炭–二叠纪煤田和黄陇侏罗纪煤田。

# 8 陕西富油煤的利用

早期，富油煤并没有被作为特殊的油气资源看待。例如，陕北侏罗纪的煤炭资源通常是作为优质动力煤使用，陕北三叠纪煤炭则是作为优质的炼焦配煤使用。20 世纪 80～90 年代，神府煤炭是土法炼焦、生产兰炭的主要原料，造成严重的资源浪费和环境污染。直到近十多年来，通过政策引导、产业升级，兰炭产业才获得新生。然而，目前富油煤的利用仍然限于较单一和低层次的分质利用，主要目标产品是洁净兰炭，而焦油和焦炉煤气作为副产品长期不被重视。

兰炭是在提取煤中的油和气后留下的精炼煤，再作为清洁燃料民用、发电或二次气化作为化工产品原料，煤中提取的煤焦油加氢后可制成新油品，是优于"煤液化、煤气化"的特色煤化工生产路线，将为煤化工产业带来巨大的综合效益和新的发展空间。目前，榆林兰炭产业已成为陕西最大的煤化工产业，建成国内规模最大的煤炭热解产业集群，实现固态能源向固态、液态、气态三种能源的高效转化，已形成原煤-兰炭-电石、原煤-兰炭-铁合金、原煤-兰炭-煤焦油-清洁燃料油、原煤-兰炭-煤气-金属镁、原煤-兰炭-煤气-发电等综合利用型传统煤化工产业体系。府谷 30 万 t 合成氨、52 万 t 尿素项目建成投产，兰炭尾气发电建成装机近 100 万 kW，锦界天元煤焦油加氢、神木富油煤焦油加氢、安源 50 万 t 煤焦油全馏分加氢制油、府谷东鑫垣 45 万 t 煤焦油加氢制油项目等，都是榆林本土煤化工发展的缩影。

煤是我国能源消费的主体，也是我国未来能源绿色低碳转型的重要桥梁。煤是生产油气和高附加值化学品的重要原料，其中富油煤在提高油气转化效率、降低经济成本方面具有更好优势。大规模发展以生产油气为主要产品的富油煤开发和高效转化产业，是增加国内油气供给途径的迫切要求，也是实现煤炭清洁高效低碳循环发展的重要途径。

但矛盾与问题也逐渐彰显，环境问题成为其中主要影响因素。在国家能耗总量和强度"双控"政策的影响下，在建的最大煤化工项目"1500 万 t/a 煤炭分质利用制化工新材料示范工程"曾一度被按下暂停键。该项目估算总投资达 1250 亿元，分两阶段：一阶段建设 180 万 t/a 乙二醇工程（当前全球在建最大的煤制乙二醇装置），2021 年建成；二阶段建设 560 万 t/a 甲醇、200 万 t/a 烯烃及深加工工程，拟于 2023 年底前建设完成。项目二期工程分为两个阶段：以煤热解为龙头，其中一阶段为 120 万 t/a 粉煤热解及 50 万 t/a 煤焦油深加工工业化示范装置，2021 年 6 月竣工；二阶段将热解规模放大至 1500 万 t，并对煤焦油产业链进行延伸，生产芳烃以及芳烯结合的下游产品，2022 年开工建设，拟于 2025 年底前完成全部建设内容[86]。

近年来，王双明提出了"富油煤就是煤基油气资源"的学术思想，通过对我国西部富油煤资源总量、开发潜力、梯级利用可行性、开发现状及存在问题进行了分析研究，提出了"将富油煤纳入非常规油气资源"的政策建议；在国家自然科学基金委员会组织的第 281 期"双清论坛"上，提出了将富油煤形成机理作为重点基础研究内容的建议。建议从摸清富油煤资源家底和理清富油煤的成因机理、清洁化利用多方面共同开展富油煤资源的清洁开发利用技术攻关，保障国家能源安全的同时，助力双碳目标的尽早实现。

# 8.1　富油煤的主要特点

## 8.1.1　富油煤的油气资源属性

从前面章节的论述可以看出，陕西省查明煤炭资源中富油煤资源有1550余亿 t，探明+潜在煤炭资源中富油煤资源总计3000余亿 t，其中蕴含焦油资源300余亿 t，热解气资源约 $3.75\times10^{13}\ m^3$。与我国可采页岩油资源 $3.5\times10^9\ t$、可采页岩气资源量 $2.18\times10^{13}\ m^3$ 相比，富油煤具备规模化开发的资源基础。

以陕北侏罗纪富油煤代表——榆林煤为例，张卫东等[87]研究了其物理化学性质（表8.1），此处的煤是一种低水分、低灰分、高挥发分、低硫分、中高发热量的优质煤，较适于低温干馏。水分仅为8.28%，低温干馏时不需耗费太多能量去除煤中水分，有利于提高能效；原煤灰分较低，仅为4.53%，低温干馏后灰分一般增加不到1倍，因此产品半焦中灰分约为8%，有利于生产高附加值产品；原煤挥发分高达35.23%，属于高挥发分煤种，采用低温干馏处理，可得到高收率煤焦油产品，提高煤炭附加值，实现煤炭分级利用，提高能源利用效率。

表8.1　榆林地区原煤性质[87]

| Mar/% | Aar/% | Var/% | FCar/% | St, d/% | Qnet, ar/(MJ/kg) |
| --- | --- | --- | --- | --- | --- |
| 8.28 | 4.53 | 35.23 | 51.96 | 0.21 | 26.08 |

由表8.2可知，榆林煤 10~8mm 产率最高为43.70%，其次为 8~6mm，产率为40.60%，4~0mm 产率最小为0.20%，6~4mm 产率为6.20%。因此原煤粒度大多集中在 10~6mm，小粒度较少，说明煤种强度较好，有利于提高煤炭利用率。

表8.2　榆林煤粒度组成

| 粒级/mm | 产率/% | 累计产率/% |
| --- | --- | --- |
| 13~10 | 9.30 | 9.30 |
| 10~8 | 43.70 | 53.00 |
| 8~6 | 40.60 | 93.60 |
| 6~4 | 6.20 | 99.80 |
| 4~0 | 0.20 | 100.00 |

富油煤是集煤、油、气属性于一体的煤炭资源，在隔绝空气条件下可通过中低温热解生成焦油、煤气和半焦。其最大特点是煤中富含较多热解可生成油气的富氢结构，焦油产

率较高,主要赋存于中低阶煤类中,是一种煤基油气资源。热解生成的气体主要成分是$CH_4$、$H_2$、$CO$和烃类气体等(表8.3),其中$CH_4$体积分数达55%~77%,$H_2$体积分数达42%~51%[4]。与天然气相比,氢气和重烃气体体积分数相对较高,甲烷体积分数相对较低,热值基本相当[88,89],不仅可以直接用作燃料气,同时也可以生产氢气、甲醇等天然气化工产品。

**表8.3 煤气和天然气基本成分与性质对比**

| 类型 | 体积分数/% | | | | | | |
| --- | --- | --- | --- | --- | --- | --- | --- |
| | $CH_4$ | $H_2$ | $CnH_2n$ | $CO_2$ | $CO$ | $N_2$ | $H_2S$ |
| 干馏煤气 | 55~77 | 42~51 | 5~15 | 3~5 | 4~7 | 2~7 | 少量 |
| 巴县三叠系天然气 | 97.80 | — | 0.40 | 0.2 | — | 1.1 | 0.1 |

半焦主要成分是固定碳,成分与无烟煤相近(表8.4),具有较低的可磨性,燃烧性较无烟煤好,取代部分或全部无烟煤是完全可行的[90]。

**表8.4 煤和半焦基本成分与性质对比**

| 类型 | 灰分/% | 挥发份/% | 硫分/% | 水分/% | 发热值/(MJ/kg) | 可磨性指数 HGI | 燃烧率/%(富氧率O) |
| --- | --- | --- | --- | --- | --- | --- | --- |
| 无烟煤1 | 11.29 | 13.66 | 0.30 | 10.85 | 31.71 | 59 | 60.31 |
| 无烟煤2 | 10.27 | 11.82 | 0.34 | 10.52 | 32.20 | 106 | 50.65 |
| 烟煤 | 5.40 | 39.05 | 0.62 | 13.60 | 31.61 | 89 | 45.78 |
| 半焦 | 10.48 | 11.24 | 0.61 | 10.40 | 31.21 | 53 | 41.67 |

富油煤热解生成的油通常称为煤焦油,呈黑色或黑褐色黏稠状,类似于重质石油,煤种、热解温度、加工工艺等均会影响焦油成分及物理化学性质。

与重质石油相比,中低温煤焦油>300℃馏分密度为1146.50kg/m³,高于催化裂化油浆密度;黏度一般为2500mPa·s[91],凝固点相对较低且变化较大,为−3~36℃。焦油中小分子烃类质量分数较低,氧、氮质量分数大多高于石油组分,但硫质量分数较低,H/C原子比与石油沥青质接近[92],在360℃以前煤焦油中馏分可超过60%[93]。剩余重质部分与重质石油相比,饱和分相对偏低、沥青质相对偏高(表8.5)。

**表8.5 重质油成分及物理性质[94]**

| 样品 | 密度(20℃)/(kg/m³) | 黏度(80℃)/(mPa·s) | 灰分/% | 残碳质量分数/% | H/C原子比 | 质量分数/% | | | |
| --- | --- | --- | --- | --- | --- | --- | --- | --- | --- |
| | | | | | | 饱和分 | 芳香分 | 胶质 | 沥青质 |
| 催化裂化油浆 | 1108.8 | 191.2 | 0.06 | 15.70 | 0.96 | 9.54 | 68.46 | 19.54 | 2.37 |
| 减压渣油 | 1108.8 | 3175.4 | 0.01 | 19.80 | 1.57 | 16.02 | 45.61 | 31.16 | 6.87 |
| 常压渣油 | 946.6 | 212.3 | 0.03 | 6.85 | 1.71 | 44.76 | 27.40 | 26.12 | 1.72 |
| 中低温煤焦油 | 1146.5 | 2545.2 | 1.06 | 23.20 | 1.02 | 8.52 | 19.52 | 38.13 | 24.30 |

煤焦油由上万种混合物组成,已分离的化合物仅有 500 余种,其质量约占总质量的 55%,在合成塑料、农药、医药、耐高温原料、国防工业等领域广泛应用,部分化合物无法通过石油加工业生产和替代[94]。

通过前处理、加氢精制和加氢催化裂化工艺可以获得优质汽油、柴油和燃料油,范建锋等[95]采用加氢裂化-加氢精制可实现对煤焦油馏分油的全部转化,转化产品中石脑油馏分达 23.17%、柴油馏分达 72.41%,且硫、氮质量分数很低,生成的产品油可达到清洁燃料油的标准。

榆林煤的焦油含量较高,焦油基本性质分析见表 8.6。煤焦油密度(20℃)为 1.08g/cm³,煤焦油可用作燃料油、化工原料或加氢合成汽、柴油等,用途十分广泛[96,97]。

表 8.6 焦油基本性质

| 馏分 | 馏出温度范围/℃ | 质量分数/% |
| --- | --- | --- |
| 轻油 | <170 | 3.23 |
| 酚油 | 170~210 | 15.16 |
| 萘油 | 210~230 | 1.37 |
| 洗油 | 230~300 | 3.12 |
| 蒽油 | 300~360 | 18.40 |
| 沥青 | >360 | 58.72 |

半焦是一种高固定碳、高发热量、低硫分、低灰分的产品,半焦的性质随工艺参数的不同有较大差异,当温度为 550℃时,半焦基本性质见表 8.7。半焦可用作优质动力煤燃料,同时也可通过加工用作高炉喷吹煤原料、电石领域、制气及活性炭行业等。

表 8.7 半焦基本性质

| Mar/% | Aar/% | Var/% | FCar/% | St, d/% | Qnet, ar/(MJ/kg) |
| --- | --- | --- | --- | --- | --- |
| 1.28 | 6.53 | 14.23 | 77.96 | 0.31 | 29.08 |

## 8.1.2 富油煤的孔隙特征

富油煤的孔隙发育特征及其渗透能力等方面的研究是开发利用富油煤的基础工作,申艳军等[98]研究了榆神府矿区富油煤多尺度孔隙结构特征。以榆神府矿区富油煤为研究对象,采用低温液氮吸附法、压汞法、核磁共振法以及气渗透法等多元手段对富油煤多尺度孔隙结构进行分析,并开展富油煤全段孔隙表征研究。榆神府张家峁富油煤样孔隙分布特征属于低阶煤典型孔隙分布特征中的一类,微小孔极为发育,中孔、大孔等孔隙相对缺乏;其次,富油煤微小孔隙为吸附孔隙,提供较大的比表面积,使其具有较强的吸附能力;而大中孔隙主要为渗流孔隙,占比相对较少,其绝对渗透率仅为 0.1345×10⁻³ μm²,渗透能力相对弱;低温液氮吸附法可以测量出富油煤 1~120nm 的孔径分布及孔隙形态,适合于表征微小孔隙；压汞法测量出的孔径分布为 10～70000nm，可以较好地表征中孔、大孔；而核磁共振法可测量煤样全段孔隙，能较为准确地观测煤样孔径分布，但需要结合其他测试方法。通过核磁共振结果对比发现，联合低温液氮吸附法与压汞法能够实现从纳米至微米孔隙的煤样全段孔隙表征；与传统低阶煤相比，榆神府矿区张家峁煤矿富油煤的比表面积和氮气吸附量均较大；富油煤微孔、小孔、中孔等孔隙发育较好，大孔发育相对不足；富油煤孔径分布为典型的三峰型，而传统煤样为不显著的多峰型（图8.1）。富油煤上述特征为煤层气（油）吸附提供了基础条件，增强了煤焦的反应活性，加快了富油煤提油炼气进程[98]。

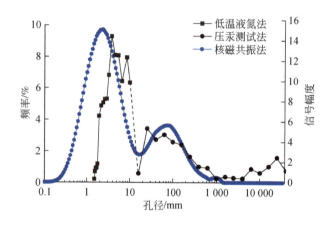

图 8.1 富油煤全段孔径分布对比

## 8.2 陕西富油煤热解技术

与煤制油、煤制气等煤化工技术相比，煤热解技术具有工艺路线简单、投资低、公用工程装置配套少、操作条件温和等特点，是实现我国高储量低阶煤炭大规模分级分质清洁高效利用的重要途径之一。煤热解技术可以最大限度挖掘煤炭的原料属性，提高产品附加值，延长煤炭产业链是提高煤炭分质分级利用的有效途径，已有热解工艺的商业模式相对成熟。

陕西作为十三五期间规划布局的四个现代化煤化工产业示范区之一，在国务院关于新时代推进西部大开发形成新格局指导意见引领下，积极开展煤炭分级分质，梯级利用研究与工程实践。

目前国内富油煤热解首先将煤炭资源采出至地面，再进行热解工艺。近20年国内主要的煤炭热解技术专利所有权人包括中科院山西煤炭化学研究所、中科院过程工程研究所、西安建筑科技大学、浙江大学、中国矿业大学、大连理工大学、西安科技大学、神华集团有限责任公司、北京低碳清洁能源研究所、北京神雾环境能源科技集团股份有限公司、科林未来能源技术（北京）有限公司、国际壳牌研究有限公司、陕西煤业化工技术研究院有限责任公司等高校、研究机构和企业。

富油煤热解的代表性技术包括富油煤热解-气化一体化、热解-发电-化学一体化等，如陕西延长石油集团自主研发了万吨级粉煤热解-气化一体化技术（CCSI）。该技术针对富油煤热解利用过程中，煤焦油产率低、煤焦油与粉尘分离难、半焦转化利用难、产品同质化严重等问题，依据煤的组成、结构特征以及不同组分反应性差异，独创了"一器三区"粉煤热解与气化一体化反应器，并以空气为气化剂（或氧气），将粉煤一步转化为高品质中低温煤焦油和合成气，油气尘在线分离效果明显，并实现了粉煤热解、半焦气化的分级转化和优化集成，具有流程短、能耗低、资源利用率高等优点，为富油煤地面热解–气化一体化提供了全新思路。此外，龙东生[99]、王建国[100]、岑可法等[101]还提出了富油煤热解–发电一体化技术、煤热解–化工–发电一体化技术、低阶煤分级转化发电技术发展路线等富油煤地面热解一体化技术。目前陕西煤炭热解技术处于快速发展期，现有的煤炭热解技术均为地面热解，主要技术包括以下几点。

## 8.2.1 蓄热式旋转床热解技术

蓄热式旋转床热解技术（HTAC）是一种新型的低阶粉煤热解技术，由北京神雾环境能源科技集团股份有限公司自主研发，该装置将旋转床和蓄热式辐射管燃烧两大核心技术优化集成，实现蓄热式燃烧、辐射管加热及高温旋转床有机结合，热解过程所需热量由均匀分布在旋转床内的大量辐射管提供，无热载体保证了热解气的高品质，辐射管热能利用率高，节能高效，单个辐射管可独立运行，能够控制温度快速调节，实现在快速设定的目标温度下发生热解反应。粉煤经成型工段及预处理后，通过原料仓在旋转床中均匀布料，并依次经过旋转床的预热区及各个反应温区，在设定的温度下发生热解反应，热解油气从旋转床预热区的顶部迅速采出，缩短了油气在炉膛内的停留时间，保证了焦油的高收率。目前，该技术已建成万吨级处理能力的中试装置，在进行了不同区域煤种的热解试验后，依托蓄热式旋转床热解技术的 40 万 t/a 电石生产线节能改造项目顺利完成并成功投入运行，并在内蒙古、新疆等地规划建设了百万吨处理能力的工业示范项目，原料粒径为 6 ~ 50mm，焦油收率达格金收率的 87%，如图 8.2、图 8.3 所示。

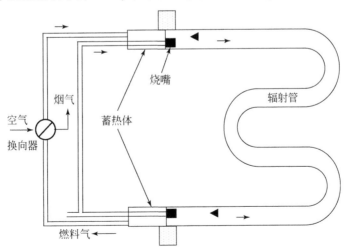

图 8.2 神雾蓄热式辐射管燃烧器原理

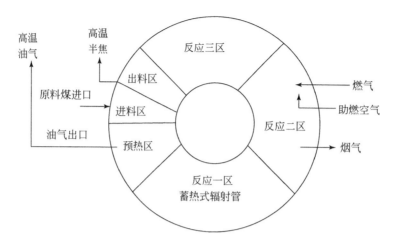

图 8.3　蓄热式旋转床热解技术工艺[102]

## 8.2.2　神木三江煤化低温干馏工艺

神木三江煤化低温干馏工艺（SJ）是由神木县三江煤化工有限责任公司，对鲁奇三段炉改进的一种内热立式低温干馏方炉技术[103]，其炉内为大空腔结构，炉体主要由干燥段、干馏段、冷却段等 3 部分组成，SJ 工艺的热载体为热煤气和空气（图 8.4）。原料块煤由焦炉上部连续加入，经过预热干燥段后进入热解段，热解产生的半焦直接进入水封槽冷却。荒煤气先后通过文氏管塔和旋流板塔洗涤，煤气在鼓风机的作用下回炉加热，多余部分直接放散。焦油进入焦油氨水沉降池中沉降，然后经过焦油产品泵输入焦油池中。该工艺具有物料下落均匀、布料均匀、加热均匀等特点。目前国内的三段炉处理量可达到 300 ～ 500t/d，该技术已经被哈萨克斯坦共和国欧亚工业财团引进，2006 年投入生产，加工能力为 30 万 t/a。在内蒙古鄂尔多斯、陕西北部地区，用于长焰煤生产兰炭等项目。本工艺的热解气是与废热气一起混合排出的，因此得到的煤气热值较低，并且需要庞大的煤气净化系统。

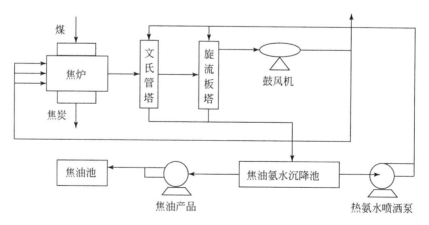

图 8.4　SJ 工艺流程

### 8.2.3 低阶粉煤气–固热载体双循环快速热解技术

陕西陕北乾元能源化工有限公司与上海胜邦科技股份有限公司合作开发的一种新型的气–固热载体粉煤双循环快速热解技术（SM-SP技术）（图8.5）。该工艺采用粒度小于200目的粉煤为原料，以双循环气流床反应器为核心设备，可实现秒级快速热解反应，并配合气/固快速冷却高效分离技术，气/固分离效果好，煤焦油品质高，装置整体能源转换效率高，煤焦油产率高于格金干馏值。2015年5月在榆林市麻黄梁工业园区建成了2万t/a的工业试验装置，并已通过国家科技成果鉴定。目前，陕西陕煤陕北矿业有限公司120万t/a装置投产，实现百万吨级粉煤气–固热载体双循环快速热解技术的大规模工业化示范。

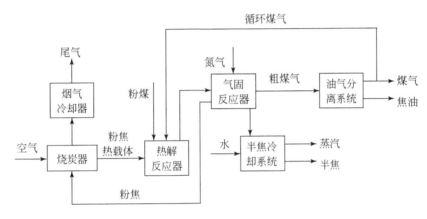

图8.5　SM-SP技术工艺流程[104]

### 8.2.4 中低温煤焦油制取轻质化燃料技术

陕西煤业化工集团神木天元化工有限公司、华陆工程科技有限责任公司共同申请了关于煤炭热解的多篇专利，部分尚均处于实质审查阶段。天元公司的热解技术采用的是回转热解炉的方式，原煤处理30mm以下的粒径，根据专利申请的范围回转热解炉可采用直接加热、间接加热和直接间接相结合的方式。目前建成的6t/h的中试装置采用的是间接加热的方式，中试装置中能效转换率大于80%。神木天元将热解相配套的延迟焦化技术也申请了相关专利，该技术将干馏之后未经处理的油气直接经过延迟焦化以解决热解油气难以净化和容易堵塞管道的问题。2005年8月，神木天元依托拥有自主知识产权的中低温煤焦油制取轻质化燃料技术，率先开工建设25万t/a中温煤焦油轻质化项目，2008年建成。在此基础上，50万t/a中温煤焦油轻质化工业示范项目2010年4月建成并一次开车成功，产出合格油品。这个国内单套规模最大、技术等级和煤炭资源转化率最高的煤焦油轻质化项目，同年6月通过了石化联合会组织的科技成果鉴定，专家认为该装置整体技术达到国内领先水平，填补了国内煤焦油深加工的技术空白。2013年，神木天元5万t/a低阶粉煤回转热解制取无烟煤工艺技术研究装置建成。经过中试验证以及工艺技术、关键设备的不断调整、优化，装置累计运行 9300h。2019 年 5 月 11 日，60 万 t/a 粉煤分质综合利用示范项目打通工艺流程，一次投料试车成功，主要技术指标全部达到或优于设计值，装置运行平稳。根据专家现场考核，该装置负荷达到设计值的 107.7%，热解煤气收率 12.16%，煤焦油收率 10.35%，提质焦粉收率 70.04%，单位产品水耗 0.05t/t，综合能耗 0.169t 标煤/t，能源转化效率达 86.31%。

## 8.2.5　固体热载体法快速热解技术

大连理工大学开发的以固体为热载体的新法干馏热解工艺（DG 热解工艺），粒度小于 6mm 的原煤在提升管内由温度为 823K 的热烟气干燥，随后原煤会被送入分离器中，煤气在此会被分离并储存，剩余的原煤会进入热解反应器与循环利用的高温半焦混合均匀，在 823~923K 的温度下进行热解（图 8.6）。该过程所得半焦一部分冷却后得到兰炭，剩余半焦则会升温然后当作循环热载体。最终产物有兰炭、煤气和焦油，对焦油中的酚类物质进一步加工可以得到高附加值化工原料。该工艺焦油产率高、干馏煤气热值高、工艺较为环保、产生的废水少、生产不需要纯氧、单套装置处理能力强，且气固分离系统复杂，半焦颗粒与焦油易冷凝黏结在旋风分离器内壁。目前最大的工业规模是 2011 年神木富油能源科技有限公司建成的单套 60 万 t/a 的工业装置，并配套神木富油自有全馏分加氢技术，可对煤焦油进一步提质加工，生产石脑油、柴油等燃料油。

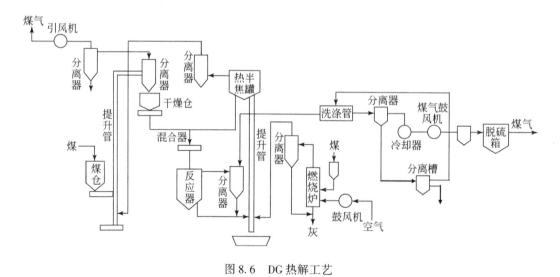

图 8.6　DG 热解工艺

## 8.2.6　国电富通国富炉工艺

北京国电富通科技发展有限责任公司先后与北京中能华源投资有限公司、锡林浩特国能能源科技有限公司以及北京国能普华环保工程技术有限公司申请了多项热解技术相关专利。国电富通的技术是基于传统立式炉的改进，改进内容包括内燃式供热改为外燃内热供热，采用多段分层的热解方式来有效降低系统压力并扩大原料粒径适应性（图8.7）。目前正在运行的炉型单套规模可达到50万t/a，原料粒径为0~150mm，其中小于0.1mm的比例可达13%，小于0.2mm的比例达30%。2015年与陕北矿业公司联合，针对陕北长焰煤热解技术，开发的以国富炉为核心，实现长焰煤高效热解转化，吨煤半焦收率为65.96%，焦油产率为原煤的8.09%，达到格金焦油产率的87.2%，每吨煤的煤气产量为167Nm³，煤气中有效气占比达84.4%，能源转换效率91.9%，工艺可靠，成本低等特征，目前在榆林市麻黄梁工业园区建设一期厂区，总投资2亿元，年产半焦34万t，煤焦油3.3万t，煤气1300万m³。

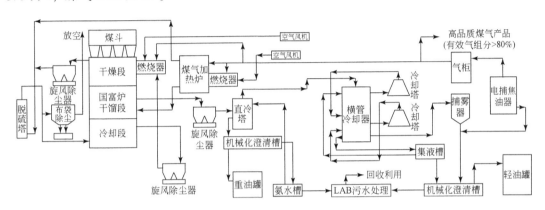

图8.7　国富炉工艺流程图[105]

## 8.2.7　中国科学院"煤拔头"工艺

中国科学院过程工程研究所提出"煤拔头"（BT）工艺，该工艺是下行床与循环流化床的有机结合（图8.8）。煤粉从下行床的顶部加入，与来自提升管的循环热会强烈混合升温，在常压、较低温度（550~700℃）、无氢气、无催化剂的条件下，实现快速热解。生成的气相产品在下行管的底部通过快速分离器分离后，进入急冷器进行快速冷却，最终得到液体产品。

"煤拔头"的工艺特点是条件温和、工艺简单，在常压与中温条件下从煤中提取煤焦油；系统集成度高，使目前国际循环流化床的快速床与下行床有机结合在一起，能够最优地转化提取煤中有效组分，实现高价值产品的加工。关键技术体现在快速热解、快速分离与快速冷却三方面，提高热解温度、加热速率，降低停留时间，实现液体产品的轻质化与气固快速分离；2007年在陕西府谷建成处理量为10t/h的中试装置。

## 8.2.8　延长石油煤热解–气化一体化技术

延长石油碳氢高效利用技术研究中心自主研发的万吨级粉煤热解–气化一体化技术（CCSI），独创"一器三区"粉煤热解与气化一体化反应器，将粉煤热解与半焦粉气化有

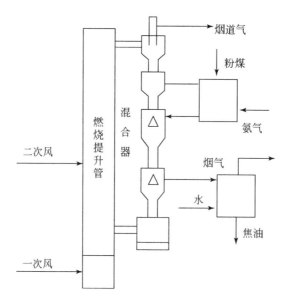

图 8.8  煤拔头工艺流程图

机集成在一个反应器内，煤炭一步法转化为煤焦油和合成气两种产物，煤焦油收率15%以上，实现煤炭资源利用率、转化效率和附加值的最大化（图8.9）；国家能源局印发的《煤炭深加工产业示范"十三五"规划》，明确将煤提取煤焦油与制取合成气一体化（CCSI）产业项目作为低阶煤分质利用的新建示范项目。该工业试验装置自2015年建成后累计进行了十五次工程化试验，热解–气化一体化技术已于2017年4月通过中国石化联合会的专家鉴定。空气和氧气版"100万t/a CCSI装置"工艺包设计文件已通过专家审查，CCSI工业示范产业化方案已于2018年8月通过专家评审。

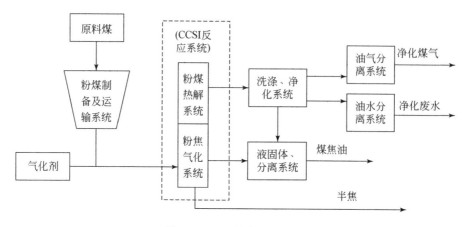

图 8.9  CCSI 技术工艺流程

## 8.2.9 循环流化床多联产技术

浙江大学研发了以高温热半焦为固体热载体的双流化床热解分级转化、分质利用、热电油气多联产（ZDL）技术，该技术将循环流化床燃烧锅炉和流化床热解炉紧密结合，实现了在一套系统中热力、煤气、半焦和焦油的联合生产，热解炉吸热由半焦加热炉的高温循环半焦提供，热解后半焦部分随循环半焦送入半焦加热炉，所产半焦从热解炉底部排出。产生的高温热解气体经除尘、冷却后，得到煤气和焦油，并进一步进行高附加值深加工利用（图 8.10）[106]。根据目标产品不同，可以采用不同的工艺流程。以煤气、焦油、半焦为目标产品时使用流化床热解炉和流化床半焦加热炉相结合的方式，高温半焦作为热载体为热解过程供热；以焦油、热解煤气和合成气为目标产品时，使用流化热解炉、流化气化炉和流化燃烧炉结合的方式，热解产生的半焦经过流化床气化，气化残炭再经燃烧生成高温煤灰，高温煤灰作为固体热载体进入热解炉供热，目前 100 万 t/a 焦油-半焦-煤气多联产系统基础设计的能量转化率为 86.6%。

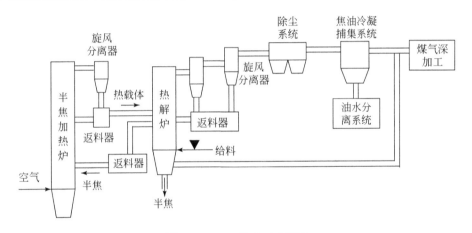

图 8.10　ZDL 技术工艺流程

## 8.2.10 气化-低阶煤热解一体化技术

陕西煤业化工集团有限责任公司与北京柯林斯达科技发展公司合作开发的一种气化-低阶煤热解一体化（CGPS）技术，主要核心设备为自主开发的四段新型带式热解炉（图 8.11）。该装置将粉煤干燥、低温中温热解及余热回收于一体，并且粉煤热解与半焦气化技术有机结合，实现高温热解煤气显热的高效合理利用与粉煤的梯级热解，粉煤热解的热载体为半焦粉气化反应产生的高温热解煤气，在热解过程中高温热解煤气与粉煤逆向串级直接接触热解，能量利用率高，所产半焦、煤焦油、煤气品质好。

**表 8.8 几种主流热解技术**

| 项目名称 | | LCC 技术 | 柯林斯带式炉技术 | 北京神雾旋转床工艺 | 神木富油 DG 固体热载体快速热解技术 | 西安三瑞水平回转炉技术 | 外热式直立炉技术 | 循环流化床热电气焦油多联产技术 | 国富气体热载体内燃式外热式直立炉 | 山西畅翱同热式中低温干馏技术 |
|---|---|---|---|---|---|---|---|---|---|---|
| 进料粒度/mm | | 5~50 | 0~3 | 10~80 | 0~6 | 0~20 | 25~80 | 0~80 | 0~150 | 0~80 |
| 加热燃料 | | 热解煤气、煤 | 热解煤气 | 低热值煤气 | 热解煤气、焦 | 热解煤气 | 热解煤气 | 热解煤气 | 惰性烟气 | 净化后煤气 |
| 加热方式 | | 内热式 | 内热式 | 外热式 | 内热式 | 外热式 | 内热式 | 内热式 | 内热式 | 外热式 |
| 热载体 | | 烟气 | 烟气 | — | 半焦 | 半焦、烟气 | — | 灰渣 | 烟气 | |
| 热解温度/℃ | | 500~600 | 500~600 | 550 | 500~540 | 600~700 | 850~900 | 580~600 | 550~600 可调 | 550~650 可调 |
| 目标产品 | | 半焦、焦油 | 半焦、焦油 | 半焦、焦油、煤气 | 半焦、焦油、煤气 | 半焦、焦油、煤气 | 半焦、焦油、煤气 | 半焦、焦油、蒸汽 | 半焦、焦油、煤气 | 半焦、焦油、煤气 |
| 产率 | 半焦 t/t煤 | 0.5 | 0.58 | 0.75 | 0.6 | 0.7 | 0.62 | 0.402 | 0.42 | |
| | 焦油 t/t煤 | 0.04 | 0.077 | 0.07 | 0.1 | 0.079 | 0.078 | 0.0198 | 0.021 | |
| 公用工程 (t半焦) | 水/m³ | 0.08 (t褐煤) | — | 0.16 (t煤) | — | 0.15 | 1.6 | 0.088 | 0.08 | 公用工程 (t半焦) |
| | 电/(kW·h) | 48.6 (t褐煤) | 20 (t煤) | 28 (t煤) | 39 | 51 | 39 | 13.12 | 17 | |
| 规模投资 | | 100 万 t/a 热解装置，约 3.5 亿元 | 100 万 t/a 热解装置，约 4~5 亿元 | 100 万 t/a 热解装置，5~6 亿元 | 60 万 t/a 热解装置，约 1.5 亿元 | 30 万 t/a 热解装置，约 2 亿元 | 60 万 t/a 热解装置，约 2.5 亿元 | 30 万 t/a 热解装置，约 2.5 亿元 | 50 万 t/a 热解装置，约 1 亿元 | 100 万 t/a 热解装置，约 4 亿元 |
| 环保节能状况 | | 无废水、热效率较高 | 热烟气循环利用，无废水 | 可用低热值煤气作燃料 | 干法熄焦 | 环保：热效率高 | 环保和节能效果好 | 环保和节能效果好 | 环保和节能效果好 | 环保和节能效果好 |

续表

| 项目名称 | 技术特点 | 技术来源 | 工业化程度 |
|---|---|---|---|
| LCC技术 | 采用气体热载体；干煤和热解气两步法；对低阶煤的适应性简需验证 | 大康华银电力公司，中国五环工程有限公司 | 华银30万t/a褐煤提质示范工程已建成，蒙元30万t/a褐煤提质已建成，柳林长焰煤全生命周期1t/h试验已完成 |
| 柯林斯达带式炉技术 | 热解煤气采用油冷、空冷；热半焦采用冷煤气预热回收和干法烟气终冷 | 北京柯林斯达公司 | 内蒙古乌兰煤炭集团单线100万t/a褐煤提质正在建设 |
| 北京神雾旋转床工艺 | 蓄热式辐射管加热；煤品质好，适用原料广泛 | 北京神雾能源集团 | |
| 神木富油DG固体热载体快速热解技术 | 固体热载体、半焦在提升管中加热、煤气热值高 | 大连理工大学 | 神木富油60万t/a装置已建成 |
| 西安三瑞水平回转炉技术 | 半焦热载体及烟气循环加热、连续干法熄焦 | 西安三瑞实业有限公司 | 中试 |
| 外热式直立炉技术 | 采用蓄热量，煤气回收焦、熄焦，炉底排焦蒸汽密封 | 北京众联盛化工工程有限公司 | 内蒙伊东集团60万t/a半焦装置已投产 |
| 循环流化床热电气焦油多联产技术 | 能实现热-电-油多联产 | 浙江大学 | 40t/h煤工业试验已完成 |
| 国富气体热载体外燃内热式直立炉 | 设置预热、干馏、冷却四段结构，实现循环能量梯级利用 | 北京国电富通科技发展有限公司 | 内蒙国能源公司50万t/a原料煤装置已建成投产 |
| 山西畅翔同热式中低温干馏技术 | 采用外热提高煤气质量，装置大型化，粗煤气可根据下游需要选择中温或低温口导出 | 山西畅翔科技有限公司 | 5万t/a系统已正常运行 |

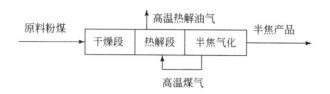

图 8.11　CGPS 技术工艺流程

除了以上的工艺技术之外，河南龙成煤高效技术应用有限公司开发的河南龙成热解工艺：低阶煤在隔绝空气和 400℃ 左右条件下热解，约 70% 变成挥发分适中、有害物质减少的洁净煤，再经高温除尘、多级分离冷凝，约 10% 变成低温煤焦油、10% 变成天然气含量高达 40% 的煤气，实现了低阶煤分级分质梯度利用。湖南华银能源技术有限公司的低阶煤提质技术（LCC 技术）是在美国褐煤提质技术（LFC 技术）上改进而来，采用的是气体热载体的搅拌转底炉（主旋转篦式热解器），热解炉底部可以沿轴心旋转，内含犁式机械搅拌器增强煤粉的分散和传热，通过水封防止煤气的逸出，原料适用于 3～70mm 的粒煤。该技术示范规模达到 30 万 t/a，并获得 100 万 t/a 装置的工业许可。美国拉菲罗斯柴尔德集团（DBR 公司）和英国石油公司（BP 公司）在悬浮床加氢技术基础上开发的油煤浆制油轻质化技术在靖边建设 45 万 t/a 煤油共炼示范项目于 2015 年建成，几种主流热解技术现状如表 8.8 所示。

# 8.3　陕西煤热解的工艺升级

陕西煤热解工艺升级的目标是低能耗、高效率、高效益，实现清洁化生产。针对榆林为代表的陕北煤矿区丰富的煤炭资源和煤化工产业发展的风险与制约因素，张相平、周秋成等提出了榆林煤化工产业高端化发展的具体路径：工艺升级、产品升级、技术升级、链群升级；结合兰炭生产、特种蜡加工、煤焦油分质高附加值利用等具体案例进行了分析，并提出了榆林煤化工产业链群升级的原则[107]。

1. 兰炭生产工艺升级

2015 年榆林市的兰炭产能为 5000 万 t，占全国产能的 62.5%，产量为 2499 万 t，占全国总产量的 52%。针对榆林兰炭产业发展现状和面临的突出问题，应尽快对榆林兰炭生产工艺进行升级，并打造出榆林煤干馏制兰炭的升级版技术工艺，该工艺特点是单炉兰炭产量 15 万 t/a 以上、工艺过程实现自动化操作，兰炭质量细化可控、环保节能。

2. 兰炭产品升级

目前兰炭的主要用途是电石和铁合金还原剂、化肥造气原料、铁矿烧结燃料、高炉喷吹料、活性半焦和活性炭原料、民用和锅炉清洁燃料。在 2016 年 10 月，国家环保部发布的《民用煤燃烧污染综合治理技术指南》要求，"煤炭资源丰富、经济条件较好且污染严重的地区应优先选用低硫、低挥发分的优质兰炭等"，对扩大兰炭市场空间具有重要意义。虽然兰炭产品市场有了一定的发展，但普遍是对其低质化利用。因此要实现兰炭产品的高端化，就必须以兰炭为原料，研发和开拓兰炭基吸附材料、兰炭基功能材料、兰炭基芳香化学品、兰炭基催化剂等四大系列高端化产品。

### 3. 煤焦油产品升级

榆林地区煤焦油资源年产量在 250 万 t 以上。煤焦油加氢产业持续发展的方向是充分利用榆林丰富的煤焦油特性和组成，进行分级分质高效利用，达到产品高端化的目的。煤焦油中富含各种生产精细化学品的组分，部分是石油中没有的高附加值组分，可以制造一系列高附加值精细化学品；利用煤焦油重组分富含大量正构烷烃的特有组成，制备系列高端精细化工产品，可广泛应用于医药、食品、化妆品、油墨、涂料、热熔胶和塑料加工行业；利用煤焦油中的沥青质制高等级碳素材料。

在国际大环境影响之下，煤炭热解提油气将成为保障国家能源安全的一条重要出路，热解转化 10 亿吨富油煤，可有效降低 20% 左右我国石油对外依存度，同时能够提供清洁半焦资源。热解产业链要全面升级，做到油焦气并重，开发国家紧缺资源或高价值产品。

## 8.4　本 章 小 结

本章对富油煤的油气资源属性进行了阐述，明确了富油煤主要赋存于中低阶煤类中，核心特点为富含较多热解可生成油气的富氢结构，焦油产率较高；其中，热解生成的半焦主要成分为固定碳，与无烟煤相近；生成的气主要为 $CH_4$、$H_2$、$CO$ 和烃类气体等；生成的油为煤焦油，类似于重质石油，可通过前处理、加氢精制和加氢催化裂化工艺等达到清洁燃料油标准。

煤热解技术是实现我国高储量低阶煤炭大规模分级分质清洁高效利用的重要途径之一，现有热解工艺均为地面热解工艺，国内主流的热解技术都在陕西得到推广应用或进行工业化试验，商业模式较为成熟，热解技术工业化正在朝着热解一体化反应系统及智能控制方向发展。粉煤热解技术工业化进程还存在诸多技术问题，如油气固在线高效分离技术等。

# 9　富油煤地下原位热解：
# 绿色低碳开发新思路

第 8 章已经介绍了目前煤炭热解工业发展现状，清洁高效的富油煤地面热解一体化技术正成在向规模工业化发展方向，代表性技术包括富油煤热解–气化一体化、热解–发电–化学一体化等，目前已经形成一定规模的煤制油产业规模，如陕西延长石油集团自主研发了万吨级粉煤热解–气化一体化技术（CCSI）、北京神雾环境能源科技集团股份有限公司自主研发的低阶粉煤热解技术等。富油煤热解–发电一体化技术也得到煤炭界的高度关注，富油煤地面热解一体化技术具有较强的发展潜力，但地面热解仍存在很多制约因素，包括环境问题、焦油和煤气的除尘、设备稳定性、工业设备装置大及占地面积大、投资大等。

现代定向钻探技术和人工岩层致裂技术等的发展，使钻井式煤炭地下气化、页岩油原位开采、中深层地热能开发等得以实现。借鉴这些技术，结合富油煤的特点，开发富油煤原位热解采油技术体系，是富油煤低碳开发的新思路。诸多学者对煤炭地下原位开发思路有着良好的愿景，葛世荣[108]曾提出煤炭地下原位热解的 2 种方案，即通过含催化剂的高温介质，或通过电磁感应、微波辐射加热技术实现煤炭地下原位干馏技术，此类技术类似于页岩油原位开采[109]；谢和平等[110]提出煤炭原位流态化开采技术，立足于富油煤井工式原位热解技术，通过将热量直接引入富油煤层，把煤层作为天然地下化工厂，以实现原位提取煤中焦油和煤气、并将半焦存留地下待二次开发的目的；王双明等[5]提出钻井式地下原位热解的思路，通过钻孔将热介质注入煤层，使煤炭干馏，提取其中的油气资源。

## 9.1　矿产资源原位开发现状

### 9.1.1　煤炭地下气化技术

煤炭地下气化（underground coal gasification，UCG）也被成为原位煤炭气化，是将煤炭在原地条件下进行有控制地燃烧，通过对煤中固体有机物的热作用及化学作用产生混合气体，这种混合气经地面分级后可转化为各种燃料或原料，如发电用的天然气、合成乙醇的一氧化碳和氢气，是煤炭清洁利用与生产化工原料的新技术[111]。该技术煤炭回采率高，最高可达 85%，相对于地面气化经济成本更低，对地下水几乎无污染、环境影响小，实现无人井下采煤、安全性能更高，尤其对一些薄煤层、深部高瓦斯煤层、报废矿井的遗留煤层及边缘不可采煤层等具有独特的优势，不受煤质条件和水文地质等条件的制约[112]。联合国早在 1979 年召开的世界煤炭远景会议上就明确指出"发展煤炭地下气化是世界煤炭开采的研究方向"，国务院发布的《国家中长期科学和技术发展规划纲要》（2006—2020）中也明确提出了到 2020 年的战略目标和关键技术是要完成煤炭地下气化研究试验和建立商业性煤炭地下气化站。

1868 年德国化学家威廉·西门斯创造性地提出了"煤炭地下气化技术"的设想，随后 1888 年俄国著名化学家门捷列夫提出煤炭地下气化的基本工艺设想，并指出了实现煤炭气化工业化生产的基本途径。1909 年美国著名工程师和化学家安森·贝茨发明了煤炭地下气化技术，并申请了专利。1912 年，英国化学家威廉·拉赛姆计划在前苏联的拉姆煤田进行现场试验，但由于他本人的离世和第一次世界大战爆发而未能实施。1933 ~ 1935 年，苏联在顿巴斯和波德莫斯可夫尼煤田的散煤中共进行了 9 次试验，提出了"stream gasification（通道气化法）"，在随后的 1935 ~ 1941 年进行了 9 次现场试验获得良好效果，其中戈尔洛夫斯卡娅煤田试验的成功证明了可在固体块煤中建造煤炭地下气化工厂，结束了煤层气化必须进行预压碎或煤层破碎的气化技术，进一步验证了煤炭地下气化的可行性，为煤炭地下气化的运行奠定了核心基础。在随后的几十年时间里，苏联建设的煤田地下气化商业化基地数量远远超过世界上其他国家。从 20 世纪 60 年代开始，美国、日本、澳大利亚、新西兰、中国和欧洲各国相继进行了煤炭地下气化技术试验研究，美国于 1946 年在亚拉巴马州的浅部煤层建立了矿井式气化炉；2000 年以来，澳大利亚从事煤炭地下气技术开发并已展开现场试验的公司有 LincEnergy、Carbon Energy 和 Cougar Energy，澳大利亚昆士兰州政府批准这三个公司在昆士兰州褐煤煤田进行前期试验；2010 年加拿大阿尔伯塔省政府大力支持天鹅山合成燃料公司发展煤炭地下气化技术，注资 2.85 亿加元，气化 1400m 深的煤层[113]；乌兹别克斯坦的安格林煤炭地下气化项目已安全运营 50 多年。

我国煤炭地下气化始于 20 世纪 50 年代，在马庄、鹤岗、大同等矿区开展了以钻井式（无井式）为主的煤炭地下气化试验，随后采用中国矿业大学余力教授团队研发的"长通道、大断面、两阶段"的地下气化工艺进行了 20 多个煤炭地下气化工程试验。近年来，由中国矿业大学（北京）和新奥集团合作，采用注气点后退式气化原理，充分吸收和借鉴了前苏联安格林气化技术工艺，开发了无需再点火的移动注气点后退气化工艺[114]，在内蒙古乌兰察布褐煤区进行的现场试验，取得了良好效果，为我国钻井式（无井式）煤炭地下气化技术的应用奠定了基础。

根据气化过程中煤质分子的变化及不同温度条件下产生可燃气体的过程，将气化通道分为三个带或反应区：即氧化带、还原带和干馏干燥带［图 9.1（a）］，气化煤层深度范围内分为自然带、干燥带、干馏带、焦化带、燃空带及灰渣带［图 9.1（b）］。煤炭经过以上三个反应区域后就形成了主要包含一氧化碳、氢气和甲烷等可燃混合气体。

1. 氧化区

发生气化剂（主要成分是 $O_2$）与煤层中的碳发生完全和不完全的氧化反应，生成 $CO_2$ 和 CO，并放出大量的热，热量作用于周围煤层，使氧化区及邻近区域的煤层达到炽热状态，温度最高可达 900 ~ 1500℃。该过程 $O_2$ 浓度下降，$CO_2$ 和 CO 浓度上升，$O_2$ 浓度降低至接近零时，氧化过程结束。

2. 还原区

随着气化剂流动，氧化区结束，则逐步过渡到还原区，温度范围为 600 ~ 900℃。还原区的主要化学反应为氧化区的产物 $CO_2$ 与炽热的 C 发生还原反应，生成 CO；气化剂中的

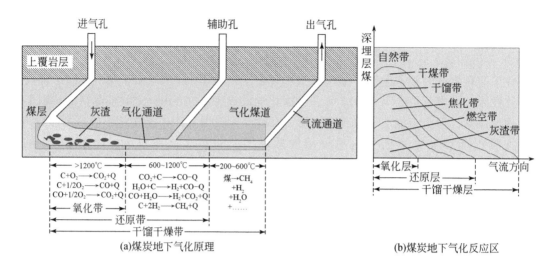

图 9.1　煤炭地下气化原理[114]

$H_2O$ 与炽热的 C 发生还原反应，生成 CO 和 $H_2$。该过程吸收热量，使还原区温度降低，当温度低至满足不了还原反应的温度条件时，还原反应结束[115]。

3. 干馏干燥区

气体流经还原反应区后的温度仍然很高，余温作用于气流下游煤层，通过热力学作用使煤层挥发裂解出热解气，该过程称之为干馏干燥过程[19]，温度范围为 200～600℃。这时煤层会释放出热解煤气，同时会产生甲烷化反应。

通过上述几个反应过程，生成了主要组分是 CO、$H_2$ 和 $CH_4$ 的可燃气体，随着气化工作面的定向前移动，最终将气化区域的煤全部气化。

## 9.1.2　油页岩原位热解技术

油页岩原位热解技术是指直接对地下的油页岩层进行加热，收集产出的油气输送到地面，冷凝获得页岩油和不凝气的新技术。壳牌石油公司 Houston R&D 研究中心从 1980 年开始研究油页岩原位开采技术（ICP）技术 ［图 9.2 （a）］，主要采用电加热器将热量传递给地下油页岩矿层进行加热和裂解，促使油页岩中的干酪根转化为高品质的油气，再通过生产井将油、气采出到地面，技术方法曾在农安县进行试验，但因页岩品位及地质条件问题搁置。1990 年埃克森美孚公司通过对 30 多种工艺的调研，提出了 Electrofrac TM 工艺 ［图 9.2 （b）］，并进行了实验室和小规模的试验及数值模拟，试验结果令人满意。目前正在计划进行现场试验，准备进行商业化应用。2006 年雪弗龙公司和 Los Alamos 国家实验室联合开发了 CRUSH 技术，技术是基于 1950 年代 Sinclair 油气公司利用垂直井间自然和引导的裂缝开采地下干酪根的试验开发的，先对页岩层进行爆破压裂，提高 $CO_2$ 与干酪根接触的表面积，将 $CO_2$ 以对流的方式从竖直井导入，通过一系列水平裂缝加热页岩层，生成的烃气经垂直井采出 ［图 9.2 （c）］。20 世纪 70 年代后期美国伊利诺理工大学提出利用射频加热油页岩，后来由 Lawrence Livermore 国家实验室（LLNL）进行开发，提出利用无线射频的方式加热页岩，实现页岩油开采的目的［图9.2（d）］。

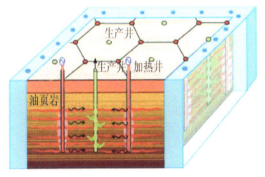

(a)壳牌公司ICP技术图

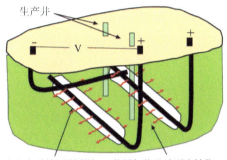

(b)美孚公司Electrofrac TM技术图

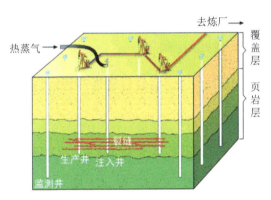

(c)雪弗龙公司CRUSH技术

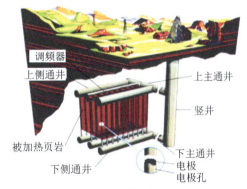

(d)LLNL的射频工艺图

图9.2　国外矿产原位开发的技术原理图

国内太原理工大学赵阳升院士团队提出对流加热技术，利用高温烃类气体对流加热油页岩开采油气。通过在地面布置群井，采用压裂方式使群井连通，然后间隔轮换注热井与生产井，将400～700℃高温烃类气体沿注热井注入油页岩矿层，加热矿层使干酪根热解形成油气，并经低温气体或水携带沿生产井排到地面，进行油页岩油气开采，目前还没有工业试验［图9.3（a）］。吉林大学和以色列AST公司共同研发的油页岩局部化学反应法地下原位裂解油页岩技术（TS-A法），采用一对注采井，向其中一口井注入预热的混合气体，加热油页岩，将地层温度提高到局部化学反应启动温度，产生种类繁多的烃类气体，当这些气体在一定温度条件下遇到空气，油页岩就会产生化学热，进行自身循环加热，油页岩裂解生成油、气，技术方法已经成功在扶余和龙安进行了示范工程实施［图9.3（b）］。众诚集团采用油页岩压裂燃烧工艺，依据油页岩层分布、走向，选定压裂燃烧井和开采井位置，钻压裂燃烧井和开采井至地下油页岩层；在燃烧井中压裂，将油页岩层压裂出若干条1～3mm的裂缝，使用支撑剂石英砂填充缝隙，建立起油气通道；通过可燃气输送管向井下燃烧室输送液化石油气（LPG）和空气，使用电子点火系统引燃油页岩给油页岩层加温至550～600℃，使油页岩层干馏后剩余的沥青质和固定碳发生氧化反应，产生新的可燃气体（同时驱替页岩油、气）通过油气通道及导出开采井。

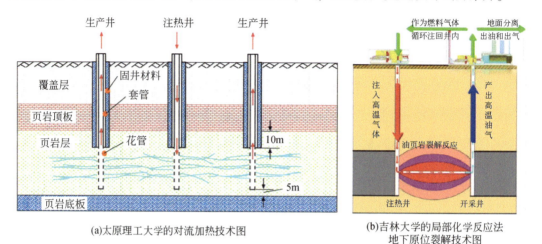

(a)太原理工大学的对流加热技术图　　　　(b)吉林大学的局部化学反应法
　　　　　　　　　　　　　　　　　　　　地下原位裂解技术图

图9.3　国内油页岩原位热解提油技术

从现有矿产资源的原位开发可以看出，富油煤原位开发具有较为成熟的技术基础，与页岩油气相比，富油煤原位开发具备较好的资源条件。

# 9.2　富油煤地下原位热解采油（UCTT）

## 9.2.1　技术原理

基于地面富油煤热解工艺及工业化现状，结合国内外原位矿产资源开发理念，提出现有富油煤地下原位热解采油（UCTT）的思路主要为煤不采出地面，而是由注热井将热介质送入煤层中，在地下进行煤层的原位缓慢加热，将煤转变为含气、焦油和煤焦的合成气流，由采油井把煤气、焦油产物抽采出地面，在地面实现对油气的采集与净化，把大约70%的碳以焦炭的形式留在地下（待二次开发）。该技术原则上可实现"取氢固碳"的目的，具有绿色低碳开发的巨大潜力。

前期相关学者对煤炭地下原位热解开采技术进行过一定探索。葛世荣[108]、谢和平[110]等学者分别提出过不同的煤炭地下原位热解的思路，与低中成熟度页岩油原位开采相比，富油煤有焦油含量高，赋存稳定，埋藏浅等特征，具有更大的热解生油潜力；而与煤炭地下气化技术相比，由于多数碳被固定在地下，不存在明显的采动空间而造成上覆岩层大规模损伤变形、地下水污染等问题，技术发展潜力巨大。根据煤层注热方式的不同，煤层地下原位热解分为井工式和钻孔式两种。

井工式原位热解技术是在富油煤有利区开展井巷工程布置，并利用井下巷道开展煤层分割、保温封闭处理、加热前工程布置、井下收油等。基本流程分为3步：首先，按照传统井工式开采方式，从地面凿出井筒，并采用煤层平巷分割煤层，同时开展井下油气收集系统布置；其次，在分隔煤层内部进行加热通道、热解油气通道布设，同时开展煤层密封保温；最后，开展煤层原位热解，并通过专门井下热解油气系统进行热解油气产物收集，并通过专门输运管道实现地面输送和提质（图9.4）。

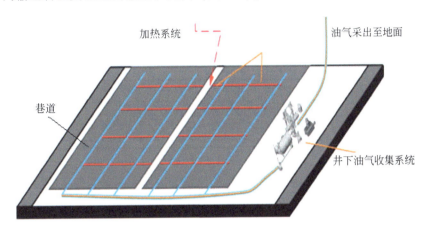

图9.4 富油煤井工式原位热解工艺示意图

钻孔式原位热解技术是通过注热孔和油气抽采孔实现抽采循环过程，其以小钻孔为基础，并采用人工造缝作为辅助方法，通过高温介质或电加热方式开展富油煤热解，并在收油钻孔开展二次加热收油。基本流程同样可分为3步：①通过水平井形成电加热通道，抽采井与水平井相连，并在孔底造穴形成油气，抽采过渡区；②在煤层中开展人工造缝形成微裂隙，并保持孔壁完整；③放置电加热棒并持续一定时长，再开展热解油气产物抽取。对应的热源供给同样可来自矿区的太阳能、风能等分布式能源。钻孔式原位热解加热方式可灵活多变，如采用羽状分支钻孔向煤层注入加热介质、隔层式岩层加热等。钻孔式富油煤地下原位热解提油工艺（图9.5），为更大程度地保持地层的稳定性，钻孔式原位热解是我们首推的原位热解方式，下文会重点介绍。

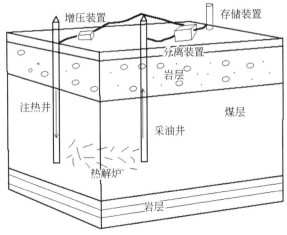

图9.5 钻孔式原位热解工艺示意图

粗略估算, 1t 富油煤经过热解以后能够得到 85kg 的煤焦油, 300m³ 的煤热解气, 650kg 半焦。通过提取富油煤当中所蕴藏的丰富的油气资源, 对 $CO_2$ 的减排意义重大。以煤油作为参照体系进行估算(表 9.1), 在不考虑原位热解所减少的地面塌陷、地下水破坏、煤灰污染和热解气的 $CO_2$ 减排效益前提下, 仅以热解焦油作为参照, $CO_2$ 减排效率可以达到 22.9% (表 9.1)。

表 9.1　煤焦油利用 $CO_2$ 减排效率估算

| 项目 | 煤油 | 原煤 |
| --- | --- | --- |
| 平均低位发热量 | 43090kJ/kg | 20908kJ/kg |
| 二氧化碳排放系数 | 3.0179kg-$CO_2$/kg | 1.9003kg-$CO_2$/kg |
| $CO_2$ 减排效率 | 22.9% | |

另一方面, 从富油煤资源地下原位热解的原理上讲, 其固碳效率更高, 钻井式富油煤地下原位热解是通过钻井施工以及人工造缝等方法, 使地下煤层形成裂隙通道, 然后通过注入载热流体或电加热等方法, 实现富油煤地下原位热解, 并抽采热解所得油气资源。基于该方法, 能够最大程度的提取富油煤中所蕴含的富氢组分, 同时将绝大部分"碳"固定在地下原位, 真正意义上实现"本质固碳"。如果富油煤的碳含量计 75%, 地下原位热解提取煤基油气资源以后剩余半焦含碳量计 90%, 富油煤地下原位热解半焦产率为 70%, 则基于该方法实现本质固碳量可达煤炭资源含碳量的 84%。未来, 在富油煤地下原位热解以后, 地下滞留半焦可作为一种良好的 $CO_2$ 地下封存介质, 进一步提升富油煤综合利用的固碳、减排效率。

富油煤地下原位热解提油的基本工艺流程如图 9.6 所示。

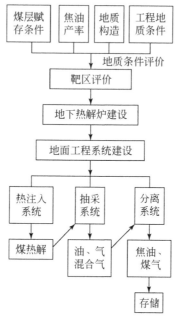

图 9.6　钻孔式富油煤原位地下热解工艺流程

## 9.2.2 富油煤地下原位热解的关键问题

### 1. 地质条件评价及靶区选择

富油煤钻井式地下原位热解提取油气资源，涉及地质资源评价、工程适应性评价及设计，是系统的矿产资源原位改性开采科学工程。尽管随着地质勘探及工程开发技术和理论的不断进步，煤、油气资源开发的技术隔阂持续减弱，但是无论哪种资源开发，首先要考虑的经济可行性和技术可行性。包括富油煤中油气资源量、资源稳定性、工程地质条件等，如富油煤资源分布、煤层厚度、地层构造、煤层含水性、煤质特征、顶底板条件等。煤层具备稳定的构造条件、合适的沉积厚度与展布、地层含水量低或不含水，且煤层顶底板具备良好的隔水性、低温干馏焦油产率大于7%等是实施地下热解工程的基本条件。

基于现有技术条件，采用基本的 6 类指标及 16 个小项，简单把富油煤地下原位热解开采地质条件划分为 3 类（表9.2），其中 I 类为理想地质条件，适于地下原位热解开采；II 类为较理想地质条件，经过适当技术改造可进行地下原位热解开采；III 类为地质条件不适于地下原位热解开采。

表9.2　富油煤地下原位热解提油地质条件评价指标表

| 指标 | 煤层厚度/m | | | 煤层埋深/m | | | 地质构造 | | | 顶底板地质条件 | | 资源量 | |
|---|---|---|---|---|---|---|---|---|---|---|---|---|---|
| | <2 | 2~15 | >15 | <150 | 150~800 | >800 | 简单 | 中等 | 复杂 | 良好 | 差 | 良好 | 差 |
| $Tar_d < 7\%$ | III | III | III | III | III | III | III | III | III | III | III | III | III |
| $7\% \leqslant Tar_d \leqslant 12\%$ | III | I | I | III | I | II | I | II | III | I | III | I | III |
| $Tar_d > 12\%$ | III | I | I | III | I | II | I | II | III | I | II | I | III |

### 2. 地下热解炉建设

本着绿色勘查开发的理念，富油煤地下原位热解提油本质上把碳封存在地下，碳以半焦的形式存在，占据煤炭资源约 70% 的体积，在较大程度保护煤层围岩完整性的原则下，首推钻孔式地下原位热解技术，该技术的实施首先是确定开发靶区，根据开发靶区的地质条件设计开发思路，确定工程布置形式，施工注热井、抽采井及地下热解炉建设。

地下热解炉就是煤层在地下加热的空间，主要是通过煤层致裂技术在煤层中形成热对流/辐射的通道，促进加热速度及热解反应，这其中的重点是致裂技术。煤层致裂与油气储层改造是同一个概念，致裂的目的是给煤层加热形成优势通道。通过对煤层改造形成人造地下热解炉，是提高储层加热效率、控制加热范围、减少热量损失的有效方法。对流加热对热解炉渗透性有较高要求，渗透性越好，渗透网络越复杂、越均匀，载热流体与煤层接触面便越大，相应的加热效果就越好[116,117,118]。相对于油页岩，煤层渗透性略好，但煤的导热性相对较低，煤层强度较小，所以需要人工造缝。常用的人工造缝技术有水力压裂技术[119,120]、超临界 $CO_2$ 压裂技术[121,122]、液氮致裂技术[123,124]、可控冲击波致裂技术[125,126]等，可根据煤层特征、地质条件、工程情况及技术自身特点综合优选致裂技术。

　　水力压裂技术现已广泛应用于页岩气、煤层气、页岩油等非常规油气资源的开发领域。该方法以添加有化学添加剂和少量支撑剂的水为压裂液，注入储层当中利用高压迫使储层产生裂隙，并将支撑剂携带入裂隙当中[127]。这种压裂方式污染小、成本低且返排效果高，现已形成了间接压裂、分段压裂、暂堵转向压裂、水力波及压裂等适用于多种不同储层地质条件的技术。但是，对富油煤地下原位热解工程而言，由于该方法易窜层，压裂过程中容易压穿煤层顶底板隔水层，造成煤层透水进而影响煤层加热效率；水力压裂摩阻高、水资源消耗大、容易出现煤粉堵塞、储层黏土膨胀等问题[128]，这些都对水力压裂在富油煤地下原位热解工程中的应用带来了较大的限制。

　　超临界 $CO_2$ 压裂技术主要是利用超临界 $CO_2$ 具备的高密度、低黏度、扩散系数高、表面张力接近零等诸多有利的物理性质，在射孔基础上，向地层注入的纯净的超临界 $CO_2$ 能够直接喷射入地层当中，产生远高于水力压裂的效果，进而实现储层压裂改造的目的[129]。超临界 $CO_2$ 压裂不仅具有物理造缝作用，还可以通过溶蚀作用对储层进行化学改造，进一步提升造缝效果，并且由于其表面张力低、扩散系数高，因此更容易进入储层微小孔隙当中，从而使裂隙网络更加复杂。尽管该方法相对于水力压裂优势明显，但是由于流体黏度低，所以其携砂能力差且容易堵砂。另外，临界温度和临界压力分别为 31.06℃ 和 7.39MPa，浅部煤层的地层温度、压力条件均低于该临界点，所以相应的压裂成本较高。

　　液氮致裂技术的原理主要基于地层水在液氮作用下发生水-冰相变产生的体积膨胀作用力，低温液氮在地层温度作用下气化产生膨胀作用力，以及由于岩层非均质性造成的内部非均匀收缩等多种作用。通常，前两种作用力是液氮致裂技术的主要作用原理[130]。因此，目的岩层含水性、地层温度是影响该技术方法的主要因素，该方法还与地层矿物组成以及有机质热演化程度等因素有关。对煤层气和页岩气而言，液氮致裂过程中能够有效提升地层能量，进而加速气体产出。但是，液氮致裂也存在一些目前难以克服的缺陷，尤其是对非均质性较强的煤层，液氮致裂的范围往往难以控制；该方法还严重受到地层温度的影响，通常地层温度越高，致裂效果越好，对于浅部煤层的应用效果相对较差。

　　可控冲击波（CSW）致裂技术是基于脉冲功率技术原理发展起来的一种高效可控的岩层致裂技术，近年来该方法在页岩气、页岩油、煤层气等领域发展迅速并取得了一定的应用效果。CSW 技术能够在井下将高功率电脉冲转换为电子束能、激光能量、微波能量、热能和等离子体能量，从而在岩层中产生高压脉冲波，进而达到储层改造目的。CSW 技术冲击波强度、次数、持续时间、作业区域等方面高度可控，因此在岩层致裂过程中能够精准控制作业位置及强度。通过低强度、多次、多点作业，能够有效避免水力压裂等技术单次整体加载时对储层的伤害，且致裂效果更加均匀、缝隙网络更加复杂，对于储层对流加热而言具有更大优势。该技术亟待解决的问题在于如何针对不同的煤层地质条件，获取相应的可控冲击波致裂工艺和参数，同时设计研发相应的技术装备。

　　3. 加热方式

　　煤层地下原位加热方式根据热源供给方式可分为内热式和外热式，内热式是指通过煤层的化学反映来供给热量，外热式指通过外界能量方式提供热量，外热式又可以分为反应热加热、传导加热、对流加热、辐射加热等。外加热的手段包括大功率电加热、过热水蒸气加热、超临界水加热、微波/电磁波加热等，在钻孔式原位热解技术同样具有较好的应用条件。现已在油页岩地下原位热解实施现场工程试验的有原位燃烧加热、局部化学反应加热、ICP 技术等，并且成功提取出了热解油气资源[131,132]。电加热具有设备简单、方式灵活、易控制、稳定等优势，前期研究阶段为首选加热方式，同时做好井下增透的工作是提高加热效率的有效途径，不同加热技术对比见表 9.3。

表 9.3  不同加热技术对比简表

| 加热方式 | 工艺技术 | 基本原理 | 主要特点 | 关键因素 |
|---|---|---|---|---|
| 反应热加热 | 原位燃烧加热、局部化学反应技术 | 通过有机质原位氧化放热，实现地层加热的目的 | 加热快，功耗低但反应范围控制难 | 有机质氧化反应活性 |
| 传导加热 | ICP 技术、ElectrofracTM、GFC 技术 | 电阻直接加热富有机质岩层，并通过热量传导，从而将地层加热 | 方式灵活、设备简单、易于控制，但传热慢、耗时长，易受地层水影响 | 地层导热系数、含水性 |
| | HVF 技术 | | 加热快但加热距离短 | |
| 对流加热 | CRUSH 技术、CCR 技术、IVE 技术、MTI 技术、NCW 技术 | 在人工造缝的基础上，注入高温载热流体，从而加热岩层 | 能效高，油气易产出，裂解气可循环利用，但热损失大 | 地层渗透性、含水性 |
| 辐射加热 | RF/CF 技术、LLNL 射频技术、Microwave 技术 | 利用高频电磁波辐射基础上的交变电场作用使得地层发热 | 加热区域可选择，能量利用率高，但技术不成熟，能量传递范围有限 | 射频频率、煤质特征 |

1）反应热加热

反应热加热是基于地层有机质在氧化剂作用下发生氧化反应并放热的原理，实现对地层加热的目的[133]。在合理、有效控制煤层氧化范围及氧化程度的前提下，能够极大地降低地下原位热解的能耗，但是由于煤层自身非均质性强，反应控制存在较大的困难[134,135]。另外，与油页岩相比，煤层内部矿物组分含量有限，这一方面有利于煤层的氧化发热，另一方面也增加了反应控制难度，尤其是在控制不良的情况下，如果发生地下煤层燃烧，煤层不会像油页岩矿物骨架继续对地层保持支撑作用，进而造成地表塌陷问题。

2）传导加热

由于煤层内仅含有少量的矿物组分，与油页岩相比，煤层导热性更差。煤的导热系数受到煤化程度、水分、灰分、温度等因素的影响[136,137]，通常情况下，煤化程度越高、水分含量越大、灰分含量越高、煤体温度越高，相应的导热系数越高，室温条件下，煤的导热系数仅为 $0.21 \sim 0.27 \text{W/(m·K)}$ [139]。所以，传导加热方法在煤层当中容易造成局部过热现象，造成受热不均问题，很大程度上降低了传导加热方式在富油煤地下原位热解中的应用潜力。

3）对流加热

在地层人工造缝增渗的基础上，以流体加热为主的对流加热方式，具有加热速度快、效率高的优势，并且在载热流体作用下，富油煤或油页岩热解产生的油气会随着流体的流动，相对更加容易采出井底[139]。但是这种方法很容易受到地层水和渗透性的影响，含水地层加热效率低，需要首先做好地层防水工作[140]。目前，已提出的载热流体包括高温N$_2$、超临界CO$_2$、过热水蒸气、近临界水、烃类气以及混合气等[141]，不同流体在实际应用中具有不同的优势。实际应用过程中，针对不同的地质条件和煤质特征，优选经济安全的载热流体，营造高效的热解氛围，尚需要开展针对性的研究工作。

4) 辐射加热

对辐射加热而言，虽然其能量利用率高，并且加热区域适用性广，但是现阶段技术仍然不够成熟，尚处在技术研发期，其重点问题在于不同煤质特征基础上需要确定最优的射频频率[142]，进而扩大能量传递范围，实现最优的加热能效。

5) 复合加热

就地层加热方式而言，单一加热方式的优、缺点都很明确，在未来技术开发上，多种加热方式相互配合，弥补单一方式的不足，发挥多种方法的优势，有望形成新的技术突破。陕西省煤田地质集团提出了一种煤层地下原位补偿发热注流体热解提油方法（图9.7），该方法把反应热加热和流体加热两种方法相结合，在地层当中分别实施注热井和热量补偿井，通过调控补偿发热井内注入气体的氧气浓度和速率，实现补偿发热量的精准控制，同时实现降低注热井功耗的目的。

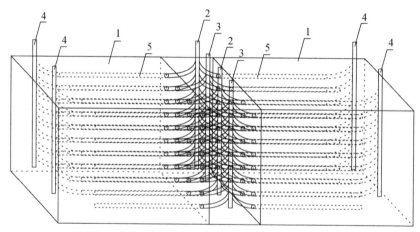

1. 地下煤层；2. 注载热流体井；3. 热量补偿井；4. 油气抽采井；5. 径向井

图9.7　煤层地下原位补偿发热注流体热解采油示意图

4. 加热温度

地面煤炭低温干馏温度范围一般为400～700℃[143,144,145]，这一温度区间主要是为了使低温干馏过程中干馏物料加热均匀、过程易控制、热解产物二次裂解作用小。而在油气地质研究当中，煤属于Ⅲ型有机质，在漫长的地质历史过程中，煤热解形成油气资源的主要温度范围为60～135℃[146,147,148]。富油煤地下原位热解因为受到地质条件特征以及地面、地下工程能力等因素的约束，400～700℃的高温快速加热在地下是难以实现的，而60～135℃的低温加热，其时间尺度也是不允许的，为了提高富油煤热解效率和加热功率，必须合理选择富油煤的热解温度。

影响热解温度的主要因素还包括煤质特征、热解气氛、热解压力、催化条件等[149,150,151,152,153,154]。而热解温度的变化又直接影响到热解产物的组成[155,156]，合理制定富油煤地下原位热解温度需要考虑多重因素，要在提升热解产物效率的基础上尽可能保障产物组分的经济性、回收率等。实验室格金低温干馏条件下，煤热解产生焦油的优势温度区间主要在350～550℃（煤的热解温度指特定的升温速率前提下）。依据化学动力学为基础原理的热解反应"时-温补偿"效应不难理解，升温速率越快，优势热解温度越高[157]。所以，化学动力学原理是科学确定地下原位热解反应温度的有效方法。因为化学反应的活化能可以被认为是与温度无关的参数，因此通过实验室已知温度条件的模拟实验，获得相应的热解活化能参数，通过化学动力学原理反推至不同的温度条件下，建立相应的热解过程模型。

1）模拟实验方法

化学动力学研究的基本前提是开展适当的富油煤热解实验，要求模拟实验要尽可能的接近地下煤层原位热解条件，在实验压力、热解氛围、体系开放程度、煤质特征等方面，进行必要的方法设计。首先，富有机质岩层地下原位热解过程中，随着载热流体在地层当中的流动，热量会逐渐向地层当中传导，从流体注入口一直到流体输出口，流体温度会逐渐降低。在上述温度场条件下，高温区的煤层热解产物会随着载热流体的流动逐渐向低温区间流动，这一过程中，煤层本身会对热解产物产生多次"吸附-脱附"作用和二次裂解作用，各个区间的热解产物会产生一系列复杂变化。

注热流体富有机质岩层原位热解模拟实验装置（图9.8）通过多个热解单元串联，各个单元相互之间采用金刚砂过滤器分隔，并通过螺口连接并密封，按照模拟实验需求，可以设定串联单元数量，且各热解单元的反应温度可以单独控制。将各单元装入样品并串联完成以后，自流体注入端注入实验流体，并将各个单元依次递减设定实验温度，从而实现模拟富油煤地下原位热解过程中，流体与煤层之间发生热交换，进而温度逐渐降低的过程。该装置在各单元设置有独立采样出口，能够按照实验需求，在不同时间段采集不同温度段内的反应产物。

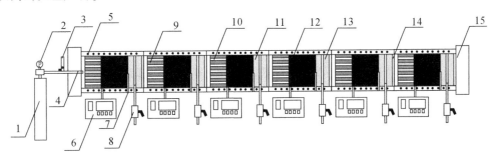

1. 气体钢瓶；2. 压力传感器；3. 浮子流量计；4. 注气管线；5. 电加热丝；6. 温控终端；7. 热电偶；8. 采样出口阀；9. 样品固定块；10. 流体通道；11. 金刚砂过滤器1；12. 样品块；13. 金刚砂过滤器2；14. 螺口连接处；15. 底部密封堵头

图9.8　注热流体富有机质岩层原位热解模拟实验装置

2）化学动力学方法

（1）Coats-Redfern 近似方法

煤的热解涉及复杂且数量庞大的化学反应，因此从化学动力学角度来看待这一过程无法直接准确定义其化学反应级数，为了简化这一问题，前人利用 Coats-Redfern 近似方法结合化学动力学反应模型，建立了热解温度与动力学参数之间的关系[158,65]［式（9-1）和式（9-2）］。

$$\ln\left[-\frac{\ln(1-\alpha)}{T^2}\right]=\ln\left(\frac{AR}{\partial E}\right)-\frac{E}{RT}\quad(n=1)\tag{9-1}$$

$$\ln\left[-\frac{1-(1-\alpha)^{1-n}}{T^2(1-n)}\right]=\ln\left(\frac{AR}{\partial E}\right)-\frac{E}{RT}\quad(n\neq1)\tag{9-2}$$

式中，$\alpha$ 为煤热解转化率；$n$ 为反应级数；$A$ 为反应指前因子，min；$R$ 为理想气体常数，一般取 8.314J/（mol·K）；$\partial$ 为加热速率；$E$ 为活化能，J/mol；$T$ 为温度，K。

　　基于上述简化模型，通过实验室内的热解模拟实验，获取煤的热解动力学参数，然后便可以计算得到不同温度条件下的煤热解转化曲线，进而结合不同温度的热解产物特征、能耗高低、工程条件等因素，制定经济高效的热解温度。图 9.9（a）是对陕北侏罗纪富油煤的热重实验结果，以及基于该实验，利用 Coats-Redfern 近似方法对不同升温速率条件下热解温度的拟合结果［图 9.9（b）］。

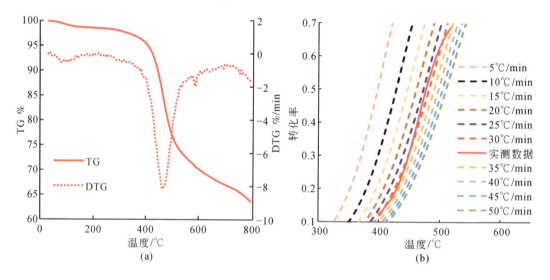

图 9.9　富油煤热重实验和不同升温速率下的热解温度拟合

　　Coats-Redfern 近似方法不能对煤的不同热解阶段进行连续描述，实际处理过程中，需要对不同反应阶段之间的过渡区间的数据做适当取舍，容易造成人为误差，因此，在图 9.9 中所取的动力学参数是热解转化率对应于 0.1～0.7 之间的主反应阶段，虽然一定程度上能够满足工程方案的制定参考，但是其精确度尚需要进一步提高。另外，该方法缺少针对特定产物类型，如热解气、热解焦油等的热解动力学分析。所以，该方法对富油煤的地下原位热解过程和高效指导价值相对有限。

　　（2）生烃动力学方法

　　基于煤和油页岩的动力学研究发展起来的生烃动力学方法[159,160,161]，与 Coats-Redfern 近似方法基本原理都是基于化学动力学原理。具体的是采用平行一级反应动力学模型，建立了对任一平行反应 $i$ 在 $t$ 时刻的反应速率公式［式（9-3）］：

$$r_i(t) = kc_i = -\frac{\mathrm{d}c_i}{\mathrm{d}t} \tag{9-3}$$

式中，$c_i$ 为 $t$ 时刻的反应物剩余量，所有平行反应的综合［式（9-4）］就是总反应速率：

$$r(t) = \sum_{i=1}^{n} r_i(t) \tag{9-4}$$

通过上述方法，前人开展了大量的生烃动力学模拟研究工作，并把实验室快速升温速率条件下的热模拟实验结果，反推到了漫长的百万年尺度的地质历史过程中，Zhang 等[162]把该方法应用到了我国多个油页岩原位转化当中，并且结合工程需求取得了一定的认识，认为油页岩恒温加热时较理想的温度为 270～300℃（图9.10），相应的达到90%以上的转化率需要 50～300 天。

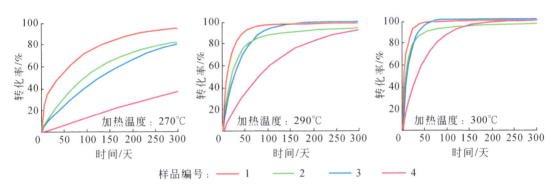

图 9.10　不同油页岩恒温加热转化率与加热时间关系[162]

5. 其他问题

1）抽采与地面分离

富油煤热解后煤焦油的高效收集技术是富油煤原位热解的关键所在，前期所有成果都要通过抽采实现资源的提取，考虑热解焦油在高温条件呈气态流出，但在常温下易形成流动较弱的黏稠状或固体状，所以在抽采井可以进行适当的热量补给，确保抽采井不因温度降低而挂壁，造成资源浪费；同时地面设计相应规模的气液固三相分离装置，实现资源收集。

2）地面系统建设

地面系统包括上游加压、加热装置及下游的抽采、分离及存储装置。根据煤层埋藏条件计算所需压力、湿度、生产规模，由专业设计机构设计地面系统，完成整个抽采系统的建设。

3）全过程数值模拟

富油煤地下原位热解提取油气资源是一个集地质、物理、化学、工程等多学科交叉的系统科学，在计算机数值模拟技术高速发展的今天，开展系统性全过程数值模拟是预测原位热解过程的有效技术手段。数值模拟过程中主要涉及富油煤地层致裂过程、载热流体在致裂后地层的对流过程、富油煤地层传热及地下温度场变化过程、被加热煤层热解的化学动力学过程、热解产物组分变化过程、热解产物流体相态及物性演变过程、富油煤地层孔渗条件变化过程等诸多复杂过程（图 9.11）。地层致裂程度直接决定了对流加热过程中载热流体能否在富油煤层当中有效流动；载热流体在富油煤层当中的流动过程与煤层自身比热容及热导率等性质，直接决定了地层的温度场特征；富油煤层温度场特征则与其热解过程及热解产物密切相关，相应地会反映在热解产物流体相态及物理性质变化上，进而影响到流体渗流过程；随着富油煤的热解，煤岩基质会不断转变成可动流体并随着载热流体而溢出，改变煤岩基质骨架，造成其孔渗条件会不断发生变化，进而影响载热流体在富油煤层当中的渗流场特征。上述各个过程在数值模拟的理论基础上相互独立，但是演变过程又相互之间紧密关联，这就给富油煤地下原位热解全过程数值模拟带来了巨大挑战，未来还需要开展深入系统的研究。

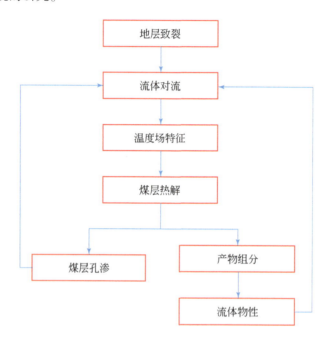

图 9.11 富油煤钻井式地下原位热解数值模拟关键过程

4）原位热解反应进程监测

由于富油煤钻井式地下原位热解提取油气资源的整个热解反应过程在地下进行，限于当前地下原位检测技术及设备的条件，无法直接判定地下富油煤资源的热解程度，给原位热解工程的高效运行带来巨大限制。第一，若在尚未完全热解时便停止注热以及抽采作业，会对地下资源造成浪费；第二，如果由于地层原因造成的热漏失或其他原因造成的热解不完全，导致的热解产物产出较少时，若不能正确判别热解反应程度，有可能误判为富油煤热解接近终止而停止作业；第三，当热解反应接近最终阶段时，若不能正确判断，也有可能误判为其他原因造成的热解产物减少，并在寻找原因时造成不必要的资源浪费。准确评价富油煤地下热解程度是高效调控热解设备参数、提高热解效率和油气资源采收率的关键所在。

## 9.2.3　富油煤地下原位热解的优势

富油煤地下原位热解技术是一种环境友好的可持续煤炭资源开采转化利用技术。富油煤地下原位热解让煤在原位受到外部热载体加热，当温度达到一定程度时，大分子有机物发生链键断裂，生成小分子的油气组分，采出煤中的绿色环保油气资源。符合低碳发展的理念，同时也有效保护了煤矿区自然生态环境，其优势主要体现在以下几个方面。

1. 地下原位热解直接实现了碳的地下封存

富油煤地下原位热解无需开采煤炭至地面，而是通过煤层改造、外部注热方式，在原地对煤炭进行加热裂解，将其中 $10\% \sim 30\%$ 的油气采至地面，约 $70\%$ 的半焦残留在地下，再通过一定的处理手段将这些半焦直接封存在地下，避免了碳元素在消费过程中的流通，实现从源头降碳。

2. 地下原位热解极大降低了对地层的损害

原位采油将约 $70\%$ 煤留在地下，极大地缩减了传统煤炭开采形成地下空洞体积，围岩与半焦再次耦合平衡过程中，围岩的变形损伤小，围岩从脆性损坏、塑性变形到只有塑性变形，维持了围岩的完整性，间接降低了对矿区地质环境的破坏，维持了矿区地下水资源的稳定，避免了地下水资源的流失。以 $10m$ 厚的煤层开采为例，按照厚煤层开采导水裂隙带高度计算公式 $H = 20\sqrt{\sum M} + 10$ （$M$ 为煤层厚度，m），直接开采造成的上覆岩层裂隙带高度约 $73.2m$，原拉热解采油造成的上覆岩层裂隙带高度约 $44.6m$，损伤降低 $39.1\%$；煤层加热热解过程缓慢，围岩在热作用下形成烧变岩，烧变岩质地坚硬，提高了抗损能力，进一步减小裂隙发育。

3. 地下原位热解采油的油品质量高

地下原位热解的煤以分米-米级块状为主要热解对象，与传统地面的粉煤热解完全是两种不同粒级的热解，热解产物中焦粒量少，易于分离，油品质量更高。

4. 富油煤地下原位热解有利于保障国家能源安全

以陕西省富油煤资源及焦油产率值来看，富油煤中蕴含的焦油资源丰富，当热解工业达到一定规模时，可产生的油品不亚于一般中-大型油田的产量，可部分缓解我国油气资源短缺的现状。

5. 其他优势

地下原位热解采油减少煤炭资源从地下开采运至地面的环节，降低了开采成本、安全风险因素，也减少了地面固体半焦的堆积，提高了能源利用效率且能够显著降低工艺过程碳排放。

富油煤地下原位热解提油技术属于煤炭地下原位流态化开采技术范畴，是该技术的先行兵。地质条件复杂多变的，要客观地研究地下原位热解的可行性，并制定与之相配套的工程技术，包括钻完井工艺、井下加热装置类型及功率、煤层造缝工艺、油气开采工艺、气体增压装置及工艺等，有效提高富油煤开发研究深度和广度，不断加大多学科融合深度，加大富油煤原位热解与西部清洁能源的耦合利用，降低开发成本，才能确保富油煤原位地下热解持续深入发展。

## 9.3 富油煤地下原位热解及热能利用

在富油煤地下原位热解过程中，形成地下人造热场，其中蕴藏着丰富的热能资源。目前尚未开展过针对人造热场的研究，尚未掌握热场的温度分布特征。这里我们大致可以借鉴参考煤炭地下气化反应区温度场的研究成果，来研究富油煤地下原位热解及热能利用。

### 9.3.1 煤炭地下气化反应区温度场

煤炭地下气化通道温度场的研究主要采用实验室试验结果的软件模拟实现。谭启[163]运用考虑岩石比热容和导热系数随温度变化的有限元软件模拟了气化煤层覆岩的温度场；Mallet[164]提供了 24 个月以来 Rocky Mountain Ⅰ号 UCG 项目燃空区周围温度分布的总结结果，如图 9.12 所示。

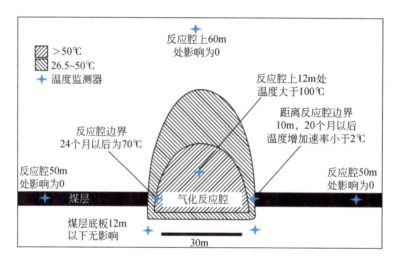

图 9.12 Rocky Mountain Ⅰ号 UCG 项目气化反应腔温度分布特征

在监测气化反应区煤层以上 12m 范围时，显示温度超过 100℃，在气化反应区边界附近 24 个月后温度低于 70℃，并且对煤层以下、煤层以上 60m 处、主反应区侧移 50m 以上的监测结果显示温度无明显变化，这一结果与 Rocky Mountain Ⅰ号和 Chinchilla Gasifier 5号[165,166] UCG 项目的计算和测量结果相一致。

Durucan 等[167]模拟了地层埋深 400m、煤层厚度 5m、宽度 20m 的气化煤层及顶底板岩层温度传递范围，模拟共进行 15 天，气化推进速度为 1m/天，结果显示气化进行第 168h 时，气化腔煤层底板温度最大约为 1000℃，煤层顶板温度最大约为 1200℃，温度传递距离约为 3.5m；气化模拟进行 15 天后距煤层顶板 3m 范围内的温度向前传递距离约 18m 后温度降为初始温度（图 9.13）。

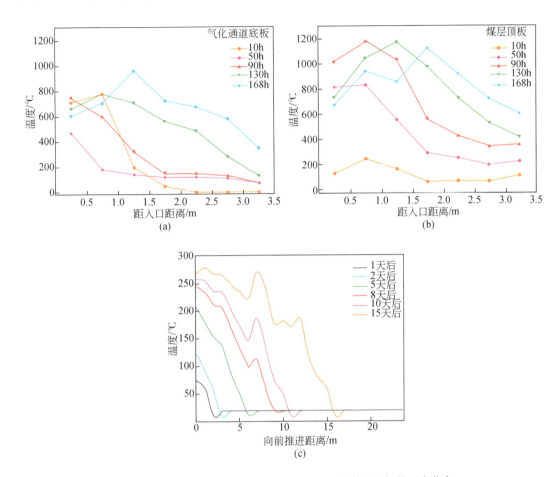

图 9.13  煤炭地下气化试验沿气化通道（a）和沿煤层顶板的温度分布（b）
及预测温度剖面距煤层顶板 3m 范围的温度剖面（c）

　　赵明东等[168]在岩石物理参数测定的基础上，运用 COMSOL Multiphysics 软件对内蒙古某地的煤炭地下气化区气化煤层覆岩温度场进行了模拟，设定煤层燃烧断面处的温度为 1000℃、煤层燃烧向前推进的速度为 0.5m/天，结果显示燃空区顶底板边界温度不受燃烧长度、燃空区范围大小的影响，始终保持在 1000℃，并且燃空区温度垂直向上的影响距离一般不超过 20m[169]，其后方顶板温度均匀降低，垂直向上的距离也逐渐减少，但当气化长度为 150m 时，起始着火点位置顶底板边界的温度降低为常温 20℃，这一模拟结果与 Luo 等[170]模拟结果相一致。

　　根据煤炭地下气化通道反应区温度场的分布特征，气化过程煤层燃烧放出大量热能，一部分热能顺着气化推进方向满足煤层还原、干馏所需温度，剩余热能和气化气体顺着出气管道排出地面（图 9.14）。乌兰察布地下气化现场试验监测的气化出气口混合煤气的温度一般为 100~180℃，这一温度与气化深度和产量相关；另一部分热能在垂向上延伸扩散，最大扩散高度为 5~20m，造成热能浪费，如若将该部分热能有效利用，减少热能浪费，可提高综合利用率。

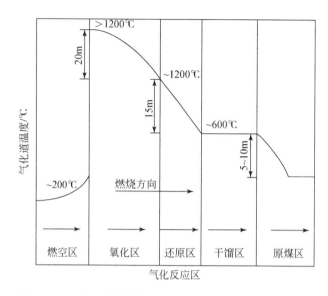

图 9.14　实验室模拟的煤炭地下气化反应区温度分布特征

## 9.3.2　富油煤地下原位热解与地热联合开发设想

利用换热技术开采富油煤热解过程中产生的地热能的设想，源于深井换热技术（deep borehole heat exchanger）开采中深层水热型地热能。Rybach 和 Hopkirk[171]最早提出这一思想。根据钻井形式不同分为水平井或 U 型井换热技术和同心管换热技术，其中，水平井或 U 型井换热技术采用的是在热源深度范围内施工 U 型对接井，一端为进（冷）水口，另一端为出（热）水口，在地下热储层范围内对水平段进行加热，达到“取热不取水”的功效［图 9.15（a）］；同心管换热技术是完钻后下入同心套管固井，固井材料选择特殊的传热效果好的水泥砂浆用以确保套管和围岩之间的热传递效率，为实现取热目的，在外套管中注入冷水，冷水在热储层中被加热升温为热水，并在套管底部进入内管向上流出，热水在地面加以利用、冷却之后再次进入地下循环［图 9.15（b）］。深井换热技术经过二十多年的发展，德国、瑞士及美国等西方发达国家将该技术应用于建筑供暖试验，取得了一些成绩并积累了大量的实践经验。

现有的同轴管换热量的模拟评估结果显示，无论短期（4 个月）或者长期（30 年），同轴管深井换热延米换热功率不超过150W，在间断采热，即每天供热 12h，停供 12h 的情况下，延米换热功率可以翻倍，但总体换热量基本不变且远远低于常规抽取地下水模式地热系统（每延米换热功率 1000W 以上），造成这种结果的关键因素是深井同轴管换热技术的换热量有限。提高换热量的途径主要有两种方式：一是增加换热面积，可通过在热储层中施工 L–型井或者丛式井来实现；二是增加地层温度，某一地区的地层温度在未受到深部热作用影响，基本是保持恒定，因此需借助外部热量提高温度[172]。在煤炭地下气化炉上部岩层内施工 U 型对接井或 L 型井，以及在气化炉出气口附近的垂直井，有利于吸收气化过程中散失的热量，增加换热效率。

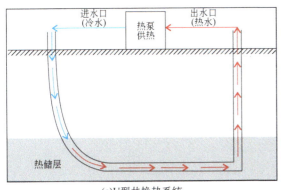
(a)U型井换热系统

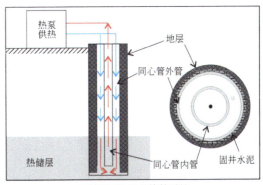
(b)直井或L型井换热系统

图9.15　深井换热系统示意图

富油煤热解与地热联合开发的技术实现途径主要包括3种：地下原位热解与水平井/U型井换热技术、地下原位热解与L型井换热技术和地下原位热解与垂直井换热技术、地下原位热解遗留煤"自生热"取热技术。

（1）地下原位热解与水平井/U型井换热技术由地下原位热解与水平井/U型井换热技术两部分构成（图9.16），将深部煤炭资源采用钻井式（无井式）煤炭地下热解方法，实现固体向气体的转变后，在地面对热解气进行冷却分离综合利用；钻井式（无井式）煤炭地下热解过程产生的热量垂向上扩散加热上部水平井/U型井内注入的冷水，可提高热能利用效率。

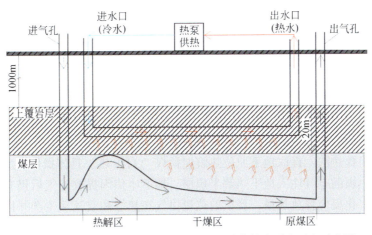

图9.16　煤炭地下热解与水平井/U型井换热技术联合开发示意图

（2）煤炭地下热解与L型井换热技术和煤炭地下热解与垂直井换热技术，两种实现途径原理相同，均采用的是钻井式（无井式）煤炭地下热解和深井同心管换热技术相结合的方法（图9.17）。随着地下热解工作面向前推进，采用垂直深井同心管换热相结合的换热效率将会逐渐增加。

（3）地下原位热解遗留煤"自生热"取热技术，实现途径是将地下热解遗留煤炭资源采用通入适量氧气，使其缓慢氧化放热，释放的热能采用热媒热置换提热法或热管提热

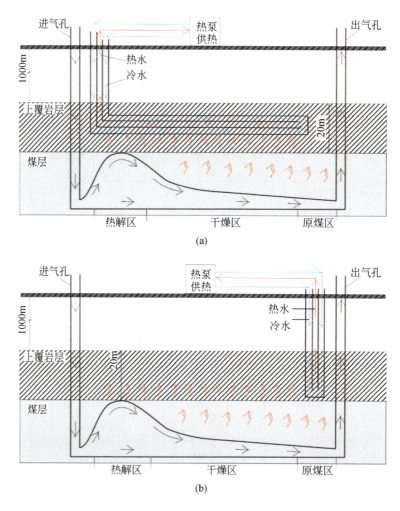

图 9.17　煤炭地下热解与 L 型井/垂直井换热技术联合开发示意图

法提取遗留煤氧化释放的热能。

　　热媒热置换提热法：提取地下原位热解遗留煤"自生热"具体操作方法是利用注气钻孔将含有气态热媒的空气注入地下热解半焦层，地下半焦因提取油气后仍有余温在空气的作用下会发生氧化反应释放热量，释放的热量由气态热媒和空气从生产井排出地面后利用（图 9.18）。仲晓星等[173]提出一种采用气态热媒多孔压入式导向性的热量提取方法，在换热区施工若干压入孔和抽出钻孔，通过气体增压泵将热媒工质（热媒）直注到高温换热区，热媒完成热交换后从抽出孔抽取，提取的热能由有机朗肯循环系统发电。张新浩等[174]设计并构建了一种基于温差发电技术的煤田火区浅部钻孔内嵌式热能提取装置。该热能提取装置可放入浅部钻孔进行直接热电转换，避免了先将热能提取至地表再进行热电转化所造成的热量的大幅损失，但是内部换热过程不利于外部冷源散热，导致温差不大，发电效率低。半焦氧化温度过高容易引起半焦自燃，燃烧工作面难以控制，媒介运输还需要额外消耗电力，因此难适应现场钻孔热提取利用条件。

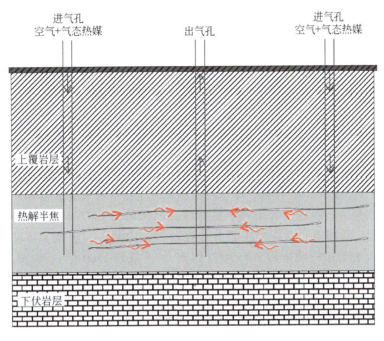

图9.18 富油煤地下热解半焦自生热热媒置换取热示意图

热管提热法：热管具有热阻小、质轻、快速均温的特性，使其具有优异的单向热超导性能。两相闭式热虹吸管（重力导热管）是一种封闭的依靠工质相变传热的无芯重力辅助元件，可在很小的温度差下有效实现长距离传热[175]。重力热管的工作原理如图9.19所示，热管包括蒸发段、绝热段和冷凝段，可自行实现工质相变循环而不需要额外的动力。

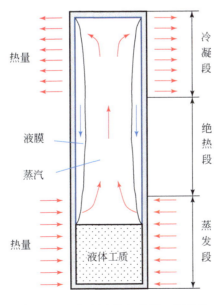

图9.19 两相闭式热虹吸管工作原理

通过内置热媒汽化冷凝的传热传质过程，完成低位处热量向高位持续的传递。与普通热管相比，重力热管不需要吸热芯，热管结构简单、制造方便、成本低廉、传热性能高效、工作可靠，且具有灵活多变的结构形式和型体尺寸。针对富油煤地下热解过程中地热开发及热解半焦氧化取热面临的地质环境和传热效率的问题，重力热管凭借优异的传热性能和经济性，为地下原位热解半焦氧化产生的中低品位地热能高效回收提供了技术支撑。

## 9.4　富油煤与西部新能源协同开发

中国西部地区能源资源十分丰富，化石资源方面，据《中国矿产资源报告（2021）》[176]统计，截至2020年底，中国煤炭剩余探明技术可采储量为1622.88亿t，其中山西、陕西、内蒙古、新疆、甘肃和宁夏等西部地区约为1072.4亿t，约占全国总量的66%（图9.20）。我国富油煤资源主要分布在陕西、内蒙古、宁夏、甘肃、新疆等五省（自治区），初步测算的资源量为$5.5×10^{11}$t以上[177]（陕西1500亿t、内蒙古2000余亿t、宁夏80亿t、甘肃90亿t、新疆2050亿t），富油煤分布范围广、资源量大，分布范围与西部地区风、光、地热等清洁能源耦合，我国西部地区风光资源禀赋优异，资源储量大，可利用土地资源多。2022年，国家发展改革委和国家能源局联合印发《以沙漠、戈壁、荒漠地区为重点的大型风电光伏基地规划布局方案》，提出到2030年，重点在三北地区规划建设风光基地总装机约4.55亿kW，但是风光发电的不确定、不稳定性以及发电设备的弱支撑性，决定了要实现风能、太阳能等可再生能源的规模化开发和高效消纳，必须增加灵活电源装机规模来匹配。在此背景下，充分利用西部清洁能源布局分布式电源就近消纳和转化，提高清洁能源的利用率，降低富油煤原位开发和转化的成本，是多能源协同开发、绿色发展和低成本的一种新思路。

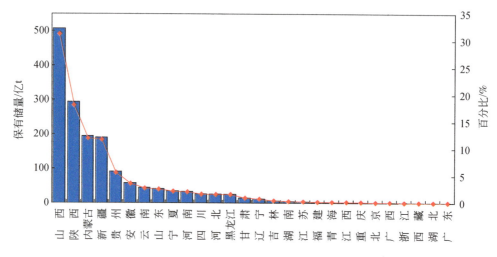

图9.20　全国各省煤炭保有储量及占比

陕西省拥有丰富的新能源资源，陕西省太阳能年总辐射量为4410～5400MJ/m²，其中陕北北部地区太阳能资源全年日照时数为2600～2900h；陕北鄂尔多斯盆地700～3000m

地热资源量估算合计为 $2.37×10^{18}$ kcal，折算 3390 亿 t 标煤；陕北地区年平均风功率密度超过 200W/$m^2$ 的区域主要集中在长城沿线和白于山之间，其余地区年平均风功率密度均小于 200W/$m^2$[178]。这些绿色新能源的分布与陕北榆林地区富油煤资源的分布相一致，具有良好的协同开发利用资源基础（图 9.21），将富油煤地下原位热解开采与地面风能、太阳能及地下地热能综合利用可提高资源利用率。Hradisky 等[179]评估评估了 UCTT 对所有工艺阶段的生命周期能源和温室气体（GHG）影响，结果表明 UCTT 可以生产出高质量的液体产品和气体混合物，温室气体排放量与油页岩就地处理的温室气体排放量相当。净能源回报率（NERs）为 0.48~4.7，与油砂（2.8）和油页岩（0.48~2.6）的范围相同。薛香玉等[180]对比了常规电能和风电富油煤地下原位热解全生命周期碳排放量结果显示，采用新能源风电时碳排放量降低 72.7%，同时也低于富油煤的地面液化，具有良好的低碳优势。

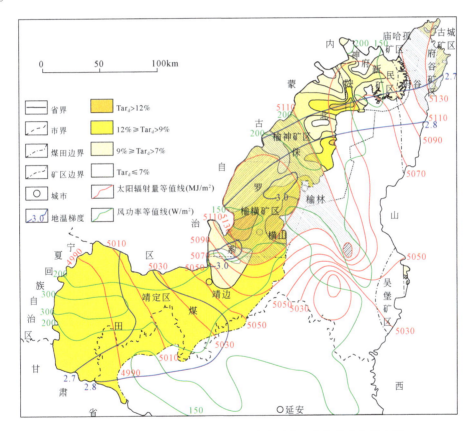

图 9.21 陕北侏罗纪煤田富油煤分布与风能、太阳能分布耦合图

富油煤低碳开发和利用涉及多种清洁能源就地转化、多学科交叉、西部经济发展及环境保护，目前富油煤的低碳开发还处于前期探索阶段，研究之路任重道远，要建立多省、多学科、多部门协同攻关，同步进行风能太阳能、风能、地热能的预测预报，大数据分析、智能化建设、储能技术[181]、富油煤原位开发及转化等多种关键技术科技攻关，多方协作，推进能源技术模式创新。

# 9.5　本　章　小　结

本章概述了煤炭地下气化技术、油页岩原位热解技术两种矿产资源原位开发的技术原理及其发展现状。提出富油煤低碳开发的新思路——地下原位热解采油，对其技术原理及技术工艺进行了阐述，详细介绍了富油煤原位地下热解的加热方式、热解温度、储层改造等几个关键技术问题。

基于富油煤地下热解采油的技术思路，提出对热余反应区热能利用及富油煤原位热解与西部清洁能源协同开发的构想，对于煤炭低碳开发利用是很好的借鉴。

# 10 展 望

在王双明院士的指导下，陕西在全国率先进行了富油煤的研究和技术研发。为了创新煤炭清洁高效利用技术，实现富油煤资源的绿色低碳开发和应用，从 2020 年起，自然资源部煤炭资源勘查与综合利用重点实验室研究团队进行了广泛调研，与西安交通大学、西安科技大学、中国矿业大学等原位开发领域一流研究院所开展了深入合作，初步形成了自主知识产权的原位煤炭热解采油技术思路。2021 年，与西安交通大学在中国西部科技创新港组建了富油煤原位采油研究院，主导实施"陕北富油煤地下原位热解开采先导性试验"项目，该项目已作为陕西省国资委 2021 年度科技创新专项资金支持项目和陕西投资集团有限公司 2021 年立项的重大科研专项。项目一期地下热解炉工程钻探部分于 2021 年 9 月开钻，12 月完成；项目组研制完成了井下电加热器及性能测试系统开始进行加工；围绕富油煤地下原位开采与西安交通大学化工学院联合申报了陕西省秦创原"科学家+工程师"创新团队及系列科研项目立项并开始实施。完成了项目一期地下热解炉工程煤层致裂造缝及疏水方案审查。2022 年完成项目二期地面基础工程设计、环境评价、安全评价等专项申报。2023 年初完成煤层致裂造缝及疏降水施工，5 月底地面设备、井下加热器等装置入驻进场。预计 2023 年下半年实现煤炭原位热解"采出"第一罐焦油的目标，这也将是第一次实现非矿井方法从地面上直接开采煤基油气资源。

我们需要重新认识煤炭，需要重新认识富油煤的油气资源特质，需要探索更多的富油煤低碳利用技术。目前对于富油煤应该被视为煤基油气资源已经取得共识。通过热解技术提取富氢组分并进一步提取各种油品化学品已经有了工业化装置，但是这些技术尚存在一些共性问题，众多产学研团队还在进一步攻关。作为部级煤炭资源勘查与综合利用重点实验室，陕西省煤田地质集团有限公司立足于西部煤炭资源勘查开发和利用，面向国内能源重大需求和双碳愿景目标，在瞄准国际低碳技术前沿的前提下，独辟蹊径探索和开发煤炭地下原位热解采油工艺，有破有立，坚持"中医"与"西医"结合寻求新的突破。与现有的工艺技术相比，本次原创原位地下热解采油的思路，直接实现高碳封存低碳油气开发，从根本上突破了现有技术路线框架，具有更大的挑战性，在使陕西省富油煤再造"一个大庆"的目标上迈出了有里程碑意义的一步。

目前，进行先导性试验的项目所在地大保当井田尚未开发，与其接壤的小保当井田正在生产。小保当煤矿煤层埋深较大，有稳定隔水层，绝大部分区域煤层开采对于浅层地下水环境不会造成明显影响，可以实现保水采煤。即便如此，为了保护生态环境，国家环保部对小保当资源开发持审慎态度，要求通过切实技术措施确保地下水和水源地不受破坏，形成定论后才可以正式开采。为此，小保当煤矿在常规开采技术的基础上，开展矸石充填开采等技术进行研发和试验，预计仅此一项，吨煤成本增加 6～10 元。大保当井田煤炭地质储量 27.9 亿 t，可采储量 11.45 亿 t，其中 $2^{-2}$ 号煤层占全井田储量的 40% 左右[182]，总体来看，大保当井田资源条件优于小保当井田；从开采技术条件而言，大保当井田 $2^{-2}$ 号煤层平均可采厚度为 8.31m, 煤层上覆正常基岩厚度为 41.0~161.8m, 据估算, 采煤导致的覆岩导水裂隙带高度为 160~240m, 地段采煤导水裂隙带发育超过正常基岩甚至进入第四系萨拉乌苏组含水层, 必然会造成具有供水意义的含水层破坏, 以现有煤炭开采方式, 实现保水采煤面临更加严峻的挑战和困难。那么, 在"双碳"目标的约束下, 未来大保当煤炭资源的低碳开发和利用, 会将有别的选择吗?

过去二十年来, 榆林市依据国家发展计划委员会批复的《榆林能源重化工基地规划报告》, 积极倡导鼓励发展基于热解气化技术的榆林煤化工产业。但是受国家能源政策和应用技术等因素的制约, 特别是受限于粉煤热解制油等瓶颈技术, 一直没能大规模的推广应用。最初的煤制兰炭技术, 工艺简单, 推广应用成功, 但兰炭深度利用等问题也成为煤炭热解工业发展掣肘的关键因素。

从前期研究可知, 富油煤地下原位热解开采技术的优点包括但不限于以下几点: 直接封碳提油采气; 实现地面采煤、化学采煤; 最大程度降低地面沉陷等环境影响; 保护地下水资源; 可为西部光热风电等多种新能源互补提供出口, 有效实现降低碳排放; 可促进全井田多煤层同步开发等。富油煤地下原位热解开采先导性试验成功, 将为大保当全井田多煤层热解、最终实现全井田煤炭资源一体化热解开发及碳封存打开全新的局面, 也将为西部煤炭资源开发利用打开一扇崭新的窗户, 初步实现绿色、封碳、提油、采气, 让煤炭从乌金变成真"金", 这将是一个令人鼓舞和期待的前景。

煤炭作为我国主体能源地位不会动摇且短期内难以改变, "双碳"目标下煤炭的低碳发展势在必行, 富油煤地下原位热解提油的发展思路, 充分认识到富的油气资源属性, 为富油煤发展指出了低碳发展的新出路, 开辟了煤基油气资源化利用新途径。我们深知, 距离目标实现还有诸多理论挑战和需要攻克的技术问题。比如, 人们会自然而然地关心原位热解采油煤层中的轻质组分提取后, 余下的高碳资源 (焦碳) 如何利用? 原位热解采油对地下水环境和地面生态环境影响到底如何? 原位热解采油技术经济性如何? 原位热解采油是否会比现有技术路线更有前景? 这些问题目前还没有确切的答案。地下原位采油迈出了创新的第一步, 煤炭的绿色低碳开发和利用的研究和实践的路还很长。

创新之路虽然艰难, 但是也充满了希望。

# 参 考 文 献

［1］朱吉茂，孙宝东，张军，等."双碳"目标下我国煤炭资源开发布局研究［J］.2023.49（01）：44-50.

［2］Hanah Ritchie, MaxRoser. How did $CO_2$ emissions change over time? Our World in data. 2022-10. https://ourworldindata.org/$CO_2$-emissions.

［3］弗里兹.2005.煤的历史.时娜译.北京：中信出版社.

［4］高新民.陕西能源化工产业转型发展的思考［J］.陕西煤炭，2014，33（2）：9-10+5.

［5］王双明，师庆民，王生全，等.富油煤的油气资源属性与绿色低碳开发［J］.煤炭学报，2021，46（5）：1365-1377.

［6］张抗.世界能源构成的时代演进［J］.能源，2018（8）：80-83.

［7］罗佐县.我国原油对外依存度下降并非拐点出现［J］.中国石化，2022，（3）：68.

［8］中华人民共和国自然资源部编.中国矿产资源报告（2020）［D］.北京：地质出版社，2020.

［9］孙麟飞.2021年中国石油行业市场现状及发展前景分析，前瞻产业研究.2021-09. https://www.qianzhan.com/analyst/detail/220/210924-54879f8a.html.

［10］王双明.对我国煤炭主体能源地位与绿色开采的思考［J］.中国煤炭，2020，46（2）：11-16.

［11］王国法，任世华，庞义辉，等.煤炭工业"十三五"发展成效与"双碳"目标实施路径［J］.煤炭科学技术，2021，49（9）：1-8.

［12］陈阳，杨苹."双碳"背景下现代煤化工高质量发展研究［J］.煤炭加工与综合利用，2022（1）：50-54.

［13］吴国光，王祖讷，张奉春.煤炭低温热解的进展［J］.中国煤炭，1997，（7）：8-9，12，59.

［14］王晶，张文慧.煤的格金低温干馏试验影响因素［J］.中国化工贸易，2017，9（8）：121.

［15］刘巧霞，张月明，刘丹，等.煤热解焦油收率影响因素［J］.煤炭加工与综合利用，2018，（8）：75-78，81.

［16］王健.神府超细煤粉低温热氧化降解特性研究［D］.西安：西安科技大学，2005.

［17］吴建霞.生物质与煤共热解特性研究［D］.安徽：安徽理工大学，2015.

［18］王思同，杨志远，赵敏捷，等.神府兰炭粉改性制浆的实验研究［J］.西安科技大学学报，2016，36（5）：40-56.

［19］张军，袁建伟，徐益谦.矿物质对煤粉热解的影响［J］.燃烧科学与技术，1998，4（1）：66-71.

［20］李军.煤热解技术：在争议中完善.2018-11. https://www.sohu.com/a/278568293_367891.

［21］张军民，刘弓.低温煤焦油综合利用［J］.煤炭转化，2010，33（5）：93-96.

［22］杜明明.煤焦油加工技术现状分析与展望［J］.广州化工，2011，39（20）：29-30.

［23］杨亚军，藏丹炜.煤焦油深加工研究现状分析与展望［J］.石油化工设计，2009，26（2）：62-65.

［24］亢玉红，李健，闫龙，等.中低温煤焦油加氢技术进展［J］.应用化工，2016，45（1）：159-165.

［25］李保庆.煤加氢热解研究Ⅰ.宁夏灵武煤加氢热解的研究［J］.燃料化学学报，1995，23（1）：57-61.

［26］廖洪强，孙成功，李保庆.焦炉气气氛下煤加氢热解研究进展［J］.煤炭转化，1997，20（2）：38-43.

［27］杨景标，蔡宁生．应用 TG-FTIR 联用研究催化剂对煤热解的影响［J］．燃料化学学报，2006，34（6）：650-654.

［28］Vassilev S V, Vassileva C G, Vassilev V S. Advantages and disadvantages of composition and properties of biomass in comparison with coal：an overview［J］. Fuel, 2015, 158：330-350.

［29］陈翠菊．煤的格金低温干馏试验方法探讨［J］．中国煤炭地质，2010，22（z1）：41-42，136.

［30］韦忠祥．低阶煤低温干馏的试验研究［D］．江苏：江苏大学，2014.

［31］王双明：现有富油煤若能转让化利用，相当于再建一个大庆油田．2023-03. http//www. chinacaj. net/ i, 16, 133480, 0. html.

［32］高端访谈，王双明："双碳"目标下，难改煤炭主体能源地位．2023-03. https：//www. sohu. com/a/ 478556436_121123856.

［33］评论：我国富油煤资源浪费不容小觑．http://www. chemmade. com.

［34］王泽洋，王龙延．煤基燃料油品特性与煤制油产业发展分析［J］．化工进展，2019，38（7）：3079-3087.

［35］季东，曾晓亮，李红伟，等．煤焦油加氢脱硫催化剂的研究进展［J］．工业催化，2016，24（12）：8-13.

［36］王志永，李刚，张航飞，等．我国中低温煤焦油加氢制备燃料油研究进展［J］．当代石油石化，2014，22（6）：14-18.

［37］乔祝海，李伟，折喆．中低温煤焦油梯级利用技术研究进展［J］．辽宁化工，2022，51（6）：825-828，832.

［38］张代钧，鲜学福．煤大分子结构研究的进展［J］．重庆大学学报：自然科学版，1993，16（2）：58-63.

［39］张双全，吴国光．煤化学［M］．徐州：中国矿业大学出版社，2015.

［40］Speight J G. The Chemistry and Technology of Coal［M］. Boca Raton：CRC Press, 2012.

［41］Solomon P R , Fletcher T H , Pugmire R J. Progress in coal pyrolysis［J］. Fuel, 1993, 72（5）：587-597.

［42］刘振宇．煤化学的前沿与挑战：结构与反应［J］．中国科学：化学，2014，44（9）：1431-1438.

［43］Fletcher T H. Review of 30 years of research using the chemical percolation devolatilization model［J］. Energy & Fuels, 2019, 33（12），12123-12153.

［44］Nie F, Meng T, Zhang Q. Pyrolysis of low- rank coal：from research to practice［J］. Pyrolysis, 2017, 2017：319-339.

［45］Grant D M, Pugmire R J, Fletcher T H, et al. Chemical model of coal devolatilization using percolation lattice statistics［J］. Energy & Fuels, 1989, 3（2）：175-186.

［46］Watt M, Fletcher T H, Bai S, et al. Chemical percolation model for devolatilization. 3. Direct use of 13C NMR data to predict effects of coal type［J］. Energy & fuels, 1992, 6（4）：414-431.

［47］Watt M, Fletcher T H, Bai S, et al. Chemical structure of coal tar during devolatilization［A］. Symposium（lnternational）on Combustion［C］. Elsevier, 1996, 26（2）：3153-3160.

［48］Liu P, Wang L, Zhou Y, et al. Effect of hydrothermal treatment on the structure and pyrolysis product distribution of Xiaolongtan lignite［J］. Fuel, 2016, 164：110-118.

［49］Xu W C, Tomita A. Effect of coal type on the flash pyrolysis of various coals［J］. Fuel, 1987, 66（5）：627-631.

［50］Freihaut J D, Proscia W, Knight B, et al. Combustion properties of micronized coal for high intensity combustion applications［R］. Last llmtford, CT（USA）：United Technologies Research Center, 1989.

［51］ Fletcher T H，Kerstein A R，Pugmire R J，et al. Chemical percolation model for devolatilization. 3. Direct use of carbon-13 NMR data to predict effects of coal type ［J］. Energy&Fuels，1992，6（4）：414-431.

［52］ 晁伟，苏展，李东涛，等. 一种预测煤焦油产率的新方法 ［J］. 煤炭转化，2011，34（2）：64-68.

［53］ 韩德馨，任德贻，王延斌，等. 中国煤岩学 ［M］. 徐州：中国矿业大学出版社，1996.

［54］ 倪志强. 炼焦煤中镜质组的黏结性特征及其成焦行为 ［D］. 唐山：河北联合大学，2015.

［55］ 成春生，申岩峰，郭江，等. 气煤活性组分对高硫煤热解硫分的调控作用研究 ［J］，煤质技术，2021，36（2）：32-40.

［56］ 杨智，邹才能. "进源找油"：源岩油气内涵与前景 ［J］. 石油勘探与开发，2019，46（1）：173-184.

［57］ 王飞宇，傅家谟，刘德汉，等. 煤和陆源有机质生油岩有机岩石学特点及评价 ［J］. 石油勘探与开发，1994，21（4）：30-35.

［58］ 汤达祯，王激流，林善园，等. 煤二次生烃作用程序热解模拟试验研究 ［J］. 石油实验地质，2000，22（1）：9-15.

［59］ Senguler I，Ayyildiz T，Onal Y，et al. Organic geochemical characterization and mineralogic properties of Mengen oil shale（Lutetian），Bolu-Turkey ［J］. Oil Shale，2008，25（3）：359-376.

［60］ 张宁，许云，乔军伟，等. 陕北侏罗纪富油煤有机地球化学特征 ［J］. 煤田地质与勘探，2021，49（3）：42-49.

［61］ 周光甲. 用广义对应分析法筛选生物标志物指标：论济阳坳陷原油的成熟度 ［J］. 石油与天然气地质，1987，8（2）：153-162.

［62］ 李雅. 低阶煤热解特性及其产物分布研究 ［D］. 大连：大连理工大学，2018.

［63］ 钱卫. 低阶烟煤中低温热解及热解产物研究 ［D］. 北京：中国矿业大学（北京），2012.

［64］ 汪寅人，刘品双，陈文敏. 我国若干褐煤及烟煤的化学组成与低温焦油产率的关系 ［J］. 燃料化学学报，1958，（1）：35-41.

［65］ Liu Q，Hu H，Zhou Q，et al. Effect of inorganic matter on reactivity and kinetics of coal pyrolysis ［J］. Fuel，2004，83（6）：713-718.

［66］ 郝吉生，葛宝勋，谢洪波. "灰成分端元分析法"及其在聚煤环境分析中的应用们 ［J］. 沉积学报，2000，18（3）：460-464.

［67］ Dai S，Ji D，Ward C R，et al. Mississippian anthracites in Guangxi Province，southern China：Petrological，mineralogical，and rare earth element evidence for high- temperature solutions ［J］. International Journal of Coal Geology，2018，197：84-114.

［68］ Diessel C F K. The correlation between coal facies and depositionalenvironments ［C］//Proceedings of the 20th symposium of the advances in the study of the Sydney Basin. Australia：University of Newcastle，1986.

［69］ 邵龙义，王学天，鲁静，等. 再论中国含煤岩系沉积学研究进展及发展趋势 ［J］. 沉积学报，2017，35（5）：1016-1031.

［70］ 黄第藩，秦匡宗，王铁冠，等. 煤成油的形成和成烃机理 ［M］. 北京：石油工业出版社，1995.

［71］ 尚慧芸，李晋超. 陆相生油岩有机质的丰度及类型 ［J］. 石油学报，1981，2（4）：8-16.

［72］ 杜少华. 韩城矿区石炭–二叠纪含煤岩系成煤系统研究 ［J］. 西安：西安科技大学，2018.

［73］ 李焕同，李谦悼，李阳，等. 彬长矿区胡家河井田煤质特征对成煤环境的指示意义 ［J］. 中国科技论文在线，2017，12（21）：2431-2437.

［74］ 王锐，夏玉成，马丽. 榆神矿区富油煤赋存特征及其沉积环境研究 ［J］，煤炭科学技术，2020，48（12）：192-197.

[75] 马丽, 段中会, 贺丹, 等. 陕北三叠纪煤田富油煤资源分布规律及成因机理 [J], 中国煤炭地质, 2020, 48 (12): 192-197.

[76] 李明培, 邵龙义, 夏玉成, 等. 鄂尔多斯盆地中部上三叠统瓦窑堡组层序–古地理与聚煤规律 [J], 古地理学报, 2021, 23 (2): 375-389.

[77] 成晨, 高亮. 琼东南盆地崖北凹陷崖城组煤系烃源岩发育环境及控制因素 [J]. 岩石矿物学杂志, 2017, 36 (1): 70-79.

[78] Ghosh A K, Bandopadhyay A K. Formation of thermogenic gases with coalification: FTIR and DFT examination of virtinite rich coals [J]. International Journal of Coal Geology, 2020, 219: 103379.

[79] Mastalez M, Bustin R M. Electron microprobe and micro-FTIR analyses applied to maceral chemistry [J]. International Journal of Coal Geology, 1993, 24 (1-4): 333-345.

[80] 毛志强, 赵毅, 孙伟, 等. 利用地球物理测井资料识别我国的煤阶类型 [J]. 煤炭学报, 2011, 36 (5): 21-24.

[81] 王宏杰, 王延斌, 高莎莎, 等. 利用地球物理测井划分低阶煤煤阶类型 [J]. 内江科技, 2013, 34 (9): 70-71.

[82] 赵毅, 毛志强, 蔡文渊, 等. 煤层气储层测井评价方法研究 [J]. 测井技术, 2011, (1): 25-30.

[83] 中国国土资源部. DZ/T0080-2010, 煤炭地球物理测井规范 [S].

[84] 师庆民, 王双明, 王生全, 等. 神府南部延安组富油煤多源判识规律 [J]. 煤炭学报, 2022, 47 (5): 2057-2066.

[85] 郭晨, 王生全, 师庆民, 等. 神府南部矿区低阶煤化学组成与工艺性质: 特征、关系与实践 [J]. 煤田地质与勘探, 2021, 49 (1): 87-99.

[86] 陕煤榆林化学千亿煤化工项目临时停工真正原因揭晓. 2023-03. http://www.sohu.com/a/4769993753-120231598.

[87] 张卫东. 榆林煤干馏技术的研究 [J]. 洁净煤技术, 2013, 19 (4): 41-44.

[88] 杨倩, 伏瑜, 郭延红, 等. 陕北低阶煤低温干馏特性研究 [J]. 煤炭转化, 2015, 38 (4): 71-74.

[89] 秦勇. 化石能源地质学导论 [M]. 徐州: 中国矿业大学出版社, 2017.

[90] 张磊, 林银波. 半焦替代部分无烟煤喷吹的试验研究 [J]. 河南冶金, 2019, 27 (5): 4-5, 50.

[91] 胡发亭, 李军芳. 我国典型重质油供氢及热解性能 [J]. 洁净煤技术, 2018, 24 (5): 56-60, 67.

[92] 史权, 徐春明, 张亚和, 等. 低温煤焦油分子组成与加氢转化 [J]. 中国科学: 化学, 2018, 48 (4): 397-410.

[93] 孙智慧, 李稳宏, 马海霞, 等. 中低温煤焦油重组分分离与表征 [J]. 煤炭学报, 2015, 40 (9): 2187-2192.

[94] 熊道陵, 陈玉娟, 欧阳接胜, 等. 煤焦油深加工技术研究进展 [J]. 洁净煤技术, 2012, 18 (6): 53-57, 83.

[95] 范建锋, 张忠清, 姚春雷, 等. 中温煤焦油加氢生产清洁燃料油试验研究 [J]. 煤炭学报, 2013, 38 (10): 1868-1872.

[96] 韩德虎, 胡耀青, 王进尚, 等. 煤热解影响因素分析研究 [J]. 煤炭技术, 2011, 30 (7): 164-166.

[97] 张金峰, 沈寒晰, 吴素芳, 等. 煤焦油加工现状和发展方向 [J]. 煤化工, 2020, 48 (04): 76-81.

[98] 申艳军, 王旭, 赵春虎, 等. 榆神府矿区富油煤多尺度孔隙结构特征 [J]. 煤田地质与勘探, 2021, 49 (3): 33-41.

[99] 龙东生. 低阶粉煤热解–气化一体化装置构想 [J]. 洁净煤技术, 2017, 23 (5): 46-49, 55.

［100］王建国，赵晓红．低阶煤清洁高效梯级利用关键技术与示范［J］．中国科学院院刊，2012，27
（3）：382-388.

［101］岑可法，倪明江，骆仲泱，等．基于煤炭分级转化的发电技术前景［J］．中国工程科学，2015，
17（9）：118-122.

［102］张顺利，丁力，郭启海，等．煤热解工艺现状分析［J］．煤炭加工与综合利用，2014，（8）：
46-51.

［103］刘杰，范晓勇，闫龙，等．SJ型底温干馏燃烧影响因素研究［J］．能源化工，2021，（42）：1-6.

［104］崔阳．粉煤热解技术的研究现状及展望［J］．能源化工，2018，39（2）：33-38.

［105］王立坤．国富炉低阶煤热解技术在兰炭行业的市场竞争力［J］，煤炭加工与综合利用，2020，
（1）：53-56.

［106］任文君，刘治华，周洪义，等．粉状煤炭热解技术工业化现状与瓶颈［J］．煤炭加工与综合利
用，2020，（4）：48-52.

［107］张相平，周秋成，马宝岐．榆林煤化工产业高端化发展路径研究［J］．煤炭加工与综合利用，
2017，（2）：21-24，38.

［108］葛世荣．深部煤炭化学开采技术［J］．中国矿业大学学报，2017，46（4）：679-691.

［109］刘洪林，刘德勋，方朝合，等．利用微波加热开采地下油页岩的技术［J］．石油学报，2010，31
（4）：623-625.

［110］谢和平，鞠杨，高明忠，等．煤炭深部原位流态化开采的理论与技术体系［J］．煤炭学报，2018，
43（5）：1210-1219.

［111］余力，梁杰，余学东．煤炭资源开发与利用新方法——煤炭地下气化技术［J］．科技导报，1999，
（4）：33-35.

［112］Blinderman M S. Application of the Exergy UCG technology in international UCG projects［C］//IOP
Conference Series：Earth and Environmental Science. IOP Publishing, 2017, 76（1）：012009.

［113］梁杰．煤炭地下气化技术进展［J］．煤炭工程，2017，49（8）：1-4，8.

［114］梁杰，王张卿．煤炭地下气化基础：基于三区分布的煤炭地下气化物料与能量平衡模型［M］．北
京：科学出版社，2017.

［115］余力，鲍德佑．煤炭地下气化与氢能的开发［J］．科技导报，1997，（6）：39-41，57.

［116］姜鹏飞．油页岩酸化压裂注热裂解原位转化实验研究［D］．长春：吉林大学，2016.

［117］高帅．油页岩水平井水力压裂裂缝起裂与延伸机理研究［D］．长春：吉林大学，2017.

［118］耿毅德．油页岩地下原位压裂—热解物理力学特性试验研究［D］．太原：太原理工大学，2018.

［119］李晓斌，杨振威，赵秋芳，等．微地震双差定位成像技术及煤层水力压裂的应用［J］．煤炭学
报，2019，44（S1）：205.

［120］司瑞江，李飞鹏，赵璐璐，等．区段大煤柱水力压裂切顶护巷技术研究［J］．煤炭科学技术，
2020，48（7）：282-287.

［121］孙宝江，王金堂，孙文超，等．非常规天然气储层超临界 $CO_2$ 压裂技术基础研究进展［J］．中国
石油大学学报（自然科学版），2019，43（5）：82-91.

［122］王海柱，李根生，郑永，等．超临界 $CO_2$ 压裂技术现状与展望［J］．石油学报，2020，41（1）：
116-126.

［123］蔡承政，任科达，杨玉贵，等．液氮压裂作用下页岩破裂特征试验研究［J］．岩石力学与工程学
报，2020，39（11）：2183-203.

［124］田苗苗，张磊，薛俊华，等．液氮致裂煤体技术研究现状及展望［J］．煤炭科学技术，2021，10：
1-9.

［125］付海峰，张永民，王欣，等 . 基于脉冲致裂储层的改造新技术研究［J］. 岩石力学与工程学报，2017，36（S2）：4008-4017.

［126］秦勇，李恒乐，张永民，等 . 基于地质-工程条件约束的可控冲击波煤层致裂行为数值分析［J］. 煤田地质与勘探，2021，49（1）：108-118，129.

［127］Estrada J M，Bhamidimarri R. A review of the issues and treatment options for wastewater from shale gas extraction by hydraulic fracturing［J］. Fuel，2016，182：292-303.

［128］Ahamed M A A，Perera M S A，Dong-Yin L，et al. Proppant damage mechanisms in coal seam reservoirs during the hydraulic fracturing process：a review［J］. Fuel，2019，253：615-629.

［129］Nianyin L，Jiajie Y，Chao W，et al. Fracturing technology with carbon dioxide：a review［J］. Journal of Petroleum Science and Engineering，2021，205：108793.

［130］Huang Z，Zhang S，Yang R，et al. A review of liquid nitrogen fracturing technology［J］. Fuel，2020，266：117040.

［131］Kang Z，Zhao Y，Yang D. Review of oil shale in-situ conversion technology［J］. Applied Energy，2020，269：115121.

［132］崔景伟，朱如凯，侯连华，等 . 页岩原位改质技术现状、挑战和机遇［J］. 非常规油气，2018，5（6）：103-114.

［133］邓军，任帅京，肖旸，等 . 煤低温氧化与热解过程的传热特性对比研究［J］. 煤炭学报，2019，44（S1）：171-177.

［134］梁杰，王喆，梁鲲，等 . 煤炭地下气化技术进展与工程科技［J］. 煤炭学报，2020，45（1）：393-402.

［135］杨甫，段中会，马东民，等 . 煤炭地下气化技术进展［J］. 科技导报，2020，38（20）：71-85.

［136］贾廷贵，娄和壮，刘剑，等 . 不同水分含量煤自燃过程热特性实验研究［J］. 煤炭学报，2020，45（S1）：346-52.

［137］刘文永 . 煤氧化自燃热效应及绝热自然发火期研究［D］. 西安：西安科技大学，2019.

［138］马砺，张朔，邹立，等 . 不同变质程度煤导热系数试验分析［J］. 煤炭科学技术，2019，47（6）：146-150.

［139］Kang Z，Zhao Y，Yang D，et al. A pilot investigation of pyrolysis from oil and gas extraction from oil shale by in-situ superheated steam injection［J］. Journal of Petroleum Science and Engineering，2020，186：106785.

［140］肖旸，陈龙刚，李青蔚，等 . 低温条件下煤的热物性参数试验研究［J］. 安全与环境学报，2018，18（6）：2190-2194.

［141］沙兴中，刘书法，黄洁玲，等 . 加压下煤粘结性的评定Ⅱ. 干馏气氛、干馏温度和添加焦油对煤粘结性的影响［J］. 燃料化学学报，1988，（4）：352-358.

［142］Ju Y，Zhu Y，Zhou H，et al. Microwave pyrolysis and its applications to the in situ recovery and conversion of oil from tar-rich coal：An overview on fundamentals，methods，and challenges［J］. Energy Reports，2021，（7）：523-536.

［143］杨孝波，许江，周斌，等 . 煤与瓦斯突出发生前后煤层温度演化规律研究［J］. 采矿与安全工程学报，2021，38（1）：206-214.

［144］梁鹏，曲旋，毕继诚 . 炉前煤低温干馏的工艺研究［J］. 燃料化学学报，2008，（4）：401-405.

［145］刘壮，田宜水，胡二峰，等 . 低阶煤热解影响因素及其工艺技术研究进展［J］. 洁净煤技术，2021，27（1）：50-59.

［146］Horsfield B，Yordy K，Crelling J. Determining the petroleum-generating potential of coal using organic geochemistry and organic petrology [J]. Organic Geochemistry, 1988, 13 (1): 121-129.

[147] Petersen H. A re-consideration of the "oil window" for humic coal and kerogen type III source rocks [J]. Journal of Petroleum Geology, 2002, 25 (4): 407-432.

[148] Wilkins R W T, George S C. Coal as a source rock for oil: a review [J]. International Journal of Coal Geology, 2002, 50 (1-4): 317-361.

[149] 许凯，胡松，苏胜，等. 不同热解压力对煤焦结构的影响 [J]. 工程热物理学报，2013，34 (2): 372-375.

[150] 孙鸣，代晓敏，姚一，等. 呼伦贝尔褐煤负压热解特性研究 [J]. 中国矿业大学学报，2015，44 (3): 483-488.

[151] 赵洪宇. 难选铁矿石促进富油煤热解及铁矿物回收技术研究 [D]. 北京：中国矿业大学（北京），2016.

[152] 史航，靳立军，魏宝勇，等. 大柳塔煤及显微组分在不同气氛下的热解行为 [J]. 煤炭学报，2019，44 (1): 316-322.

[153] 贾里，郭晋荣，王彦霖，等. 不同气氛条件下生物焦的热解路径及脱汞机理 [J]. 中南大学学报（自然科学版），2021，52 (6): 2011-2022.

[154] 张照曦，钟梅，李建，等. 改性蒙脱土对新疆和丰煤热解行为的影响 [J]. 化工学报，2022，73 (1): 402-410.

[155] Behar F, Lorant F, Lewan M. Role of NSO compounds during primary cracking of a Type II kerogen and a Type III lignite [J]. Organic Geochemistry, 2008, 39 (1): 1-22.

[156] Hou L, He K, Zhai J, et al. Compositional kinetics for hydrocarbon evolution in the pyrolysis of the Chang 7 organic matter: Implications for in-situ conversion of oil shale [J]. Journal of Analytical and Applied Pyrolysis, 2022, 162: 105434.

[157] Connan J. Time-tempetature relation in oil genesis [J]. AAPG Bulletin, 1974, 58: 2516-2521.

[158] Coats A W, Redfern J P. Kinetic parameters from thermogravimetric data [J]. Nature, 1964, 201 (4914): 68-69.

[159] Burnham A K, Braun R L, Gregg H R, et al. Comparison of methods for measuring kerogen pyrolysis rates and fitting kinetic parameters [J]. Energy & Fuels, 1987, 1 (6): 452-458.

[160] Burnham A K, Sweenrey J J. A chemical kinetic model of vitrinite maturation and reflectance [J]. Geochimica et Cosmochimica Acta, 1989, 53 (10): 2649-2657.

[161] Liu J, Tang Y. One example of predicting methane generation yield by hydrocarbon generating kinetics [J]. Chinese Sci Bull, 1998, 43 (11): 1187-1191.

[162] Zhang B, Yu C, Cui J, et al. Kinetic simulation of hydrocarbon generation and its application to in-situ conversion of shale oil [J]. Petroleum Exploration and Development, 2019, 46 (6): 1288-1296.

[163] 谭启. 弹性与非线性状态下层状岩石高温热应力场数值对比分析 [J]. 矿业研究与开发，2011，31 (3): 58-61.

[164] Mallett C. Carbon Energy UCG projects update, London, UK//Proceedings of the Underground Coal Gasification Association Annual Conference. 2011.

[165] Perkins G, du Toit E, Cochrane G, et al. Overview of underground coal gasification operations at Chinchilla, Australia. Energy Sources Part A, 2016, 38 (24): 3639-3646.

[166] Perkins G. Underground coal gasification-Part II: Fundamental phenomena and modeling [J]. Progress in Energy and Combustion Science, 2018, 67: 234-274.

[167] Durucan S, Korre A, Shi J Q, et al. TOPS: Technology options for coupled underground coal gasification

and $CO_2$ capture and storage [J]. Energy Procedia, 2014, 63: 5827-5835.

[168] 赵明东, 董东林, 田康. 煤炭地下气化覆岩温度场和裂隙场变化机制模拟研究 [J]. 矿业科学学报, 2017, 2 (1): 1-6.

[169] Wang J, Wang Z, Xin L, et al. Temperature field distribution and parametric study in underground coal gasification stope [J]. International Journal of Thermal Sciences, 2017, 111: 66-77.

[170] Luo J A, Wang L G, Tang F R, et al. Variation in the temperature field of rocks overlying a high-temperature cavity during underground coal gasification [J]. Mining Science and Technology (China), 2011, 21 (5): 709-713.

[171] Rybach L, Hopkirk R J. Shallow and deep borehole heat exchangers-Achievements and prospects [J] // Proc. World Geothermal Congress. International Geothermal Association. Florence, Italy, 1995, 2133-2138.

[172] 孔彦龙, 陈超凡, 邵亥冰, 等. 深井换热技术原理及其换热量评估 [J]. 地球物理学报, 2017, 60 (12): 4741-4752.

[173] 仲晓星, 汤研, 田绪沛. 大面积煤田火区热能的提取与转换方法 [J]. 煤矿安全, 2016, 47 (10): 161-164.

[174] 张新浩. 煤田火区浅部钻孔内嵌式热能提取装置与技术 [D]. 徐州: 中国矿业大学, 2019.

[175] 庄骏, 张红. 热管技术及其工程应用 [J]. 能源研究与利用, 2000, (5): 41.

[176] 自然资源部. 中国矿产资源报告 (2021) [R]. 北京: 自然资源部, 2021.

[177] 王双明, 王虹, 任世华, 等. 西部地区富油煤开发利用潜力分析和技术体系构想 [J]. 中国工程科学, 2022, 24 (3): 49-57.

[178] 姜创业, 孙娴, 徐军昶. MM5/CALMET 数值模拟在陕北风能资源评估中的应用 [J]. 中国沙漠, 2011, 31 (6): 1606-1610.

[179] Hradisky, Michal, Smith, et al. Underground coal thermal treatment as a potential low-carbon energy source [J]. Fuel Processing Technology, 2016, 144: 8-19.

[180] 薛香玉, 王长安, 邓磊, 宁星, 车得福. 基于全生命周期的富油煤原位热解碳排放研究 [J/OL]. 煤炭学报: 1-11 [2023-06-13]. DOI: 10.13225/j.cnki.jccs.2022.0444.

[181] 王玉生, 韩景宽, 宋梅, 等. "双碳" 愿景下中国西部能源发展对策探讨 [J]. 油气与新能源, 2022, 34 (3): 47-51.

[182] 陕西日报, 大保当井田探明 26 亿吨优质环保煤. 2006-08. http://news.sohu.com/20060801/n244557793.shtml.